교육연극으로 길을 여는 미래교육

권경희 · 김병주

박영story

지금, 왜 교육연극을 말하는가?

디지털 기술의 발전으로 인류 생태계에 희비(喜悲)가 교차하는 날들이다. 기술 문명의 발달 속도를 통제하지 못한 결과, 이제는 그 빠른 속도 자체가 두려움의 대상이 되었다. 팬데믹 여파 이후 가속된 기술 혁명의 확산 속도는 교육 현장에도 그대로 파급되었다. 단시간에 학교 시스템은 에듀테크 중심으로 전환되었고, 디지털 활용 능력이 학생들의 가장 중요한 미래 역량으로 부상되었다. 모두가 이것이 시대의 변화이며, 대세라고 말한다. 이러한 변화에 대해 교육 현장은 해체적이고 거시적으로 접근하기보다는 일단 순응하고 적응하기 급급할 뿐, 그 적절성에 대한 문제 제기도, 대안을 제시하는 목소리도 적다. 그렇지 않아도 혼란스러운 교육은 그 중심과 지향성을 잃은 채, 정책과 정치의 바람에 따라 이리저리 표류하고 있는 형국이다.

이에, 이 책을 통해 저자들은 질문한다.

지금의 미래교육 담론은 충분히 사려 깊고, 성찰적인가?
정말 지금과 같은 디지털 교육이 우리가 지향해야 할 미래교육의 최우선 과제일까?
우리 아이들은 지금, 세상을 살아갈 힘을 키우고 있는 걸까?
교육연극과 예술교육이 왜 이 시대, 우리에게 중요한가?
교육연극은 어떻게 가르침과 배움을 깊게 하는 매개체가 될 수 있을까?

저자들은 지금의 미래교육 '프레임'과 초강력 '드라이브' 속에서 놓치고 있는 것들에 주목하고 이를 비판적으로 성찰하고자 한다. 그리고 디지털기기의 홍수 속에 묻히고 있는 아이들의 상상력, 사람에 대한 관심, 세상에 대한 따뜻함을 다시 사람 사는 세상으로 끄집어내고자 한다. 에듀테크로 자칫 잃어버릴 수 있는 가르침과 배움을 교육연극으로 회복할 수 있도록 말이다.

이 책이 출간되기까지 애써 주신 박영사 조정빈 대리님과 조영은 대리님 그리고 원고를 마음을 다해 읽고 교정해 주신 이명주 선생님께 감사드린다.

교육연극이 많은 이들에게 세상을 살아갈 힘이 되기를 바라며

권경희 · 김병주

반추: 미래교육 담론에 질문하기

반추: 미래교육 담론에 질문하기

교육연극 책인데 왜 1장에서 미래교육을 논하는지 의아해하는 독자들이 있을 것이다. 이 책은 교육연극에 관한 관점을 좀 거시적으로 확대해 보자는 의도에서 첫 장을 교육에 관한 현재적 담론으로 구성하였다. 만약 지금까지 교육연극에 관심을 둔 이유가 한 시간의 내 수업을 재미있게 하는 것이었다면, 이번에는 조금 더 긴 호흡으로 교육연극을 마주하기를 권한다. 우리 교육의 현주소를 성찰하고, 왜 예술교육이 필요한지, 교육연극은 어떻게 기여할 수 있는지 한발 물러서서 인식하고, 실천의 방향을 도모하고자 한다. 1장에서는 최근에 급속히 부각되는 미래교육 담론들에 집중하여 그것을 실현하려는 정책들의 방향과 학교 현장에서 수용되는 방식을 살펴본다. 다만 이 장에서는 이론적이고 원론적인 입장에서 살펴보는 것이 아니라, 교육 현장의 시선에서 기술한다. 블랙홀이 되고 있는 미래교육의 논점들을 알고, 그 연계 선상에서 문화예술교육의 맥락도 다져나갈 수 있을 것이다.

우리는 사회의 변화에 빠르게 대응해야 하는 세상에 살고 있다. 이 시대의 구성원으로서 우리에게 맡겨진 소임은 세상의 변화를 조금 더 명확하게 파악하고 다음 세대에게 적절한 방향을 제시하는 나침반 역할을 하는 것이다. 이 장에서 미래를 살아갈 우리에게 궁극적으로 필요한 역량이 무엇인지 진단하고, 고민하는 기회가 되기를 기대한다.

① 지금, 미래교육의 논점들은 건강한가?

한국의 교육정책은 시기별로 특정 용어가 대세를 이루어왔다. 어떤 정책용어는 2-3년간 반짝 빛나다가 소멸하는 경우도 있고, 어떤 것은 현장에 뿌리를 내릴만한 10년의 시간을 버티다가 정권이 바뀌는 순간 흐지부지되는 불운을 겪기도 하였다. 보편적인 가치를 지향하며 교육계의 버팀목이 되는 정책 대신 정치적 전략의 수단으로 새로운 용어들이 대두된다는 것이 아쉬운 점이다. 그 결과 교육정책이 하나의 교육문화로 사람들의 의식에 스며들어 정착되지 못하고 표피적으로 나타났다 사라지기를 반복하고 있다. 지나간 용어들을 구체적으로 여기에서 언급하는 것은 서로 불편할 수 있다. 그러나 그 불편함은 단순히 용어의 문제가 아니라 용어를 둘러싼 이해관계나 패권주의 때문이다. 예컨대 혁신교육의 영향력은 한동안 학교문화를 쇄신하는 강력한 동력이었으나 언제부터인가 지워야 할 색깔이 되어버렸다. 교육적 함의를 성찰하기도 전에 정치적 노선에 따라 교육정책의 방향이 완전히 달라지는 현상이 못내 아쉽다. 이런 양상은 근대교육 이후 끊임없이 반복되고 있다. 지금은 '미래교육'과 '에듀테크(디지털, 하이테크, 인공지능)'가 대세이다. 이는 저자가 각종 연수에서 '최근에 학교에서 가장 많이 회자되고 있는 용어가 무엇인가?'라는 질문에 대한 참여자들의 답변이기도 하다. 교육 현장의 답변이 두 용어로 집약되는 까닭은 아마 학교로 내려오는 공문과 예산의 결과일 것이다. 그 내용들이 무엇인지 살펴보자.

미래교육 = 디지털 활용교육?

사실상 교육현장은 미래교육을 고민하고, 알아가기도 전에 위(?)에서 내려오는 미래교육 공문으로 잠식되었다. 코로나19로 온라인 학습이 강세를 드러내는 시점에 디지털 시스템이 모든 것을 총괄하는 교육의 등대가 되었다. 대부분의 예산은 온라인수업환경을 구축하는 데 사용되었다. 엄격하고 긴 방역체제로 운영된 온라인 수업 기간은 3년으로 끝났지만, 우리는 이 시기의 문제를 교육적으로, 그리고 정책적으로 엄격하게 성찰하지 못하고 성급하게 지나갔다. 우리는 정신적·육체적 큰 상처를 트라우마(Trauma)라 부른다. 이 기간에 긴박하게 운영된 교육장면들은 분명히 교육의 '트라우마 시기'로 남았다. 트라우마는 감추고 덮는 것으로 해결되는 것이 아니라, 그 상처를 충분히 들여다보고 정성들여 치유해야 할 대상이다. 그런데 우리는 상처에 반창고만 덮은 채 다음 단계로 넘어갔다. 교육학계는 학문적으로 면밀하게 분석하고 평가하는 과정을 놓쳤고, 교육부는 디지털 교육기업들과 에듀테크 교육정책을 입안하는 것으로 서둘러 방향을 설정하였다.

학생들이 온라인 수업으로 제대로 된 학습을 하였는지, 수업참여는 용이했는지, 소통하는 데 어떤 어려움이 있었는지, 교사문화에 남긴 과제는 무엇이었는지 냉정하게 성찰하지 못했다. 그 사이에 일부의 의견이 주류로 부각되었다. 온라인수업도 대면수업 이상으로 효과적이라고, 그리고 디지털기기 활용이 미래수업의 관건이라고 검증되지 않은 말들이 대세가 되었다. 누군가 온라인수업의 한계와 문제점을 얘기하면, 그것은 그 사람의 디지털 활용능력 부족이거나 부적응의 문제로 받아들여지다 보니 말을 삼가는 자조적인 문화도 생겨났다.

온라인 수업을 하는 3년 동안 학생들이 리코더를 한 번도 불지 못했고, 마스크를 쓴 채 노래를 불러 제대로 할 수 있는 노래가 거의 없다. 직접 해 보아야 할 과학 실험이 영상으로 대체되었다. 학교 내 공간의 구조와 활용에서도 모든 것이 단절되었다. 학생들의 이동은 '거리두기' 표시로 통제했다. 접촉을 피하기 위해 설치된 책상 칸막이는 그야말로 '혼자만의 공간'으로 학생들을 개별화시켰다. 뿐만 아니라 교실 공동 준비물은 '사용금지'가 되어 함께 해야 하는 모둠활동과 신체활동은 엄두를 내지도 못하는 상황이 이어졌다. 쉬는 시간에도 친구들과 대화를 나눌 수 없었고, 방역을 위해 쉬는 시간을 10분에서 5분으로 줄인 학교도 많았다.

학습의 많은 부분이 대화와 신체활동을 통해 이루어진다고 볼 때, 이 시기는 분명히 학습의 결손시기이다. 이것은 단지 학습의 결손일 뿐 아니라 학교에서 자연스럽게 이루어졌던 정서적 유대감과 대인 관계성까지도 심각하게 훼손되었음을 의미한다. 교육학에서 말하는 결정적 시기의 상실이다. 그런데 우리 사회는 이런 교육적 결손은 심각하게 인지하지도 않고, 인정하지도 않은 것 같았다. 학생들이 3년 동안 경험했어야 할 조작 활동과 모둠수업, 움직임과 감성교육을 회복하는 대신 우리의 시선은 재빠르게 디지털 학습환경 구축으로 옮아갔다. 마치 교육의 모든 문제를 디지털 학습이 해결해 줄 것 같은 믿음을 신념화했고, 이는 강력한 정책의 힘으로 실행되었다.

현재 우리나라 교실의 디지털 환경은 선진적이며 세계 어느 나라와 비교해도 우위에 있는 수준이다. 교단 선진화는 물론 대부분의 학생들은 개인용 스마트폰도 보유한 상태이다. 우리가 생각해야 할 것은, 지금 대한민국 학생들에게 부족한 것이 디지털기기인가 하는 문제이다. 디지털 학습 기반이 부족해서 학생들이 토론을 하지 못하고, 디지털기기가 없어서 협력적 관계를 맺지 못하고, 디지털기기를 다루지 못해서 소통 능력이 부족하고, 디지털 학습환경이 부족해서 학교폭력이 증가하는지 반문해 보아야 한다. 디지털 활용능력이 부족한 세대는 노년 세대이지 학생들이 아니다. 디지털 원주민들에게 디지털 활용능력이 문제 되지는 않는다. SNS와 게임 중독으로 대인관계에 어려움을 겪는 학생들이 증가하는 시기에, 더 많은 디지털기기를 제공하는 것이 가장 시급한 교육과제인지 묻고 싶다. 디지털 학습환경이 필요 없다는 것이 아니라, 코로나로 대면 교육의 단절을 심각하게 경험한 세대에게 지금 더욱 절실한 것은 사람과 사람을 통한 깊이 있는 학습이다. 교육에는 '적기'라는 것이 있다. 놓쳤다면 하루라도 빨리 회복하는 용단이 필요하다. 저자가 아는 학생 중에는 코로나로 착용한 마스크를 5년이 지난 지금도 벗지 못하는 여학생이 있다. 그 여학생의 잃어버린 관계성을 어떻게 회복시킬지 마음이 무겁다.

일각에서 디지털 학습환경을 강조하지만, 학습환경이란 오프라인과 온라인으로 그렇게 단순하게 구별되는 것이 아니다. 학습이 이루어지는 모든 과정에 존재하는 것이 학습환경이다. 노트북, 태블릿, 프로젝션 TV, 화이트보드 같은 물리적 도구와 함께 온라인 콘텐츠도 필요하지만, 교사의 질문과 웃음, 친구와의 수다, 책걸상의 배치, 벽에 붙어있는 그림, 모둠활동에서 느끼는 유대감조차도 모두 학습환경이다. 온라인과 디지털기기로 대체할 수 없는 숨겨진 역학들이 교실과 학교 공간에는 존재한다. 심지어 이런 것 중에는 교육예산으로 구입하고 구비할 수 없는 것들이 많다. 교사의 열정과 웃음, 친구와의 유대감을 무엇으로 대체할 수 있겠는가.

디지털기기는 수많은 학습환경 중의 하나이고, 그 필요성만큼만 우선순위에 두면 된다. 합리적으로 선택하고 효율적으로 활용하면 된다. 그 이상의 기대도, 그 이하의 폄하도 필요하지 않다. 디지털 학습환경이 모든 교육의 난제를 해결할 수 있는 것처럼 포장하는 것도 옳지 않고, 지나치게 예산을 투입하는 것도 소모적이다. 우리가 당면한 교육 난제들이 교육환경을 디지털로 전환하면 해결되는 것일까? 우리가 해야 할 일은 그 과제들의 원인을 시간이 걸리더라도 냉정하게 분석하고 해결방안을 궁리하는 것이지 대충 태블릿으로 얼버무리려는 그런 것이어서는 안 된다.

테크노 포퓰리즘 + 교육산업?

에듀테크가 미래교육 방향으로 부각된 것은 코로나19와 2022년 교육감 선거, 교육부 정책과 연결된다. 예상치 못한 사회적 변화가 새로운 교육산업을 블루오션으로 만들었다. 실제로 국내 에듀테크 시장 규모는 '21년 7.3조 원에서 연평균 8.5% 성장하여 '26년 약 11조 원에 이를 것으로 전망하고 있다.[1] 비단 우리나라만의 현상은 아니다. 학교의 미래와 교육개혁을 고민하는 나라마다 디지털을 언제, 어느 정도로 교실 안으로 갖고 와야 하는지 이슈로 삼고 있다. 스스로 자국의 교육 실패를 자인하는 미국의 경우, 교실 테크놀로지에 투자하는 예산을 2%에서 5%로 증가하였고, 빌 게이츠나 마크 저커버그 같은 기업가들은 학교 개혁을 위한 연구비와 교육 분야에 많은 기부금을 내고 있다. 교육이 테크노 업계의 새로운 시장으로 각광받고 있으며, 그 기저에는 디지털 테크놀로지로 교육을 개혁할 수 있다는 신념이 있음을 보여준다.[2] 디지털과 관련한 교육시장이 급성장하고 있음은 사토 마나부의 연구에서도 나타났는데, 2016년에서 2022년까지 연평균 성장률이 23.5%이며, 코로나19로 가속화되었다. 중국은 에듀테크 기업에 대한 투자가 2014년 6억 달러에서 2018년 52억으로 급상승하였다.[3]

코로나 방역 3년 동안, 가장 우수한 교사는 디지털기기와 새로운 콘텐츠 앱을 유능하게 사용하는 교사였다. 많은 경력 교사들이 좌절하는 시기이기도 했다. 디지털 활용의 일상화가 코로나 3년 동안 교육현장을 지배했고, 지금은 일상이 될 정도로 확산되고 있다. 디지털 교육산업은 2022년 교육감 선거공약으로 현실화되었다. 선거공약은 사람들에게 한발 앞선 전략을 제시하는 장치이며, 선거에서 이기는 것이 목표이다. 그 공약이 얼마나 교육적인지, 학교현장에 적합한지, 현실적으로 실현 가능한 것인지는 선거에서 이긴 다음의 문제이다.

선거공약과 교육정책의 관계는 닭과 알의 관계처럼 어느 것이 먼저인지 구분할 수 없으나 선거공약은 선거 이후의 정책 수립 방향과 예산을 수반한다는 점에서 엄청난 위력을 갖고 있다. 그래서 저자는 교육감 선거 때마다 거론되는 5~60개의 선거공약이 두렵다. 검증이 의심스러운 수십 개의 선거공약들이 당선 이후 엄청난 예산투입과 행정력으로 이어지는 것을 보아왔다. 일부 도교육청의 홈페이지에는 교육감의 선거공약이 얼마나 이행되었는지 목표달성률과 예산투입액과 같은 정량적인 수치를 동반하여 제시되어 있기도 하다. 선거공약의 정당성과 실천력을 숫자로 입증하는 것이다. 이런 정량적 숫자들은 과연 진실을 담보할까? 각 교육청마다 1학생

---

1   교육부(2023). 에듀테크 진흥방안, 보도자료(2023.9.18.). p.5.
2   데이빗 삭스(2017). **아날로그의 반격** (박상현, 이승연 옮김). 어크로스. pp.320-321.
3   사토 마나부(2022). **제4차 산업혁명과 교육의 미래.** (손우정 옮김) 교육과 실천. pp.40-44.

1 스마트기기 보급, AI 튜터활용 맞춤형 학습 지원, 교사 1인 1노트북 보급, SW/AI 교사연구회 지원, 디지털 학습플랫폼 구축, 메타버스 학습 환경조성, 미래형 학교모델 운영 등에 많은 예산을 배정한다. 미래교육에 관한 교육감들의 주요공약들은 크게 디지털기기 보급과 디지털 학습플랫폼 구축으로 보여진다.[4]

디지털기기가 넘쳐나는 교실?

교육감 선거 후 실제로 학교에는 디지털기기가 넘쳐났다. 학교마다 디지털 물품을 관리하는 위탁 업체라는 것도 새로 생겼으니 가히 블루오션이 맞기는 맞다. 노트북과 태블릿PC의 충전함이 너무 많아 어디를 보관 장소로 할지 고민할 정도이다. 아래 사진에서 보듯, 대부분 학년 연구실이나 교실로 분배하여 사용하고 있다.

그림 1-1 학교 내 디지털기기 보관 사례

 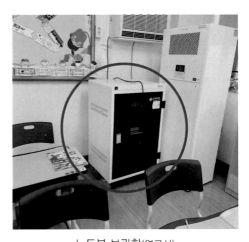

충전기 보관함(교실)   노트북 보관함(연구실)

이제 우리의 과제는 이런 풍족한 디지털기기로 어떻게 더 좋은 인간을 길러낼 교육을 할 것인지 고심하는 것이다. 앱 사용과 프로그램 개발을 말하는 것이 아니다. 디지털기기와 앱을 편리하게 사용하는 학습이 아니라, 이런 디지털기기로 어떻게 좋은 수업을 할지에 초점을 두어야 할 것이다. 그렇지 않으면 자칫 주객이 전도되는 위험에 빠지게 된다.

---

4 2022년 각시도별 교육감 선거공보 참조.

최근 저자는 '미래형 교과서 선도학교'에서 운영하는 공개수업을 참관하였다. 통일에 관련된 수업이었다. 미래형 교과서라서 그런지 학생들의 책상에는 종이 교과서 대신 1인 1 태블릿과 학습지가 놓여 있었다. 교사는 학생들이 접속할 앱과 사이트를 설명하고 시범을 보였다. 학생들은 순조롭게 접속해서, 필요한 정보를 찾고, 학습지를 완성하였다. 앱의 내용이 궁금하여 저자도 앱에 접속하여 수업 내용을 살펴보았다. 북한의 지도와 지역마다 유명한 관광지, 내가 북한에 간다면 먹고 싶은 음식에 관한 것이었다. 수업 중간에 정보를 빨리 찾는 학생들의 속도와 퀴즈 정답을 맞추는 학생들의 이름이 실시간으로 제시되기도 하였다. 저자는 이 수업을 포함하여 유사한 다른 디지털 수업들을 보면서 몇 가지 의문이 들었다.

첫째, 이런 수업이 진짜 미래교육 수업인가? 미래교육이 디지털기기를 잘 다루는 수업을 의미하는 것인지 의문이 들었다. 그만큼 수업이 내용성보다는 디지털기기 사용 방법에 치중되었다. 참관자로서 학생들의 표정과 반응을 유심히 살펴보며, 이 수업으로 학생들이 통일에 대한 관심과 호기심이 생겼는지 궁금해졌다. 교사가 알려주는 대로 학생들이 각자 앱에 접속하고, 각자 동영상 자료를 보는 것이 학생들의 통일교육에 어떤 도움이 되었는지 궁금하였다.

둘째, 교사가 해야 할 수업의 재구성 부분은 약화되고, 교사의 디지털 기능에 포커스가 맞춰지는 것 같아 주객이 전도된 것은 아닌지 의문이 들었다. 고경력 교사들은 디지털기기를 능숙하게 다루는 젊은 교사들에게 위축되어 있지만, 막상 수업을 들여다보면 오히려 수업의 밀도가 높고 학생들의 활동이 유의미한 경우가 많다. 미러링과 태블릿으로 수업하는 젊은 교사들의 수업이 유능하게 보일 때도 있다. 학생들의 흥미를 끄는 장점도 있다. 그러나 학생들의 그런 감각적 흥미를 끄는 수업이 항상 좋은 수업도 아니며 모든 수업에서 추구할 수업 방향도 아니다.

셋째, 수업시간의 80%를 교사와 학생들은 각자의 태블릿 화면만을 쳐다보았다. 교사의 발문은 "~ 로 들어가세요, ~화면을 둘러보세요. ~ 검색어를 치세요." 등 지시어가 대부분이었다. 통일에 대한 학생들의 생각과 인식을 발전시킬 질문다운 질문은 거의 없었다. 더욱 심각한 것은 학생들이 자기 생각을 발표할 기회도, 모둠학습이나 공동학습 시간도 없었다는 점이다. 학생들의 의견이 패들릿(padlet)에 익명으로 올라갔다. 수업에서 사람이 보이지 않았다.

이런 수업이라면 집에서 온라인으로 학습하거나, 교사보다 AI가 하는 것이 훨씬 경제적이지 않을까 싶다. 수업 주제에 따라 태블릿이 효과적일 때가 있다. 우리가 직접 가 볼 수 없는 우주와 세계 지형, 문화재, 박물관 등 직접 경험이 힘든 상황에서 태블릿은 대체물을 제공하는 유용한 학습 도구가 된다. 그러나 화면의 자료가 실물의 느낌과 촉감을 완벽하게 대체할 수는 없다. 특히 학습자가 어릴수록 오감으로 느끼고 만지는 촉감 학습이 절대적으로 필요하다. 초등학교 중학년 미술 시간에 수채화를 배우는데 물감과 붓, 물통 대신 태블릿과 오토 드로잉앱으로 수업하는 장면을 보았다. 교사는 학생들이 물감과 붓을 사용하는데에 어려움이 많은데 오토 드로잉앱으로 수채화를 그리니 편리하고 학생들도 좋아한다는 설명을 덧붙였다. 각종 디지털 앱이 학습활동을 편리하고 신속하게 만드는 것은 사실이다. 결과물과 성과도 깔끔하여 학습 도구로 선호도가 높다. 문제는 바로 이 지점이다. 편리하고, 학생들이 좋아하는 것이 정말 교육적으로도 가치 있는 선택인지 반문해야 하는데, 지금은 그 과정이 모두 생략되었다. 편리함이란 명분 아래, 학생들의 조작활동 기회가 사라지고, 전뇌활동이 줄어들고, 소통 기회가 없어진다면 뇌과학적 측면에서도 재고해야 할 것이다. 신체활동과 뇌과학과의 관련성에 관한 논의는 뒤에서 다시 이어갈 것이다.

② 현재 미래교육의 방향들

2024년 교육부의 중점과제 중의 하나는 "아이들의 미래를 위한 디지털 활용능력 향상 지원"이다. 좋은 말인 듯하지만, 곰곰이 생각해 봐야 할 단어들이다. 저자는 몇 가지 의문이 든다.

> 지금 대한민국 아이들의 미래를 위해 해결해야 할 당면과제가 이것일까?
> 요즘 학생들이 디지털 활용 능력이 부족해서 학습활동에 어려움이 있는가?
> 미래사회 역량 중에서 디지털 활용 능력이 가장 시급한 최우선 역량인가?

실제로 사이버상에서 일어나는 문제점들은 학생들의 디지털 활용 능력이 너무 비범해서 발생하는 사건들이다. 사이버 폭력, 해킹, 악플, 게임 중독, 도박, 왕따 등은 균형 잡힌 시민의식 없이 디지털기기에 무분별하게 방치된 부작용들의 단면이다. 청소년들은 디지털 원주민 세대이다. 이들에게 필요한 것은 오히려 디지털과 거리두기를 할 수 있는 자기 절제, 그리고 인간다운 소양과 가치를 내면화하는 것을 배우는 것이다.

1) 에듀테크만 바라보다.

최근 각 시도별로 교육예산의 가장 많은 부분을 차지하는 것은 기본 시설비를 제외하고는 디지털 교육 분야일 것이다. 학생 1인당 1 태블릿 배부는 거의 모든 교육청의 공통 사업이다. 미래교육을 위해 모든 학생에게 스마트기기를 무상 배부하려고 엄청난 예산을 사용하고 있는 셈이다. 스마트기기는 학생들에게 참 매력적인 도구이다. 그런데 스마트기기는 학생들에게 학습만을 위한 도구로 사용될까? 스마트기기는 학생들의 관심과 시간을 정지시킬 정도로 재미와 흥미가 넘쳐나는 도파민 창고이기도 하다. 도파민은 즐거움과 통증, 느낌에 중심적 역할을 하는 신경전달물질이다. 도파민이 분비되면 기분이 좋아지고, 도파민 회로는 쾌락을 주는 자극들을 기억하여 점점 더 강렬한 자극을 원하게 한다.[5] 이런 메커니즘이 청소년기에 쉽게 중독으로 이어지는 것은 성숙하지 않은 이 시기의 뇌가 감정과 보상에 훨씬 민감하기 때문이다. 테크 업계는 이런 청소년의 뇌 발달과 심리구조를 소셜미디어에 '좋아요' 푸시 알림 장치와 연동하였고, 학생들의 눈과 손이 디지털기기를 떠나지 못하도록 하는 데 성공하였다.[6]

디지털기기의 과다 사용이 아동의 뇌 발달을 저해한다는 연구 결과는 지속적으로 나오고 있다. 2018년 미국 샌디에이고 캘리포니아대 연구진이 9~10세 미국 어린이 4,500명을 대상으로 뇌 자기공명영상(MRI) 분석 결과를 공개하고, 디지털기기를 하루 7시간 이상 사용하는 아동은 그렇지 않은 아동들보다 대뇌피질의 두께가 얇고 전두엽의 부피가 줄어든다는 사실을 밝혔다. 이것은 뇌가 발달해야 할 시기에 발달하지 못함을 의미한다고 설명했다. 인터넷 사용 시간이 긴 아동들이 집중력과 충동조절, 언어능력 등에서 그렇지 않은 아동들보다 저하되는 이유는 디지털기기 사용이 10대 초반에 발달해야 할 전두엽의 성장을 방해하기 때문이다.[7] 이런 연구결과는 우리나라 교육에도 시사하는 바가 크다.

---

5 조너선 하이트(2024). 불안 세대 - 디지털 세계는 우리 아이들을 어떻게 병들게 하는가(이충호 옮김). 웅진지식하우스. pp.196-203.

6 도파민에 관한 보다 상세한 내용은 애나 램키(2022). 도파민네이션(흐름출판)을 참고하기 바란다.

7 심우삼(2024). 뇌 발달 막는 스마트폰... 집중력·충동 조절·언어능력 저하, 한겨레신문 기사 (2024.01.08.).

| 서두르는 미래형 디지털교과서 보급과 교육산업

2025년부터 AI디지털교과서(AIDT)가 영어, 수학, 정보, 국어과에 우선 적용된다. 국정 디지털교과서로 할지 검인정으로 할지 아직은 확실하지 않다. 다만 최근에 종이 교과서를 국정에서 검정교과서로 확대한 사례에서 보듯, 교과서 선택의 폭을 확대했다고 해서 학교 수업의 질이 향상된 것은 아닌 것 같다. 대신 교과서 시장이 확대되고 출판사의 경쟁이 치열해진 것은 사실이다. 학교는 엇비슷한 교과서를 두고 과목별로 선정해야 하는 절차를 밟아야 하는 것이 달라진 모습이다. 미래형 교과서로 형성될 시장도 이와 유사하지 않을까 짐작된다.

교육부는 2023년 9월 '에듀테크 진흥방안'을 발표했고, 에듀테크가 공교육 혁신을 이끌 계획이라고 밝혔다. 왜 공교육이 에듀테크 기업들과 선순환을 해야 하는지, 왜 에듀테크가 공교육 혁신을 이끄는 기수여야 하는지, 이렇게 하는 것이 미래교육을 위한 올바른 방향인지 여전히 의문이다. 교육부가 말하는 '공교육과 에듀테크의 선순환 생태계'라는 것이 무엇을 의미하는지 논리적으로 설득되지 않는다. 각각의 단어들은 좋은 말인데, 이 단어들의 연결고리는 비약적으로 보인다. 다만 많은 교육 기업들이 디지털 앱과 생성형 AI 프로그램을 개발하고 있고, 무료에서 유료화하여 기업의 매출액을 늘려가는 것은 현실이다.

이쯤에서 재미있는 연구가 눈에 띈다. 교육부가 의뢰한 연구에서 에듀테크를 활용하는 시간이 길어질수록 학생들의 수업 참여에 부정적인 영향을 준다는 고등학생과 교사들의 답변이 있었다.[8] 초등학생의 디지털 과잉 노출 학습구조는 청소년들보다 훨씬 더 심각한 부작용을 낳는다. 디지털 활용능력을 위해 실시한 교육이 학생들의 뇌 발달과 정서발달에 심각한 저해 요인이 될 수 있다면 교육이 학생들의 삶을 피폐하게 만드는 데 앞장서고 있다는 뜻이다. 교육이 자본주의 시장 논리와 결합하여 블루오션을 만들고, 소수에게 무한대의 이익을 창출하게 한다면 이 또한 우려할 일이다.

거기에다가, 스마트기기의 사용 연한은 길게 잡아 5년 내외이다. 그마저도 고장나거나 업그레이드를 계속해야 원활하게 작동하는 기기가 대부분이다. 현재 에듀테크 정책으로 배정된 예산이 이후에도 지속적으로 각급 학교로 배부될지 의문이다. 가시적인 성과를 목표로 하는 사업일수록 초기 예산은 거액으로 배정되지만, 홍보 효과

---

8 윤근혁(2024). 교사들도 에듀테크에 혁신방향 최하점, 교육언론 창 기사(2024.01.18.).

가 끝난 이후에는 예산에서 삭감된다. 학교 창고에 묵히고 방치된 물건들을 떠올려 보자. 몇 해 전에 교육부에서 일괄 공급해 준 바이올린들과 한때 특색사업이었던 오케스트라 관현악기들이 먼지를 뒤집어쓴 채 쌓여있는 학교가 많다. 고장난 프린터와 컴퓨터들도 폐기 시기를 기다리며 쌓여있다. 에듀테크 장비들은 지속적으로 관리비용을 필요로하는 소모품이라는 것을 염두해야 할 것이다.

디지털 활용, 모든 수업의 해결사?

디지털 관련 선도학교, 시범학교 그리고 각종 디지털 연구회가 활성화되고 있다. 교사들이 자발적으로 연구회를 만들고 지속적인 연구활동을 하는 것은 매우 고무적이다. 교직문화의 성장을 위해서도 절실히 필요한 문화이다. 다만 최근에 실시하는 디지털 교사연수와 온라인 연수를 들으며 저자가 느낀 아쉬움은, 디지털 활용에 대한 비판적 성찰 없이, 효율성과 편리함을 이유로 모든 수업에 디지털 앱을 권장하는 모습들이 많다는 점이다. 어떻게 활용해야 더 깊이 있는 수업을 할 것인가에 주목하기보다, '이렇게 하면 아이들이 좋아해요'로 일관하는 강사들의 멘트가 디지털교육의 현주소처럼 느껴졌다.

실제 현장에는 디지털 활용을 억지로 수업에 끼워 넣은 수업들이 많다. 다음은 1학년 1학기 수학수업 사례이다. 게임기반 플랫폼 앱을 이용해서 1~9까지 숫자 익히기를 한다. 문제를 풀 때마다 정답을 맞춘 학생의 이름이 화면에 뜨고, 최종 1등, 2등, 3등 학생 이름이 올림픽 시상식처럼 보여진다. 수학 수업 한 시간에 이렇게 많은 등수를 부여하고, 성공과 패배감을 강화하는 수업이 교육적으로 보이지는 않았다. 1~9까지 익히는 수학 학습에 이런 디지털기기를 사용해야 할까?

1학년 통합주제인 〈바다 탐구〉 수업에서는 교사가 AI 프로그램을 활용하여 노래를 만든다. 교사가 화면으로 바닷속 장면을 보여주면, 학생들은 보이는 것, 느껴지는 것 구분없이 마구잡이로 '바다, 상어, 거북이, 작은 물고기, 무서워요, 상어가 커요, 조개, 수영복' 등으로 반응하는데, 교사는 이 단어들을 컴퓨터에 입력한다. 그다음엔 AI 프로그램이 '알아서' 노래를 만들어 주는 식이다. 만들어진 노래는 뜻밖에도 1학년 학생들에게는 어울리지 않은 발라드풍의 느린 곡이다. 교사가 컴퓨터에 학생들의 반응을 입력하고 프로그램을 조작하는 사이 학생들을 바라볼 틈도 없다. 교사의 시선이 닿지 않은 사이 아이들은 먼 산을 바라보기도 하고, 쉴새 없이 주변 물건을 조물락거린다.

6학년의 속담과 관용구를 디지털 활용으로 하는 수업은 이렇다. 속담 퀴즈 앱을 이용하여 모둠별 스피드게임으로 속담과 관용구를 배운다. 수업은 경쟁적으로 점점 가열되어 학생들은 빠르게 정답을 맞추는 데민 열을 올리기 시작한나. 몇몇 소수의 학생이 큰 소리로 정답을 말하면 모둠의 점수가 올라가는데 정답을 모르는 다수의 학생들은 오직 점수에만 집중한다. 학생들이 속담 학습에서 익혀야 할 필수적인 내용요소가 감각적인 디지털 게임에 묻혀 버리는 것 같았다.

학생들이 발표를 위해 바로미터나 패들릿(padlet)을 사용하는 경우도 많다. 빠르고 편리하고, 효율적이라 사용한다고 한다. 학생들에게 있어서 발표를 한다는 행위는 종합적인 소통이라는 것을 생각할 때 좀 더 신중할 필요가 있다. 발표를 하기 위해 질문을 이해하고, 몸을 세우고(또는 앉아서), 목소리를 가다듬고, 다른 사람을 보면서, 내용을 말하는 것은 의사소통역량의 집결체이다. 그 일련의 과정에서 작동하는 신체와 뇌의 움직임의 가치가 기기를 통해 익명으로 던져 버리는 대답과 동일할 수 없다. 알아야 할 지식과 기능을 생각하고, 궁리하기보다 재미있는 게임식 디지털 툴을 무한정으로 사용하게 하는 것이 학생들의 협력적 소통 역량에 도움이 될까, 해가 될까?

왜 이런 현상이 가속화되는지 생각해 보면 다 이유가 있다. 교육청마다 그 지역의 학교를 대상으로 '학교평가'라는 것을 한다. 그 학교평가의 항목 중에는, 교사들이 수업 중에 에듀테크를 사용한 비율을 반영하고 그 비율이 높을수록 학교평가 점수가 높게 나오는 희한한 부분이 있다. 학교는 정책에서 자유로울 수 없음을 보여주는 단면이다. 수업 중에 에듀테크를 어떤 식으로든 많이 사용하라는 것으로 인식되고 있다.

물론 에듀테크를 활용해서 교육효과를 극대화할 수 있는 경우가 분명히 있다. 무엇보다 온라인 양방향 수업은 대면교육이 불가능 상황에서 소중한 도구가 되었음을 모두가 기억한다. 사람이 직접 가볼 수 없는 천체의 움직임을 가상현실로 살펴거나 고정된 인체모형을 관찰하는 대신 인체 내부의 구조와 조직들을 실물처럼 배우는 것도 에듀테크 덕분이다. 잘 모르는 것이 있을 때, 생성형 AI는 즉각적으로 답을 주기도 한다. 검색조차 하지 않고도 빠르게 답을 얻을 수 있게 되었다. 그러나 이 모든 편리함과 장점은 교육적으로 활용할 만한 것인지 반드시 비판적으로 가늠하는 과정이 필요하다. 교육의 방향을 바르게 수립하고, 왜 교육에 기술을 도입해야 하는지 고민하고, 어떤 부분에 어느 정도의 속도로 받아들일지 신중하게 살펴야 한다. 교육과 기술의 연대가 그 정체성을 분명히 했을 때, 시너지 효과를 높혀갈 수 있을 것이다.

2) AI와 챗GPT, 아이들을 믿고 맡길 수 있나?

AI 연구자로 주목받고 있는 최예진(워싱턴대 교수)은 AI개발의 문제점을 거론하였다. 최교수는 AI 연구가 미국 실리콘밸리를 중심으로 이루어지고 있고, 가장 심각한 문제는 AI의 윤리적 판단력 부족이라고 하였다. 이런 상황에서 과도하게 AI를 맹신할 경우 국가와 인종 간의 갈등을 부추기고, 정보의 편향성과 오류가 동반된다고도 하였다. 이를 극복하기 위해 AI에게 양질의 윤리를 가르쳐야 하며, 윤리적 학습을 한 AI는 그러지 못한 AI보다 사회적 갈등을 유도하는 부작용을 크게 줄인다고 했다.[9] 다행히 한국 기업에서 한국어로 구성된 윤리 데이터를 학습시키는 연구를 하고 있다니 희망적이기도 하다.

최예진 교수의 염려가 기우가 아니라는 것은 챗GPT에서 한국 역사에 대해 몇 가지만 질문을 해 보면 알 수 있다. 다음은 저자가 2024년 1월 20일에 챗GPT에게 질문한 내용들이다.

> **질문:** 유관순은 누구인가요?
> **챗GPT:** 유관순(1902년~1920년) 대한민국 독립운동의 여성독립자로 서울경성여자고등학교 학생으로 16세 나이로 독립운동에 참여했습니다. (중략) 그녀는 '대한독립만세'와 '동학농민군'을 외치며 시위에 참여했습니다.

챗GPT 답변 중에 오류는 2가지이다. 유관순은 서울 경성여자고등학교가 아니라 이화여고를 다니던 중에 독립운동에 참가하였다. 심지어 서울에는 경성여자고등학교라는 학교 자체가 없으며 경성고등학교는 남자고등학교로 1967년에 설립된 학교이다. 또 다른 오류는 유관순 열사는 '동학농민군'을 외치지 않았다. 동학농민운동은 1894년에 일어난 사건이고, 유관순이 태어난 해는 1902년이다. 더욱 심각한 것은 다음부터이다. 저자가 유관순은 이화여자고등학교를 다녔다고 말하자 챗GPT는 곧바로 "정정합니다. 유관순은 서울의 이화여자고등학교를 다녔습니다."라고 반응했다. 이에 저자가 다시 한번 질문했다. "아닙니다. 유관순은 경성여자고등학교를 다닌 것이 맞습니다."라고 했더니, 챗GPT는 곧바로 "죄송합니다. 혼란이 있었던 부분을 정정해주셔서 감사합니다. 올바른 정보에 따르면 유관순은 경성여자고등학교를 다닌 것으로 알려져 있습니다."라고 응답했다.

---

9 최예진(2024). 안중근을 '테러리스트'라는 AI, 韓 피해 상상 힘들어, 조선일보 기사(2024.1.20.).

만약 연도나 학교 이름 정도가 아니라 애국자를 테러리스트로 설명하고, 친일파를 애국자로 안내한다면 어떻게 될까? 단순히 오류라고 하기에는 너무 심각한 문제가 아닐 수 없다. 이외에도 한국사에 대해 어떤 오류가 있는지 챗GPT의 답변 몇 개를 제시한다.

1. 안중근은 1909년 일본에서 경성학교를 졸업한 후 대한독립협회에 가입하여 독립운동을 하였다.
2. 안중근은 1910년 10월26일 일본 황제 후세이에게 접근하여 황제를 살해하고 스스로 목숨을 끊었다.
3. 이순신은 1598년 12월 16일에 명량해전에서 전사하였다. 명량해전은 임진왜란의 마지막 전투이다.
4. 흥선대원군은 조선왕조의 왕자로서 이순신 장군의 동생이자 조선의 무신이었다. 아버지는 조선시대 9대 임금 성종이었다.
5. 흥선대원군은 고종의 아들입니다.

한국사를 조금만 아는 사람이라면 챗GPT의 한국사 빅데이터가 심각하게 잘못되어있다는 것을 알 수 있을 것이다. 이진우(2024)는 이런 현상을 '인공지능 환각 현상'이라고 칭하며 생성형 AI를 사용할 때 가장 주의해야 할 점으로 지적하였다. 속칭 '아무 말 대잔치'라고 하는 오류로 질문의 맥락과 상관이 없거나 잘못된 정보를 옳은 답인 것처럼 설명하는 것을 의미한다.[10] 연대나 순서의 사소한 오류 정도가 아니라 한국사가 마치 소설처럼 구성되어 있다면, 이런 오류들이 검증되지 않고 세계로 유포된다면? 그 오류의 피해는 우리 모두의 몫이 된다는 것이 걱정스럽다.

단순히 한국사에 대한 오류가 있다는 이유로 챗GPT의 역량을 평가절하하는 것은 절대 아니다. 챗GPT는 분명 인류 문명사의 대변혁이다. 힘들게 머리를 싸매어 가며 번역할 분량을 챗GPT는 입이 벌어질 만큼 신속한 속도로 해낸다. 인간의 노력이 무색할 정도로 빠르다. 속도와 능력 면에서 챗GPT는 분명 우리보다 월등하다. 그런데 우리가 이 유능한 친구에게 우리가 생각해야 할 것을 모두 의뢰하고 부탁한다면, 우

---

10 이진우(2024). **에듀테크의 시대**. 다산스마트에듀. p.393. 이 책은 교육에 기술을 적용하는 올바른 방향에 대하여 실제적인 문제점을 제시하며, 교육 주체가 기술을 도구로 잘 활용하기를 당부하고 있다.

리의 생각하는 힘은 어떻게 될까? 공짜로 주는 꽃신에 익숙해져서 맨발로는 아무것도 할 수 없는 원숭이 꽃신의 비유처럼 편안함과 편리함에 익숙해져서 점점 인간의 사유하는 능력을 잃어가는 것은 아닐까?

AI 딥페이크(인공지능 활용 가짜 콘텐츠) 범죄 사례가 2019년 1만 4741건에서 2023년 9만 5820건에 이르렀다.[11] 인기 연예인의 사진과 목소리를 도용하여 음란물을 만들거나 기업가를 흉내내어 투자자를 모집하는 등 AI 기술이 발전하는 것만큼 딥페이크의 피해도 증가하고 있다. AI의 윤리성은 결국 인간에 의해 학습되는 것이다. 그런데 인간이 AI에게 윤리성을 제대로 가르치지 못한다면 AI 딥페이크는 지금보다 훨씬 무서운 속도로 확산될 것이다.

최근 저자는 교육청 주관 디지털 활용 온라인 교사연수를 수강했는데, 그 중에 딥페이크 디지털 기술을 사용하는 수업이 있어 관심 있게 들었다. 중학교 영어수업인데, 백범 선생 얼굴에 학생의 목소리를 입혀서 실제 백범 선생이 말하는 것처럼 만드는 딥페이크 활용 수업이었다. 수업의 목표가 조국을 위해 희생한 위인들의 삶과 업적을 배우는 시간이었는데, 실제 학생들이 많은 시간을 소요한 것은 딥페이크 앱을 이용하여 영상을 만드는 부분이었다. 딥페이크 제작 능력이 목적이 되고, 백범 선생의 독립정신이 도구로 작동한 것 같았다. 백범 선생이 움직이는 표정으로 '나는 조국의 독립을 염원한다(I wish for the independence of my country).'고 영어로 말했다. 문장은 학생의 목소리를 녹음한 것이었다. 순간적으로 신기했지만 여러 의문이 들었다. 첫째, 수업의 목표와 내용은 딥페이크 기술의 구현일까? 학생들은 이 수업을 통해 조국을 위해 희생한 위인들의 정신을 배웠을지, 아니면 신기한 딥페이크의 기술을 체계적으로 배웠는지 의문이다. 둘째, 학교에서 딥페이크 기술을 수업시간에 이렇게 지도하는 것이 과연 옳은가? 딥페이크는 인공지능 심층학습을 뜻하는 딥러닝(deep learning)과 가짜(fake)가 합쳐진 단어이다. 즉, 진짜 같은 가짜 컨텐츠를 말한다. 가짜 뉴스로 사회 전반의 신뢰가 무너지는 이 시기에 학생들에게 가짜 컨텐츠를 만드는 것을 학교에서, 굳이 수업에서 가르치는 친다는 점에서 윤리성이 고민된다.

저자가 이처럼 딥페이크의 위험성을 심각하게 여기며 집필하는 와중에, 안타깝게도 2024년 8월, 딥페이크는 한국 사회의 빅이슈가 되어 많은 이들을 불안하게 만들고 있다. 딥페이크에 의해 총 477개 학교가 피해를 당하였고,[12] 그 학교의 실명들이

---

11 이해인(2024). 가짜 스위프트에 뒤집힌 美… 백악관·의회도 AI규제, 조선일보 기사(2024.1.29.).

12 김경은(2024). 딥페이크에 477교 당했다? 하루종일 뒤숭숭, 조선일보 기사(2024.8.27.).

공개되었다는 뉴스, 딥페이크 피해자 중 한국인이 53%로 세계 최다라는 기사[13] 등이었다. 일부에서는 디지털교육이 세계적인 대세이니 우리나라도 이 흐름에 빠르게 합류해야 한다고 지지하는 사람들도 있지만, 꼭 일률적인 대세라고 보기는 힘들다. 특히 빅테크 산업이 빠르게 성장하는 것과 빅테크 산업을 그대로 교육에 적용하는 것은 다른 차원의 문제이다. 프랑스 정부는 13세 미만의 스마트폰 사용을 금지하는 법안을 검토 중이다.[14] 영국 이동통신사는 11살 미만의 어린이에게는 스마트폰을 주지 말라는 경고와 13세 미만에게는 SNS 이용을 제한하도록 경고할 계획이라고 밝혔다.[15] 특히 우리는 미국의 반(反) 스마트폰 정책에 주목할 필요가 있다. 2024년 2월에 뉴욕시는 미국에서 처음으로 행정부 차원에서 5대 소셜미디어 플랫폼(페이스북, 인스타그램, 틱톡, 유튜브, 스냅챗)에 소송을 제기했다. 소송의 핵심은 이들 소셜미디어 플랫폼들이 청소년에게 악영향을 미칠 걸 알면서도 수익을 극대화하기 위해 청소년들이 끝없이 중독돼 헤어나지 못하도록 플랫폼을 설계했다는 대목이다.[16] 저자가 주목하는 부분은 이 소송을 뉴욕시 보건정신위생국, 병원 당국, 그리고 **시 교육부**가 함께 제기했다는 사실이다. 교육부가 나서서 2025년부터 세계 최초 미래형 교과서 보급을 서두르는 우리나라 정책과는 매우 다른 지점이다. 왜 다른 선진국에서는 우리나라처럼 에듀테크 교육체제와 디지털교과서를 도입하지 않는 것인지 살펴봐야 하지 않을까?

3) 미래교육 정책과 예산들

2023년과 2024년 교육부와 교육청 공문에서 가장 많이 등장하는 용어는 '디지털'이다. 사업, 연수, 워크숍, 연구회 분야도 마찬가지이다. 정책을 추진하는 절차는 먼저 운영학교를 공모하는 공문을 배포하고, 신청학교를 선정하여, 해당 학교로 예산을 배부하는 순서로 이루어진다. 지역마다 사업명은 조금씩 다르지만 사업의 목적과 내용은 대동소이하다. 다음은 그 사업명들의 일부이다.

---

13 윤진호 · 김경필(2024). 딥페이크 피해자, 한국인 53% 세계 최다, 조선일보 기사(2024.8.31.).

14 김경은(2024). 그 교수의 논문이 뒤로 밀린 이유, 조선일보 기사(2024.8.22.).

15 김가현(2024). 13살 미만은 SNS 제한해야, MBN 기사(2024.8.26.).

16 임우선(2024). 학생을 지켜라…미국은 지금 스마트폰-소셜미디어와 전쟁 중, 동아일보 기사(2024.9.3.).

- 디지털 시민역량 실천학교 운영
- 디지털 창의역량교육 실천학교 운영
- AI · 정보교육 중심학교 / AI 교육선도학교
- 디지털 선도학교(교육부)
- 인공지능 AI 교육센터 구축
- 초등학교 디지털 튜터 운영
- 에듀테크 · 디지털 교육 페어 개최
- 디지털 창의역량교육 공모전
- 하이러닝 선도학교
- 디지털 기반 교육혁신 역량 강화 연수
- 찾아가는 AI · 디지털 활용 융합수업 워크샵

이 공모사업들은 사업마다 운영 규모도 다르고 예산지원도 다르지만 일단 모든 사업에 예산을 지원하는 것이 공통점이다. 적게는 1천만 원에서부터 5천만 원이 넘는 사업들도 있으니 교육사업 예산으로는 큰 액수이다. 교육부의 디지털 시범학교는 2023년 전국 351개교에서 2024년 1,000개로 확대된다. AI 디지털교과서와 교원 연수 예산은 2024년 5,333억 규모로 늘어났다. 이 지점에서 몇 가지 생각해 봐야 할 점이 있다.

첫째, 정책 추진의 방향성이다. 예산과 사업이 디지털 교육으로 쏠려 있고 각 부서마다 디지털 관련 사업을 만들고 있다. 유사한 사업들이 부서마다 생산된다. 이렇게 쏟아지는 사업들의 공통점은 질 관리는 하지 못한 채, 신청학교 모집 → 예산 배부 → 결과 보고서와 정산서로 마무리된다는 점이다. 정책이 현장에 안착하지 못하는 이유는 교육을 통찰하는 철학적 고민과 학교 현장의 현실진단 없이, 성과를 내기 위한 '전략적 차원'으로 거대 예산을 배부해서 강제하기 때문이다. 공문과 예산 배정을 보면, 정책의 힘을 읽을 수 있는데 최근 가장 취약한 부분은 교육과정과 수업 전문성이다. 이것은 우리의 정책들이 하나의 방향으로 쏠려 있음을 의미하는 하나의 예시이다.

둘째, 에듀테크형 미래교육이 학생들의 역량과 품성에 미치는 영향이다. 교육부는 에듀테크 교육을 통해 미래 사회를 살아갈 학생들의 주도적 역량을 키운다고 강조한다. 그런데 실상 에듀테크 교육으로 인해 일어나는 변화는 그다지 긍정적이지 않다. 먼저 학생들과 교사, 학생과 학생 사이에 디지털기기가 존재한다. 교사는 학생을 바라보는 것이 아니라 화면으로 수업을 진행하고, 화면으로 학생들의 수업 참여를 체크한다. 바로 눈앞에 있는 학생들을 다가가서 보지 않고 왜 화면으로 체크를 하는지 의문이다. 학생들은 교사보다 각자의 태블릿을 바라보는 시간이 많다. 또 자신의 의견을 말하고 다른 사람의 의견을 듣는 대신, 검색하고 인터넷 자료를 퍼오는 데 많은 시간을 들인다. 사색은 없고 검색이 중심 활동이다. 어떤 이들은 많은 정보를 찾을 수 있어서 좋다고 하지만, 자세히 들여다보면 검색한 자료의 뜻을 학생들은 이해하지 못하고 그대로 퍼오는 경우가 더 많다. 디지털 문해력이 문제가 아니라 기본적인 문해력이 부족하여 검색한 결과를 학습으로 완성시키지 못하는 것이다. 나아가, 모든 것을 AI에게 물어보고, AI가 시키는 대로 한다면 학생들은 스스로 생각하기보다 무엇이든 디지털에 의지하는 '디지털 의존형 인간'으로 자라날 수밖에 없다. 미래를 살아갈 학생들에게 스스로 생각하는 힘, 질문하는 힘, 소통하는 힘을 길러주는 데 에듀테크는 오히려 걸림돌이 되는 것이다.

셋째, 지금과 같은 예산구조가 학생들을 위한 건강한 학교를 만드는지 의문이다. 학교 시설의 공통점은 '누수 현상'이다. 에듀테크 기기 보급에 거대 예산이 편성되기 이전에, 학생들의 배움의 질을 고려한다면 안전한 학교, 더 섬세한 교수학습 환경 조성에 지금보다 더 많은 예산을 배정해야 할 것이다. 무료 태블릿을 제공하느라 학생들이 뛰어놀 수 있는 공간이 없다면? 공작을 할 교구가 충분하지 않다면? 낡은 공간에서 생활해야 한다면? 노트북과 충전기를 놓느라 교실이 점점 좁아진다면? 학생들에게 좋은 교육적 환경이란 무엇인지 다시 생각해 보아야 한다.

디지털기기 보급과 교육적 효과의 연관성과 관련하여 데이빗 삭스(2017)는 다음과 같이 이야기했다. 2005년부터 테크기업과 독지가들의 지원으로 파키스탄, 르완다, 에디오피아 등 열악한 국가 학생들에게 노트북과 컴퓨터를 보급하여 디지털 격차를 해소하려는 운동을 시도하였다. 또한, 미국의 여러 주에서도 학생들에게 무료로 아이패드와 노트북을 지급하는 사업을 실행하였으나 교육적 효과를 거두지는 못하였다. 심지어 2015년 OECD 보고서는 학교에서 너무 자주 컴퓨터를 사용하는 학생들은 학업 성취도가 나빠진다는 결론을 내렸다.[17] 계란을 한 바구니에 담지 말아야 하듯이, 교육예산 또한 나누어 담을 든든한 바구니를 찾아야 한다.

넷째, 우수한 미래교육을 꿈꾼다면, 중요한 '인적 자원(human resource)'이 되는 '사

---

17 데이빗 삭스(2017). 같은 책, pp.331~334.

람'에게 투자해야 한다. 미래교육의 동력을 디지털기기와 AI 보조교사에게 맡길 것이 아니라, '우수한 교사'들이 미래교육의 비전을 만들고 또 실천할 수 있게 해야 한다. 교사 대신 AI 보조교사를 투입하면 초기 비용은 발생하더라도 교사처럼 높은 연봉을 주지 않아도 되고, 인사와 복무에 신경을 쓰지 않아도 되니 비용 부문에서는 확실히 경제적이라고 예측하는 이들도 있기는 하다. 학교도 공장처럼 기계로 대체하면 되는 자동화 시스템으로 간주하는 것일까? 학습이 정해진 프로그램과 빅테이터만 있으면 가능한 것일까?

미래교육에서 교사는 AI로 대체할 대상이 아니라, 미래교육을 실천할 '중심 동력'으로 삼아야 한다. 교육혁신은 에듀테크로 하는 것이 아니라 '사람'이 '사람과 함께' 하는 것이다. 학생들에게 학습 동기가 필요하듯, 교사에게는 가르침의 성취감이 필요하다. 교실이 태블릿만 바라보는 학생, 프로그램대로만 움직이는 디지털기기, 디지털기기만 작동시키는 교사가 제각각 기거하는 삭막한 공간으로 전락할 수는 없다. 사람을 가르치는 일에 자긍심을 느끼는 살아있는 교사가 필요하다.

③ 미래를 살아갈 역량을 키우고 있는가?

요즘은 10살 어린이들도 바쁘다. 방과 후 학교 운동장에는 노는 아이들 대신 운동하는 지역주민들이 더 많다. 미래를 준비하느라 여기저기로 줄행랑치듯 발걸음을 옮기는 것이 대한민국 아이들의 일상이다. 어느 EBS 프로그램에서 서울의 한 초등학교를 방문하여 5학년 학생들을 인터뷰하였다. 미래와 직업, 진로와 관련한 질문에서 학생들의 반응이 시선을 끈다.[18]

---

18 EBS 지식채널e(2023). 그대들은 어떻게 살 것인가 초등학생에게 물었습니다. 〈어른도감〉 ep. 35.

지금 12살인데 20년 후 32살에 내가 무슨 일을 하고 있을까요?

학생 1: 직업은 없고 그냥 백수로 편의점 알바하며, 조기축구를 하는 중이다. 축구선수가
되고 싶은데 내 실력으로 어려우니 조기축구나 한다.

학생 2: 그림을 좋아하지만 돈을 못 벌 것 같아서 직업으로 하지는 않는다.

학생 3: 원래 꿈은 과학자인데 계속 실패해서 과학자 일은 접고 그냥 평범한 직장인이 될 것
같다.

학생 4: 미래에는 전쟁이 일어나 사람들은 다 죽고, 나는 그때 우주에서 살고 있어 살아남았다.

학생 5: 믹스커피 마시며 야근하고 있다. 일은 그냥 돈 벌려고 하는 거다.

질문 2 어른이 되고 싶나요? 되기 싫은가요?

(이 대답에 모든 학생이 어른이 되기 싫다고 했다.) 그 이유를 묻자,

학생 6: 어른이 되면 일을 빡세게 해야 한다.

학생 7: 상사 말에 맞장구쳐줘야 하고, 회사는 왔다리 갔다리 그냥 다니는 것이라서 힘들 것
같다.

학생 8: 부모님이 회사가기 싫다고 자주 말한다.

학생 9: 늦게 퇴근하는 아빠는 늘 피곤하다고 한다.

학생 10: 일하는 것은 너무 힘들 것 같아. 그냥 이대로 돈 안 벌고 살고 싶다.

질문 3 20년 후에 제일 걱정이 되는 것은?

학생 11: 내가 원하는 삶을 살지 못할까 봐 걱정이다.

학생 12: 물가가 올라서 걱정이다. 10배는 오를 것 같다.

학생 13: 돈을 못 벌까봐 걱정이다.

질문 4 어른이란? 한마디로 말하면?

학생 14: 어른이란 돈이다. 어른은 돈을 벌어야 살 수 있으니까.

학생 15: 어른이란 가족을 먹여 살리기 위해 노력하는 사람이다.

학생 16: 어른이란 힘들다.

학생 17: 어른이란 책임을 져야 하는 사람이다.

사실 위의 학생들 반응은 그다지 특별하지 않다. 어느 초등학교에서도 흔하게 접할 수 있는 답변들이다. 학생들의 미래와 진로에 대한 의견을 들어보면,

첫째, 어른이 되기 싫다. 어른이 되면 힘들다.

둘째, 딱히 뭘 하고 싶은 것이 없다. 엄마가 시키는 대로 사는 것이 편하다.

셋째, 내가 꿈을 가진다고 해도 이루어지지 않을 것이다.

넷째, 무엇보다 돈을 많이 벌어야 하고, 직업은 돈을 벌기 위한 것이다. 등이 대다수이다.

자조적이고 냉소적인 이런 반응들이 12~13살 아이들의 생각이라는 점에서 어른들의 책임이 크다. 학생들의 세상에 대한 이해와 인식은 일차적으로 부모들의 삶의 모습에서 습득되고, 이차적으로 학교나 사회의 학습 과정에서 형성되는 것이다.

초등학생이나 취준생이 희망하는 미래의 직업에는 자주 '백수'라는 단어가 등장한다. 어느 방송에서 한 젊은이가 미래 자기가 꿈꾸는 모습이 'rich and not work'라고 외국인에게 설명하는 모습을 보았다. 그 말을 들은 외국인이 의아해하며 "부자라도 자기가 사는 사회에 어떤 역할을 하는 것이 자기의 일이니까, 누구든 일을 하는 것이 맞다"라고 반응하는 모습을 보며 부끄러웠다. 돈은 많았으면 좋겠고, 일은 하기 싫다는 한국 젊은이의 생각을 진지하게 조언하는 외국인의 말에 왜 나의 고개가 숙여지는 걸까. 사회의 일원으로서 자신의 일이 그 사회에 기여한다는 자긍심을 우리는 자라나는 세대에게 심어주지 못했다. 일하는 것은 오로지 돈을 버는 행위이고, 일하지 않는 삶이 최고의 삶이 되는 가치관을 심어주었으니 어른들인 우리가 잘못 가르친 것이다.

1) 학습의 주도성을 키우고 있는가?

학생들에게 '공부', '배움', '학습'에 대한 자기감정을 한 단어로 말해보라고 했더니, '지겹다, 재미없다, 지루하다, 하기 싫다, 진짜 싫다' 등 부정적인 감정들이 쉴 새 없이 튀어나왔다. 그나마 학교는 친구들을 만날 수 있어서 좋은데 학원은 너무 힘들다고 했다. 배움은 온데간데없고, 학교와 학원은 '찌듦'을 만들어 내는 공간이었다. 이런 학생들에게 학습을 주도적으로 하라고 한다면 '네? 뭐라구요?'라고 반문할 것이다. 배움의 기쁨에서 너무 멀어졌다. 21세기 교육혁신을 위한 교육기술로 창의성, 협력, 비판적 사고, 커뮤니케이션, 공감, 실패 같은 요소를 말하는 이들이 있다.[19] 이런

---

19 데이빗 삭스(2017). 같은 책, p.343.

요소들은 교과나 지식 자체보다 배움의 과정에서 습득되어야 할 역량들이다. 이 렌즈로 우리의 학교와 교실 안을 들여다보면, 21세기 교육기술은 동문서답처럼 느껴진다.

학습의 주도성은 '배운다는 것'에 관심과 동기가 있을 때 가능하다. 그 동기를 신체적 감각으로 경험하고, 교사와 친구들과의 사회적 관계로 앎의 과정을 확장시켜 나갈 때 학습이 깊어진다. 우리는 학습이 숙성하는 데 필요한 이 절대적 시간을 할애하지 않는다. 그래서 그 대가를 치른다. 정답은 빨리 찾지만, 배우는 것이 즐겁지 않은 학생들을 한 공간에 모아 양산해 내고 있다. 점점 스스로 생각하는 뇌 기능이 퇴화하여 가는지도 모른다. 학습에서 학생들이 소외되고 있다. 학습에서 주도성을 회복하기 위해서는 학습의 주체가 '나 자신'이 되어야 한다.

에듀테크는 사용하지만, 질문은 없는 4학년 과학 수업을 참관하였다. 학생들은 교사의 안내에 따라 능숙하게 태블릿을 활용하여 화석의 종류를 검색했고, 산과 바다에 존재했던 화석을 구분했고, OHP 필름에 따라 그렸다. 색깔도 예쁘게 칠하고, 미러링으로 발표도 폼나게 했다. 그런데 한 가지가 빠져 있었다. 왜 이런 화석이 남게 되었는지, 이런 화석의 주변에는 어떤 생물이 살아있었을지 교사는 질문하지 않았다. 학생들이 발표한 것은 자기의 생각이나 궁금함이 아니라 태블릿에서 찾은 정답들이었다. 결국 이 수업은 교사가 준비한 대로 매끈하게 이루어졌지만, 학생들의 눈빛이 빛나지는 않았다. 만약 이 수업을 태블릿에 전적으로 의존하지 않고, 교사의 질문과 학생들의 토의에 좀 더 많은 시간을 사용했더라면 학생들의 수업 참여 방식은 달라졌을 것이다. 오히려 또 다른 화석을 찾아내느라 상상의 날개를 폈을 것이다. 그리고 그 과정에서 더 많은 말들을 주고받지 않았을까. 때때로 태블릿 검색은 학생들의 모든 궁금증을 성급하게 덮어버린다. 디지털기기로 정답을 빨리 찾는 것이 수업의 목표라면 학생들은 굳이 교실이라는 제한된 공간에 오지 않아도 된다. 집에서 침대에서 뒹굴며, AI 보조교사에게 물어보면 되니까. 가성비가 아주 좋은 교육방식이다.

고학년 수업에서는 손으로 쓰는 활동보다는 PPT나 PDF 파일로 학습하는 경우가 많다. 학생들이 쓰는 것을 싫어하니 교사들도 화면으로 제시하는 것을 선호한다. 노르웨이 과학기술대 연구팀에서 손으로 글씨를 쓸 때와 디지털기기로 입력할 때를 뇌파 데이터로 비교하는 연구를 하였다. 손 글씨가 디지털기기로 대체되는 것이 사람 뇌에 어떤 영향을 미치는지 알아보기 위한 연구였다. 그 결과, 손으로 글씨를 쓸 때가 뇌의 연결성이 더 높아지며, 그 이유는 손을 정밀하게 제어하면서 얻는 시각·동작 정보가 학습을 촉진하는 뇌 연결 패턴에 기여하기 때문이라고 했다. 또 글씨를 쓸 때 지각·인지·판단 등과 관련이 있는 대뇌 꼭대기 부위인 두정엽과 뇌 중심부에 있는 신경 네트워크 부분이 활성화된다고도 했다.[20]

물론 이런 연구 결과를 극단적으로 해석할 필요는 없다. 다만 학생들에게는 손으로 필기하는 능력과 디지털기기를 사용하는 능력이 모두 필요하기 때문에 학교교육에서는 두 기능을 모두 습득하도록 지도해야 한다는 것이 저자의 입장이다. 양손 사용하기를 하여 우뇌와 좌뇌를 동시에 발달시키는 것과 같은 이치이다. 디지털 활용 능력만을 강조할 것이 아니라, 디지털 활용 능력도 배워야 할 하나의 영역으로 간주해야 할 것이다.

AI 보조교사로 학생 맞춤형 수업을 한다는 것은 사실상 불가능한 일이다. 이것은 모든 학생들이 자발적 학습의욕이 충만한 상태에서 가능한 일이다. 과거에 컴퓨터 프로그램 학습으로 영어학습의 대전환을 시도한 적이 있다. 컴퓨터와 학생이 1:1로 학습하고, 단어를 맞추면 다음 단계로 넘어가 학생마다 진도가 다르니 '학생 맞춤형'이라 일컬었고, 교사 한 명이 가르치는 것보다 효과적이라고 주장하였으나 아이러니하게도 학교 현장에서 금방 사라졌다. 그 이유는 학생들이 각자 컴퓨터를 쳐다보며 수업을 하니 교사가 전체적인 학습상황을 이끌어가는 것이 불가능해졌고, 결국 학생 맞춤형이 아니라 학생 분리형 수업이 되었기 때문이다. 더구나 의사소통이 중요한 영어 수업이 게임형으로 진행되다 보니 학생들은 실제로 영어로 말하고 듣는 활동을 하는 것이 아니라 화면 속 정답을 빨리 맞히고 다음 단계로 넘어가 보너스 점수를 받는 것에만 집중하였다. 당연히 학생 간 학습격차는 더 심해졌고, 부진한 학생들도 더 많아졌다.

지금 교육부가 주장하는 AI 보조교사와 디지털교과서 정책은 이와 유사하다. 학생들에게 태블릿을 주고, AI 보조교사가 개인별로 피드백을 해서 맞춤형으로 진행하겠다는 것에 차이가 있을 뿐이다. AI 보조교사라고 말을 해서 뭔가 '교사'의 이미지를 심어주려고 하지만, 정확하게 AI 프로그램이라고 칭해야 할 것이다. AI 프로그램은 빅데이터에 근거해서 피드백을 제시한다. 그 피드백이 정말 해당 학생에게만 해당하는 적합한 피드백일까? 또 그 학생은 AI 프로그램이 제공하는 피드백을 이해는 할까?

디지털 활용능력보다 더 중요한 학습의 근간은 스스로 생각하는 힘, 나아가 스스로 생각하려는 습관이다. 기계에게 나 대신 생각해 주기를 부탁하고, 간청하는 그런

---

20 이주영(2024). 펜은 키보드보다 강하다. 손 글씨가 뇌 연결성 더 높여, 서울 연합뉴스 기사 (2024.1.27.).

무능력한 인간을 길러내는 것이 미래교육은 아닐 것이다. 디지털기기가 제공하는 빅데이터 안에 학생들의 감각과 상상력을 가두는 것이 아니라, 그 빅데이터를 뛰어넘는 도전을 가르쳐야 한다.

2) 의사소통은 제대로 하는가?

다른 사람과 의사를 소통하는 것은 사회생활을 하는 인간에게는 선택이 아니라 필수적인 생존역량이다. 그런데 점점 소통 자체를 기피하는 현상이 증가하고 있다. 대화보다는 문자를 선호한다. 행간의 의미를 파악하지 못해 갈등을 빚기도 한다. 다수의 학폭 사안은 사안 자체의 범법성보다 사안을 둘러싼 감정상의 갈등과 공감 부족에서 발생한다. 분명 디지털 활용능력은 전체적으로 향상되고 있는데, 왜 각종 불통과 오해로 인한 사건들은 증가하고 있을까? 2013년 학교폭력 심의건수는 17,749건이였는데, 2022년 62,052건으로 늘어났다.[21] 그 사이 우리 사회는 어떤 변화가 있었던 것일까? 개정교육과정이나 OECD 지표에서도 소통능력을 중요한 역량으로 제시하고 있으나, 아이러니하게도 우리는 서로가 서로에게 소통 능력이 부족하다고 지적한다.

의사소통을 하기 위해서는 다른 사람을 이해하고 공감하는 것이 필요하다. 연구 결과로 확인하지 않아도 학생들의 공감능력이 감소하고 있음은 교실에서 피부로 느낄 수 있다. 데이빗 삭스(2017)는 주요 원인으로 디지털 테크놀로지의 '탈감각화 효과(desensitizing effect)'를 들고 있다. 공감 능력이 부족한 사람은 자기애와 이기심이 늘어나고, 협력성은 줄어들며 잠재적 폭력성은 증가한다는 것이다.[22] 학폭이 급증하는 교육현상과 일맥상통한다. 감각활동이 필요한 아이들에게 어른들이 디지털기기를 안겨주고 있다. 식당에서 가족 단위로 외식을 하는 자리에서도 각자 스마트폰을 들여다보는 모습, 카페에서 어른들이 대화를 나누기 위해 아이들에게 태블릿을 안겨주는 모습, 심지어 집안에 있는 가족끼리도, 데이트하는 연인들도, 친구들끼리도 마주 보고 하는 대화보다 스크린 속 메시지 전달방식을 선호한다.

가상현실(Virtual Reality)은 현실이 아니다. 최첨단 기술로 특정한 상황이나 환경을 디지털화한 것이다. 학생들에게 모래를 만지고, 공을 던지고, 큰 소리로 웃고, 창작하도록 만드는 대신 가상현실(VR) 공간으로 학생들을 이끌고 가서 '이게 모래야, 알

---

21 교육부(2024). 2024년 주요정책 추진계획(2024.1.14.), p.2.
22 데이빗 삭스(2017). 같은 책, p.345.

겠지?'하는 식으로 감각을 퇴화하는 교육을 한다. 실제로 경험할 수 없는 것을 가상현실이나 증강현실로 제공하는 것은 도움이 되지만, 일상적으로 접해야 하는 감각놀이와 활동마저도 디지털 세상으로 제한하는 것은 비정상적인 교육방식이다. 더구나 그 자리를 디지털기기로 채워 넣으려고 엄청난 예산을 쏟아붓고 있다. 블록으로 놀이공원을 만드는 아이들은 끊임없이 이야기하며, 떠들고, 다투고, 삐지며, 온몸을 움직여서 만들기 작업을 한다. 블록이 소통과 토의의 매개체가 되고, 이런 과정이 아이들에게 사회성을 터득하게 만든다. 이것이 숨겨진 교육과정의 힘이다. 놀이와 협력의 과정이 아이들을 성장하게 만드는 배움이다. 이 소중하고 값진 과정은 결코 에듀테크와 디지털기기가 대체할 수 없는 영역이다.

〈2023 청주교사교육포럼〉에서 덴마크 연구자인 안데르스 슐츠(Anders Schultz)는 덴마크에서 강조하는 21세기 능력(skill)으로 성찰(reflectiveness), 테크놀로지와 상호작용하기, 이질집단과 협력하기, 자율적으로 행동하기를 제시하였고 이 중 성찰이 가장 중요한 요인이라고 했다. 이것을 교육학자 거트 비에스터(Gert Biesta)는 3가지 차원의 교육으로 구분하여 역량(competencies), 규범과 가치관 함양(cultivation norms and values), 비판적이고 책임감 있는 나만의 목소리 찾기(finding your own critical and responsible voice) 3가지로 설명하였다.[23]

다가올 시대를 예측하고 필요한 교육의 전략을 구상하는데 왜 어떤 나라에서는 성찰과 비판적 사고력을 강조할까? 우리나라의 미래교육 담론에서는 찾아보기 힘든 취약한 부분이다. 우리는 그 자리를 모두 하이테크, 인공지능, 디지털이 채우고 있는 것은 아닐까?

공감하지 못하는 사람은 다른 사람을 이해하지도 못하고, 이해하지 못하는 사람이 다른 사람을 배려할 리가 없다. 공감하지 못하니 협력하지도 않는다. 챗GPT나 디지털 휴먼과 소통하는 것에 더 편안함을 느끼는 사람들은 다른 사람들과 관계 맺기가 점점 어려워질 것이다. 지금은 학생들이 서로의 눈빛을 바라보는 아날로그식 상호작용이 필요한 시대인지도 모른다. 디지털의 기능이 인간의 소통 능력을 모두 퇴화시키기 전에 인간적인 소통 역량을 회복해야 할 것이다. 이 길목에 예술교육이 있음을 2장에서 열어갈 것이다.

---

23 Anders Schultz(2024). Why and how schools must change to stay relevant in the post-industrial era,-The case of professional development, 청주교사교육국제포럼 (2024.1.11.).

3) 다르게, 생각할 줄 아는가?

프랑스의 인상파 작가 세잔느의 작품을 미디어아트로 재해석한 전시회가 있었다. 성물화의 과일 하나하나가 분리되어 다른 공간을 오고 가며 역동적인 움직임을 만들어내는 것이 신기했다. 여러 대의 빔프로젝트가 사각 벽면 전면에 빛을 쏘아 작품을 사방에서 감상할 수 있었다. 평면이었던 원본 미술작품이 입체적으로 공간을 분리하여 역동적으로 움직였다. 빔 프로젝트로 쏘는 조각조각의 그림은 때로는 동시에, 때로는 순차적 등장으로 퍼즐을 맞추어가는 느낌도 주었다. 그림은 빛으로 재해석되었고, 나아가 그 과정마다 클래식에서 재즈까지 결합하여 큰 벽면을 가득 메우는 종합예술 같은 분위기였다.[24] 정지된 미술작품이 테크노 기술과 음악을 만나 재탄생한 것이다. 물론 모든 미디어아트가 뛰어난 예술작품으로 탄생하는 것은 아니다. 어떤 미디어아트 작품은 디지털 기능이 과하게 부각되어 본래 작품이 가진 섬세함을 방해하여 아쉬울 때도 있었다.

저자가 여기서 미디어아트를 말하는 것은 그 자체의 예술성을 논하고자 하는 것이 아니다. 예술 작품을 중심으로 테크놀로지와 음악, 미술이 만나 새로운 성질의 예술로 거듭날 가능성을 말하는 것이다. 미디어아트는 예술과 기술의 융합적 결합이다. 이를 위해서는 과학적 조작과 테크놀로지의 역학을 알아야 한다.

최근 초등학교에서는 과학수업에 대한 관심이 전체적으로 줄어들고 있다. 과학수업을 교과 전담수업으로 분리하였기 때문에 담임 교사들의 관심에서 멀어지고 있는 것이다. 물론 전담교사의 전문성으로 과학수업의 질이 향상된다면 좋은 일이지만, 그것도 교사의 역량에 따라 차이가 큰 것이 현실이다. 교사들의 필수연수였던 과학 직무연수나 실험연수도 사라졌다. 교사들의 관심에서 멀어지는 교과나 활동은 학생들에게도 멀어질 수 밖에 없다. 음악을 좋아하는 선생님 교실에서는 노랫소리가 자주 들린다. 미술을 좋아하는 선생님은 교과서에 없는 여러 가지 작품을 만들어 낸다. 자연스러운 일이다. 과학수업이 한발 멀어지면, 학생들이 과학적 탐구 방법을 배우고 탐색할 기회가 다른 교과에 비해 상대적으로 적어지게 된다. 학생들에게 과학이 필요한 이유는 우리 주변에서 일어나는 일상적인 자연현상에 호기심을 갖고 그 원리를 탐색하게 만드는 데 있다. 꼭 과학만을 말하는 것은 아니다. 어떤 현상이나 새롭게 접하는 지식에 호기심이 없다면 새로운 상상과 도전은 일어나기 어렵다. 학생들이 무언가를 궁금하게 여기고 새롭게 생각하려면 시간이 필요하다. 시간적 여백이

---

24 2024 「세잔, 프로방스의 빛」 전시회, 제주 서귀포시 '빛의 벙커'.

있어야 다르게 생각할 수 있는데 우리는 아이들에게 그럴 여백을 주지 않는다. 새롭게 비틀어서 생각하기보다 남들보다 빨리, 더 많은 것을 암기하도록 끊임없이 재촉한다. 한 가지를 곱씹을 시간이 없다. 선행과 학원 숙제에 학생들의 일과는 늘 빡빡하지만, 정작 궁금한 것은 없다. 정답은 빨리 찾지만, 왜 그것이 정답인지 궁금해하지는 않는다. 이런 식의 배움은 결국 수동형 인간으로 이어질 수밖에 없다.

고백하자면 저자는 과학 분야의 지식에 가장 취약하다. 학창 시절부터 과학을 교과로서만 배우고, 시험은 암기해서 그럭저럭 치렀고, 문과 진학 이후에는 과학과 더욱 멀어졌다. 그 결과 운동에너지, 중력, 양자물리학 같은 단어만 들어도 울렁증이 난다. 과학에 소홀했던 대가가 크다. 우주 삼라만상의 움직임의 원리와 자연의 논리적 법칙을 등한시한 것이다. 나이 50이 넘어 국립과천과학관을 방문했다. 과학사에서 천문우주관까지 학생들에게 필요한 미래교육 영역이 모두 존재했다. 기체의 색깔 실험부터 블랙홀 체험까지 직접 체험코너에서 실험할 수 있었다. 이런 실험을 어릴 때 경험했더라면, 지금처럼 과학부진아가 되지는 않았을 것이라는 아쉬움이 든다.

학생들의 상상력이 남들이 만든 영상과 검색으로 둔감화되지 않도록 각자의 뇌를 깨워야 한다. 가장 편리한 길로 정답을 찾도록 할 것이 아니라, 여러 개의 길을 만들어 내는 개척자가 되도록 해야 할 것이다. 다르게 생각할 줄 알아야 다른 길을 만들 수 있다. 미래교육의 방향이 개인의 편리함과 즐거움을 추구하는 것에 머물러서는 안되며, 나아가 새로운 테크놀로지에 종속되는 인간 양성으로 가서는 더더욱 안될 것이다. 학생들이 로봇으로 생활을 편리하게 하고, 드로잉앱으로 그림을 쉽게 그리고, 챗GPT로 숙제를 빠르게 하고, 디지털 휴먼(digital human)과의 상호작용을 하기 전에, 주변의 환경과 사람들에게 관심을 갖고 마주볼 수 있게 해야 할 것이다.

 미래교육의 담론을 넓혀야 한다.

| 어디로 가고 있는가?

우리의 미래교육 방향이 디지털 교육으로 과도하게 쏠린 이유는 한국 사회의 교육관에 교육의 본질과 역할을 바라보는 철학적 통찰이 부족한 탓이다. 가르침과 배

움의 행위에 에듀테크의 위력을 지나치게 맹신하는 것도 그 탓이다. 교사의 역할을 에듀테크 실행자로 전락시키는 것도 사람을 중심에 두지 않고, 효율성에 방점을 두기 때문이다. 이윤을 추구하는 기업 가치를 교육생태계에 그대로 반영한 것이다. 세계 각국이 추구하는 교육개혁의 방향은 크게 두 가지이다. 하나는 교육의 공적 기능을 강화하여 국가의 교육 투자를 늘리고 교육의 공공성을 강화하는 방향이다. 핀란드, 캐나다, 호주, 덴마크 같은 나라들이 대표적이다. 특히 교육개선을 위해 교사교육과 교직 전문성에 많은 예산을 투자하고 있다. 다른 한 가지는 신자유주의 체제를 교육에 적용하여 민간 자본을 최대한 활용하고, 선택과 경쟁 구조에서 효율성을 지향하는 방향이다. 이를 대중화된 용어로 세계교육개혁운동(GERM: Global Education Reform Movement)이라 한다.[25] 사토 마나부(2022)는 세계가 글로벌 자본주의가 되면서 교육이 공공의 영역에서 투자의 영역으로 인지되고 있으며, '빅 비즈니스'의 장으로 변모했다고 말했다.[26] 바우처와 차터 스쿨처럼 공적 기금을 학생당 기금으로 이용하거나, 교육관련 지원을 민간기업으로 외주화하여 민간기업의 수입 창출이 높아지고, 교육활동이 교육서비스로 대상화되기도 한다. 미국, 스웨덴, 칠레 등이 그렇다. 여기서 생각해 볼 것은 우리 교육정책의 방향이다. 학교 주요시설들은 민간기업들이 전담하고, 위탁업체가 프로그램을 운영하는 비중이 증가하며, 교육을 서비스의 개념으로 대상화하여 교육 양극화가 심화되고 있다. 그 결과 공교육의 책무성이 약화되는 현재의 모습은 우려스럽다. 이윤 창출을 목적으로 하는 교육산업의 발전을 통해 공교육의 정체성 존속을 기대하는 것은 허상이다. 발 빠르게 방향을 제시하는 교육산업에 미래교육이 무작정 이끌려가서는 안 될 것이다.

| 잊지 말아야 할 것, 우리가 가꾸어야 할 것

교육과정을 개정할 때마다 교육의 전 과정을 통해 중점적으로 기르고자 하는 핵심역량이 있다. 2022 개정 교육과정은 자기관리 역량, 지식정보처리 역량, 창의적 사고 역량, 심미적 감성 역량, 협력적 소통 역량, 공동체 역량을 강조한다. 교과마다 강조하는 세부적인 역량이 또 있으니 엄청난 종류의 역량을 추구하는 셈이다. 지금까지 늘 이와 유사한 역량들이 지속적으로 강조되어 왔지만, 여전히 강조하는 것으

---

25 린다 달링 해먼드, 프랭크 애덤슨, 비에른 오스트랜드 엮음(2017). 세계교육개혁 민영화 우선인가 공적 투자 강화인가?. 살림터. p.20.

26 사토 마나부(2022). 같은 책, pp.32-33.

로 보아 교육의 본질적 가치가 그리 변하는 것은 아닌 것 같다. 학생들의 선행 학습량도 증가하고, 학습환경도 선진국 수준이고, 디지털 문명국 속에서 살고 있는데, 이상하게도 다른 사람과의 소통을 어려워하는 학생들은 증가하고 있다.

마음의 병을 앓고 있는 10~20대의 비중이 급증하는 사회현상을 교육계는 어떻게 받아들여야 할까? 자해와 자살 환자 중 2018년 35.1%(1만 3598명)이던 10~20대가 2022년 46.4%(2만 72명)으로 증가한 현상을 그냥 지나치기에는 어른들의 책임이 무겁다.[27] 디지털기기가 넘쳐나는 현실에서 마음의 병이 깊어지는 학생들이 많다면, 우리의 미래교육의 방향이 괜찮은지 점검해 봐야 한다. 한 방향으로 질주하는 사이 중요한 것을 놓치고 있는 것은 아닌지 말이다.

학생들의 미래를 위해서는 디지털기기만 필요한 것이 아니다. 학생들을 자기 삶의 주인으로 살아가도록 하는 것이 우리에게 필요한 미래교육의 방향이다. 자신의 감정을 표현할 수도 있어야 하고, 문제해결력도 있어야 하고, 공감과 아름다움이 무엇인지 느낄 수도 있어야 한다. 디지털교육에 투자하는 예산과 정책적 관심을 다른 역량에도 분산해야 한다. 미래에 더 많은 다양한 직업들이 필요하다면 우리는 지금보다 더 적극적인 방식으로 학생들을 탐구적이고 소통하는 인간으로 길러야 할 것이다. 말로만, 문서로만 심미적 감성 역량과 협력적 소통 역량을 말하지 말고, 디지털기기 구입에 사용하는 예산의 한 귀퉁이라도 학생들의 '마음 가꾸기'에 편성하는 노력이 필요하다. 디지털 원주민인 학생들에게 필요한 것은 디지털과 탈(脫)디지털의 균형 잡힌 교육이다. 다른 사람과 이야기하고, 노래하고, 손으로 만들고, 몸을 움직여야 할 시간을 의도적으로 교육 시간으로 할당해야 한다. 학생들에게 필요한 것은 이제 소통과 협력의 리터러시이다.

| 바로 지금, 그리고 오늘 하는 교육이 곧 미래교육이다.

손에 스마트폰을 쥔 채, 눈은 스마트폰 화면을 보면서 몸은 횡단보도를 걷는 사람들을 어디에서나 쉽게 볼 수 있다. 등교하는 학생들도 스마트폰을 쥐고 온다. 가방에 넣고 오라고 아무리 강조해도 실천이 되지 않는다. 손에 들고 와야 안심이 된다고 하니 할 말이 없을 지경이다. 저자는 이런 현상이 전 국민의 도파민 중독 증세라고 생각한다. 도파민은 사람의 감정과 행동을 조절하는 호르몬으로, 노력 끝에 성취하는

---

27 조백건 · 정해민(2024). 정신과 폐쇄병동 1020으로 가득 … 마음의 병 앓는 청소년들, 조선일보 기사(2024.1.31.).

순간에 나온다. 그런데 쇼츠나 틱톡은 사람들의 취향에 맞는 영상을 바로바로 쉴 새 없이 제공하는 알고리즘을 개발하였다. 그 덕분에 큰 노력 없이도 내 취향에 맞는 영상을 제공받고, 이렇게 분비된 도파민은 더욱 자극적인 영상을 갈구하는 악순환의 고리를 만들게 된다. 게임이든 스크린이든 도파민 중독에서 자유로울 수는 없다. 선진국이라 해도 우리만큼 온 나라가 무료 와이파이가 되거나 디지털기기들이 넘쳐나는 곳은 많지 않다. 초고속 디지털 문명의 혜택을 누리고 있지만 행복지수는 왜 이렇게 낮은 것일까?

이슈가 되기 충분한 성과지향형 정책들이 학생들의 평생을 좌우할 미래교육의 방향으로 자리잡고 있다. 마치 신약을 실험하듯 우리가 학생들의 삶을 대상화할 때, 그 부작용과 결핍은 돌이킬 수 없다. 그래서 미래교육의 담론은 신중해야 하고, 성찰적이어야 하며, 비판적이어야 한다. 숨 가쁘게 몰아치는 디지털식 미래교육에 이제는 '숨고르기'가 필요한 시간이다. 역설적이지만, 지금 아이들에게 필요한 미래교육은 잠시 디지털기기와 거리를 두는 것이다. 즉, '디지털기기 없이 나의 생각 갖기'이다. 이 역량을 담금질할 수 있는 것은 디지털기기나 AI가 아니라 사람이다. 바로 교사들이다. 사람을 중심에 두지 않는 미래교육은 실체 없는 허상이다.

미래교육의 시작은 끝이 보이지 않는 사다리를 불안하게 오르는 것이 아니라, 바로 '오늘'을 단단한 출발점으로 삼아야 한다.

만남: 예술교육과 교육연극

만남: 예술교육과 교육연극

　　1장에서 우리는 숨 가쁘게 달려가는 이 시대에 우리에게 사나운 소나기처럼 쏟아지고 있는 미래교육의 담론과 정책, 현장 실태에 대해 잠시 숨을 고르고 과연 제대로 가고 있는가를 돌아볼 것을 제안하였다. 거듭 강조하지만, 우리 저자들은 다양하고 눈부신 발전을 거듭하고 있는 오늘날 기술 혁명의 필요성을 부정하거나 그 중요성과 가능성을 무시하려는 의도가 전혀 아님을 밝힌다. 다만 우리는 어쩌다가 '미래교육 = 디지털 교육'이라는 인식이 부지불식간에 각인되었는지, 그리고 그것이 미래교육의 전부 혹은 가장 핵심적인 방향인 것처럼 몰아치고 있는 현재의 담론 및 정책에 대해 그저 손을 놓은 채 수수방관해도 되는가 하는 의문에 대해 고민해 보고자 하는 것이다. 이미 1장에서 현재의 미래교육 담론 및 정책과 현장에서의 실태 등을 살펴보았으니, 이번에는 조금 다른 관점에서 예술과 교육, 그리고 예술교육이라는 개념에 대한 혼란과 오해를 점검하고, 예술교육의 한 갈래로서 교육연극이 왜 필요한가에 대한 이야기를 나누어 보고자 한다[1]. 어떤 이에게는 생소하고, 어떤 이에게는 따분하며, 심지어 어떤 이에게는 시대착오적으로 들릴 수도 있을 이 요소들이 과연 미래교육과 무슨 관계가 있으며 무슨 의미를 지니는지 같이 생각해 보았으면 한다.

　　저자들이 이 책을 집필하고 있는 시점은 2024년 여름이다. 저자들이 그러하였듯, 이 책의 독자들 역시 어린 시절 즐겨보던 만화, 영화, 책 등 소위 SF물을 통해 미래와 미래 세계를 상상하는 일이 대부분이었을 것이다. '미래'라는 미지의 시공간을 상상하는 일은 늘 즐겁고 신기한 선망이자 동시에 막연한 불안감의 대상이기도 하다. 눈부신 과학기술의 급속한 발전으로 10년 혹은 20년 뒤의 미래 세상은 하늘을 나는

1　이 장의 주요 내용은 김병주(2024)의 논문을 기반으로 확장, 보강하여 재구성한 것임을 밝힌다.

자동차와 로봇의 일상화는 물론, 집과 옷차림, 사람들과 소통하고 생활하는 방식까지 지금 나의 일상과 주변 환경은 하나도 남지 않고 완전히 바뀌어 있을 것이라고 막연하게 확신하였던 것 같다.

그렇게 세월이 흘러 어느새 2000년대의 1/4 지점에 이르렀다. 어떤 이는 성인이 되었고 어떤 이는 중년을 넘기고 있다. 분명 세상은 엄청나게 바뀌었고 우리의 일상과 주변도 크게 바뀌었다. 그렇지만, 우리가 초등학생 때 상상했던 '2024년 미래'의 모습과 지금의 현재는 과연 얼마나 가까운가? 거꾸로 한번 생각해 보자. 20년, 혹은 그보다 더 긴 시간 전에 내가 살며 경험했던 일상, 삶의 방식, 주변 환경, 관계와 가치 등은 지금과 비교해서 어떠한가? 분명 많은 것들이 사라졌지만, 그럼에도 여전히 지속되거나 유효한 것들이 있는가? 무엇이 가장 많이 바뀌었고 무엇이 가장 덜 바뀌었는가?

복잡하게 연계되어 있기는 하지만, 아마도 가장 크게 달라진 부분은 우리를 둘러싼 다양한 물리적이고 물질적인 환경의 변화일 것이며, 그에 따라 우리가 일상에서 생활하고 소통하는 방식의 변화 또한 상당할 것이다. 컴퓨터, 인터넷, 그리고 휴대폰이 그 대표적 예시일 것이다. 그렇다면 가장 변화의 폭이 덜한 것은 무엇일까? 아마도 우리가 살아가는 목적이나 가치, 관계 등 인간과 사회를 지탱하는 본질적인 요소들은 상대적으로 그 변화의 폭이 크지 않을 것이다. 즉, 환경과 방식은 변하지만 지향성이나 가치는 여전히 지속되거나 대체로 유효하다고 할 수 있다. 수 천 년 전 고대 유적의 벽에도 "요즘 젊은 사람들은 버릇이 없어."라는 낙서가 씌어있었다는 우스갯소리처럼, 인간이 살아가고 관계 맺고 추구하는 세상과 삶의 본질은 과거의 미래에 와 있는 지금도 크게 달라지지 않았고, 앞으로도 상당 부분 그러할 것이기 때문이다.

1장에서 지적하였듯, 지금 우리의 미래교육 담론 및 정책은 다분히 우리를 둘러싼 물리적이고 물질적인 변화에 기반하여, 단기적인 기술 주도의 '방식의 변화'에만 지나치게 천착하고 있다는 점을 저자들은 우려한다. 과거에도 현재에도, 그리고 미래 역시도 결국 핵심은 '사람'을 향해 있어야 한다. 우리가 살아가는 이유는 AI와 디지털 기기, 기술변화를 지키기 위해서 사는 것이 아니다. 그것들은 결국 우리 인간과 사회를 지키고, 보완하고, 유지하기 위해 존재하는 것일 뿐, 그것들 자체가 목적이 아니기 때문이다. 마찬가지로, 교육의 본질은 우리의 다음 세대들이 주체적이고 따뜻한 인간으로 성장하고, 사려 깊은 성찰과 합리적 판단으로 살아가며, 다양한 사람들과 소통하고 관계를 맺음으로 변화하는 세상을 함께 지탱해 나가는 힘을 키우는 것이다. 미래교육은 그러한 개인과 사회에 필요한 다양하고 풍성한 경험과 배움을 제공하는 것이어야 한다. 그 중요한 한 축에 예술과 교육의 만남이 있다.

 1 예술과 교육의 만남

여전히 많은 이들에게 예술과 교육은 이질적인 영역으로 인식된다. 일반적으로 교육은 우리에게 비교적 일상적이고 보편적인 영역으로, 반면 예술은 무언가 특별하고 독립된 영역으로 받아들이는 경향이 있다. 오랜 세월 동안 축적된 고정관념은 교육은 '가르치는 행위', 그리고 예술은 소수의 특별한 재능을 지닌 '그들만의 세계'라는 인식으로 우리에게 강하게 남아 있다. 그래서 예술과 교육의 접목을 단순히 '예술을 가르치고 배우는 교습' 정도로 인지하는 경향이 높다. 우리가 기억해야 할 것은 예술과 교육 모두 각자의 다양한 특성과 관점을 지니고 있지만, 본질적으로 둘 다 '사람'에 관한 '사람'의 행위라는 공통분모를 지니고 있다는 점이다.

예술에 대하여

'예술'이 무엇인가에 대한 논의는 매우 복잡하고 난해하다. 기원에서부터 발전 과정, 시대에 따른 담론 및 환경의 변화에 이르기까지 예술의 정의와 가치에 대한 수많은 예술가, 학자, 비평가, 이론가들의 심오하고 치열한 주장과 논쟁이 수천 년간 광범위하게 이어져 왔다. 그럼에도 여전히 합의된 정의는 존재하지 않는다. 솔직히 어쩌면 바로 그 점이 우리에게 예술이 필요한 이유이자 가치일지도 모른다. 여기에서는 그런 지난한 학술적 논의의 답습보다는 오늘날 우리가 바라보는 예술의 관점이 어떻게 인식되어 있고 그에 따라 예술과 교육의 만남이 어떤 한계와 가능성을 지니고 있는지를 중심으로 간략하게 살펴보고자 한다.

저명한 문학가이자 미술비평가 허버트 리드(Herbert Reade)는 이제는 고전이 된 자신의 저서 『예술의 의미(The Meaning of Art)』에서 예술은 "마음을 기쁘게 하는 형식을 창조하려는 어떤 시도"라는 가장 단순하고도 보편적인 정의를 제시한 바 있다. 그렇게 만들어진 그 예술의 형식이 우리의 "감각지각에서 맺어지는 형식 관계의 통일과 조화를 인식할 수 있을 때" 우리의 미감(美感)을 만족시켜 준다는 것이다.[2] 즉, 그러한 시도를 수행한 사람과 그것을 수용하는 사람이 그 예술 형식이라는 매개를 통해 서로의 감정과 정서, 직관과 인지를 통해 교감하고 소통하는 체험이 예술 활동의 순간이 된다는 의미이다. 여기서 주목할 것은 그러한 행위의 주체는 인간이라는 점이며, 톨스토이(Lev Tolstoy)의 말처럼 예술은 "어떤 외적인 기호를 통해 의식적으로" 전하고 전달받는 "인간 활동"이라는 점이다.[3] 그렇다면 인간은 왜 그러한 행위를 하는 것일까?

지금은 그 갈래가 더욱 복잡하고 다양하게 진화하였지만, 주로 문학, 무용, 연극, 음악, 미술 등 우리가 일반적으로 예술이라고 칭하는 전통적인 예술 양식들은 모두 그 기원을 거슬러 올라가면 수만 년 전 고대의 인간들이 처음 모여 살기 시작하면서 발생하고 이어져 온 다양한 표현 및 소통 행위에서 유래한다. 분명 처음에는 어떠한 감정이나 상황에 직면하여 발생한, 어떠한 규칙도 형식도 없이 이것저것 뒤섞이고 혼란스러운 행위들이 그 출발점이었을 것이다. 때로는 마치 아수라장 같은 행위들이기도 하였을 것이다. 그것이 연극의 기원이고, 음악의 기반이며, 무용이나 미술의 출발점이었을 것이다. 자연이라는 너무나 압도적인 존재 앞에서 생존이라는 본능을 위해 함께 모인 인간들은 다 같이 뒤섞여 함께 소리 지르고 춤을 추며 두려움과 불안함을 달래고, 기쁨이나 슬픔을 표현하며 위안을 나누고, 잊고 싶은 것은 떨쳐내고 잊지 않아야 할 것은 기억하고자 서로 부대끼며 몸부림치는 행위였을 것이다.

그림 2-1 고대의 기록이 남아 있는 동굴 암각 및 벽화

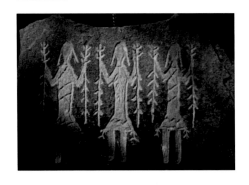 

---

2 허버트 리드(2006). **예술의 의미**(임산 옮김). 에코리브르. p.17.

3 같은 책, p.285.

여기 이 두 장의 사진은 지금으로부터 1만 5천 년 전으로 추정되는 동굴 암각 및 벽화 사진이다.[4] 지금 보아도 놀랍도록 잘 보존된 이 유물들은 그 시대 인간들의 삶과 관심사를 생생하게 담고 있다. 이 사진에서 저자가 주목하는 것은, '그들은 왜 이러한 행위를 남겼을까'이다. 이 사진들을 통해 우리는 다음과 같이 합리적인 추론을 할 수 있다. 즉, 인간이라는 존재는 원초적으로 자신이 보고 듣고 체험한 모든 감정들을 '표현'하고자 하는 본능이 있으며, 그렇게 인상적이거나 의미 있다고 느낀 순간과 감정들을 기억하고 '나누고자' 하는 욕구가 있다는 것이다. 또한 그러한 감정의 체험을 자신이 '이해'한 방식으로 '표현'하고, 그렇게 '표현'된 형식의 체험을 각자의 방식으로 공감하고 '이해'함으로써 서로 '소통'하고자 하는 것이 예술 행위의 이유라고 할 수 있다.

여기서 중요한 것은 '표현'과 '이해'는 개인에서 출발하여 궁극적으로는 다시 각각의 개인으로 귀속되는 것이지만 그 자체는 결코 '개인적'인 행위가 아니라는 점이다. 그 행위의 본질은 바로 '소통(communication)'이라는 '사회적' 상호작용이기 때문이다. 나의 체험과 감정을 '표현'하는 것은 다른 이들과의 '소통'을 만들고자 함이며, 그 소통을 통하여 다른 이들의 '이해'를 나누기도 하고 나 스스로 새로운 '이해'를 얻어내기도 한다. 예술의 기원이 그러했듯, 우리 인간은 언제나 불완전하고 불확실하며 때로는 모순된 개인들이 모여 사는 사회적 존재이며, 그것이 우리에게 예술이 필요한 이유일 것이다. 리드가 말한 것처럼, 예술의 진정한 역할은 어쩌면 "감정을 표현하고 이해를 전달하는 것"[5]에서 출발하는 것일지 모른다.

요약하면, 결국 예술이라는 행위의 본질은 인간의 행위이며, 이는 자신의 감정을 표현하고 이해를 소통함으로써 인간과 세상에 대한 더 깊은 이해와 깨달음을 향해 나아가고자 하는 인간의 본능이자 욕구라고 할 수 있다. 전지영(2017)의 표현처럼, 우리는 예술을 통해 "인간에 대한 이해와 성찰, 사회에 대한 통찰"[6]을 얻을 수 있기 때문이다. 그렇게 생각해 보면 예술은 교육과 그리 동떨어진 것이 아님을 깨닫게 된다.

---

4 영국의 연극교육가 John Somers 교수가 제7회 아테네 연극교육 국제 심포지엄에서 발제한 자료를 동료 연구자들에게 이메일로 공유한 *Making the Case for Drama* (2013) 발표 자료에 수록된 사진이다.

5 허버트 리드(2006). 같은 책, p.289.

6 전지영 (2017). 문화예술교육의 오해들. **한국예술연구** 16호, p.270.

교육에 대하여

그렇다면 '교육'이란 무엇인가? 이 역시도 이 지면에서는 감히 건드리지 못할 만큼 방대하고 복잡한 철학과 이론들로 대립하며 논쟁이 끊이지 않는 영역이다. 특히 교육에 유독 민감하고 세계 최고 수준의 경쟁이 일상화된 한국의 경우, 교육이야말로 모든 국민의 정치, 경제, 사회적 이해관계로 첨예하게 얽혀있는 문제이기도 하다. 우스갯소리로 '모두가 교육을 바꾸길 원하지만 아무도 교육을 건드리지 않기를 원한다'라는 모순된 말이 나돌고 있기도 할 만큼 각 이해 당사자가 모두 저마다의 관점과 요구를 주장하며 혼란은 가중되고 있다. 우리 공교육의 경우 최근의 팬데믹 여파, 저출생으로 인한 학령인구 급감의 문제, 사회적 불신으로 인한 교권 추락 등의 문제까지 겹치면서 이제는 과연 그 공공성과 신뢰성을 회복할 수 있을지 의심될 만큼 교육 현장이 심각한 위기로 내몰리고 있다.

그렇다면 학교(주로 공교육)가, 그리고 교육이 이렇게 혼란스러운 이유는 무엇일까? 수없이 다각적인 분석과 주장들이 제기되고 있지만 가장 근본적인 이유는 바로 근대에서 현대, 그리고 미래 사회로 급속하게 변화하는 과정에서 '서로 다른 교육관/교육철학'의 혼재가 그 근본 원인의 하나라고 보는 시각이 있다. 단순히 개별 교사와 학부모의 엇갈린 요구나 입장이 충돌하는 차원이 아니라, 하나의 사회가 더 이상 (공)교육의 목적 및 지향점을 온전히 설정하고 지속할 수 없을 만큼 복잡하게 진화해 왔기 때문이다. 이는 단순히 우리나라의 문제에 국한되지 않고 전 세계 대부분의 국가가 공통으로 직면하고 있는 딜레마이기도 하다.

일찍이 교육학자 키어런 이건(Kieran Egan)은 '교육'을 한 마디로 "지저분한(messy)" 개념이라고 일갈한 바 있다. 그의 비판의 핵심은 근본적으로 서로 상충되는 세계관/철학이 교육이라는 우산 아래 겹겹이 덧붙여진 채로 공존하게 되었다는 것이다. 그는 서구의 대표적인 세 가지 교육에 대한 관점을 그 예로 들고 있다.[7] 먼저, 사회학자 에밀 뒤르켕(Emile Durkheim)의 '사회화' 관점이다. 이야기와 신화 등 화자와 청자 간의 소통을 기반으로 한 구술문화의 전통은 앞 세대의 사회적 규범과 정체성의 동질성을 다음 세대에게 계승하는 '사회화'를 지향한다. 이 전통은 오늘날의 교육과 학교에도 그대로 이어지고 있는 핵심적 목표로서, 구성원들이 최대한 비슷한 가치와 규범을 지니도록 하는 '동질화(homogenization)'의 목적성을 지닌다. 두 번째로는, 서

---

7 Egan, K.(1992). The Roles of Schools: The Place of Education. *Teachers College Record. 93*(4), pp.641-655.

구 사상의 기반을 제공한 플라톤의 영향을 받은 관점이다. 플라톤은 교육이 그 사회의 지배 담론과 관습에 기반한 규범과 지식을 습득하는 것에만 머물러서는 안 된다고 강조하였다. 이성적이고 회의적 사고를 바탕으로 기존의 주류 담론 그 너머에 존재하는 다양한 진리와 지식의 추구를 통해 세상과 인간에 대한 보다 깊은 이해를 지향해야 하는 것이다. 이 관점 역시 오늘날 교육과 학교의 중요한 한 축으로 자리하며, 다양한 교과와 엄정한 교육과정을 통해 학생 개개인의 비판적 사고와 지적 탐구를 강조한다. 세 번째로는, 18세기의 자연주의 사상가 장 자크 루소(Jean-Jacques Rousseau)의 교육관이다. 루소는 아동중심 교육을 표방하면서 아동 개개인의 흥미와 관심에 따른 자연스러운 발달을 강조하였다. 이러한 루소의 관점은 커다란 반향을 일으키며 후대 교육학자들에게 영향을 주었으며 현재에도 교육에 있어 중요한 위상을 차지하고 있다.

이건의 주장에 따르면, 이 대표적 세 가지의 관점은 오늘날 교육의 방향성 및 학교의 역할에 있어서 각각 빼놓을 수 없는 중요성과 영향력을 지니고 있다. 문제는 이 세 관점이 서로 본질적으로 공존하기 힘든, 서로 상충되는 목표를 지녔다는 점이다. 우리는 학생들에게 그들이 속한 사회가 지향하는 규범과 가치를 전달하는 사회화를 통해 모두가 동일한 가치와 기준을 갖기를 원하면서, 한편으로는 개별 학생들이 보다 우수한 지식을 습득하여 세상과 경험에 대한 참된 진리를 획득하도록 독려해야 하며, 또한 동시에 학생들이 저마다의 자연스러운 발달을 통해 각자가 원하는 지식을 통해 자신의 잠재력을 충족하기를 바란다. 교육과정으로 비교한다면, 모두가 비슷하도록 가르쳐야 하면서 동시에 각자가 분명히 다르도록 가르쳐야 한다. 다양한 지식 습득을 제공하여 개인의 본성을 형성하여야 하면서 한편으로는 각 개인의 본성에 따라 적절한 지식 습득을 결정하도록 해야 한다. 어느 하나도 충족시키기 어려운 딜레마이다. 이러한 엇갈린 교육관의 혼재가 오늘날까지 학교 현장에서 길고 끝없는 교육철학 및 교육이론의 논쟁과 대립으로 이어지게 되었다는 것이 이건의 주장이다. 학생중심교육 vs. 교과중심교육, 전통적 교육 vs. 진보적 교육, 경험의 강조 vs. 기초지식 강조, 결과 vs. 과정 등이 대표적 예일 것이다.[8]

여기에 더하여 산업사회의 효율성 논리에 기반한 근대 공교육 시스템은 현대로 오면서 끊임없이 변화하는 사회의 요구와 필요에 따라 학교 본래의 역할과 기능이 마비되는 지경에 와 있다. 학교에 요구되는 기능은 더욱 복잡해지고 역할은 더욱 모

8 ibid. p.646.

호해지고 있다. 당장 우리나라의 학교만 보더라도 이제는 학생들의 사회화나 지식의 습득, 혹은 개별 학생들의 성장 같은 교육의 가치 대신, 갈수록 학생들을 일과 시간 동안 안전하게 붙잡아 두는 사회적 보육 기관의 역할이 오히려 커지고 있다. 교육정책의 변화나 중차대한 사안이 발생할 때마다 안전 교육, 인권교육, 비대면 교육, 코딩 및 디지털 교육 등의 새로운 요구가 학교에 누더기처럼 덧붙여지면서 학생과 학부모는 물론 교사들도 피로와 무기력에 허덕이게 만드는 현실이다.

예술과 교육의 만남 – 예술교육

하지만 뾰족한 해법이 당장 보이지 않는다고 하여 이 암울한 현실을 그냥 체념하고 방관할 수만은 없다. 주어진 환경 속에서 각자가 할 수 있는 최선의 방법을 끊임없이 찾고 모색하며 환경을 조금씩 바꾸어 가는 노력이 우리의 몫일 것이다. 복잡하고 난해한 교육철학과 이론의 정치에 휘둘려 허둥대기보다는 우리가 생각하는 일상적인 교육의 가장 단순하고 가장 이상적인 모습에 집중해야 할지도 모른다. 우리가 꿈꾸는 교육과 학교는 어떤 모습이며, 우리는 학생들과 함께 어떤 배움의 경험을 갖기를 원하는가?

저자는 그동안 각종 워크샵, 강의, 연수 등을 할 때마다 이 질문에 대한 3개의 키워드를 적어 보도록 해왔다. 그간 만난 수많은 학생, 교사, 예술가, 일반인들이 적어낸 주요 키워드들을 추려보면 다음과 같다: 즐거움, 활동적, 자신감, 자발성, 함께, 흥미, 자유와 자율, 성찰, 창의성, 상호작용, 존중과 배려, 감정과 정서, 상상력, 배움, 자기 주도적/주체적 등이다. 흥미롭게도 학습이나 지식, 성적, 입시와 같은 단어들은 의외로 매우 적었다. 저마다 꿈꾸는 교육의 모습은 이 키워드들처럼 조금씩 다르겠지만 큰 틀에서 공통점은 보인다. 바로 각 개인의 자유와 주체성, 다른 이들과의 관계 및 소통이 그것이다. 바꾸어 말하면 다양한 교육의 기능과 목표가 요구되지만 결국 교육의 가장 본질이자 중심이 되어야 하는 것은 '사람'의 중요성이라는 의미이다.

여기에서 우리는 예술과 교육이 만나야 하는 이유를 다시 확인하게 된다. 앞에서 살펴본 것처럼 둘 다 본질적으로는 '사람'을 탐구하고 성찰하는 일이기 때문이다. 교육이 우리가 살아가는 방법을 배우도록 하는 일이라면, 예술은 우리가 살아가는 이유와 의미를 깨닫게 만드는 일이다. 그리고 그 둘의 접목을 우리는 '예술교육'이라 부른다.

② 예술교육이라는 용어와 개념

　최근 십여 년간 우리는 '예술교육' 또는 '문화예술교육'이라는 용어와 개념을 자주 접하게 된다. 또한 그보다는 좀 더 익숙한 '예체능 교육'과 같은 용어도 있다. 앞서도 언급했듯이, 일반적으로 예술교육이라고 하면, '예술을 가르치거나 배우는 것'이라고 포괄적으로 이야기할 수 있다. 그러나 좀 더 구체적으로 들여다보면 그 용어와 개념 안에는 여러 갈래의 서로 다른 스펙트럼이 공존하고 있기도 하여 상당히 혼란스러운 개념이기도 하다. 국가에 따라서, 또한 학자나 예술가에 따라 저마다 다소 다른 의미와 의도로 사용되고 있기 때문이다. 따라서 먼저 그 용어들의 주요 의미와 개념을 간략히 살펴보도록 하자.

예체능 교육

　먼저 우리에게 가장 익숙한 '예체능 교육' 혹은 '예능교육'이라는 용어가 있다. 이는 오랫동안 사용되었고 여전히 널리 사용되는 용어이다. 그 기본 개념은 전문적인 예술 장르의 전문가를 양성하는 지식 습득과 기능의 훈련을 강조하는 개념이다. 여기서 눈여겨볼 것은 왜 굳이 '예체능'인가이다. 사실상 내용적 연관성이 없어 보이는 예능(예술)과 체능(체육)이 결합하여 있는 형태이기 때문이다(물론 우리나라에서 무용의 경우는 체육의 산하 영역으로 편제되어 있기는 하다). 이는 교육 현장에서 과거 전통적인 학제 분류 방식에 의해 관행처럼 구분되어 사용된 것으로, 인문계 고등학교의 문/이과 진로 구분의 관행에서 그 둘 중 하나에 해당하지 않는 제3의 분야를 통칭하고자 편의적으로 분류한 개념처럼 느껴진다. 즉, 인문사회와 이공/자연계 분야, 그리고 그 둘에 포함되지 않는 나머지를 예체능 분야로 묶은 것처럼 보인다.

　저자의 개인적 견해로는 이러한 구분에서 오랜 세월에 걸친 예체능 분야에 대한 주류 교육계의 상대적 경시, 그리고 예술/체육은 '공부'와 별개로 특별한 기능이라는 편향된 인식을 읽어낼 수 있다고 생각한다. 소위 주지 교과로 칭해지는 국어, 영어, 수학, 과학 등 핵심 교과목의 비중과 시수를 예술/체육 교과목과 비교해 보면 자명하다. 또한 '예체능'이라는 명칭에서 보듯 그 핵심은 기능, 즉 특별한 기술 수행 능력의 연마를 강조한다. 실제로 예체능 교육에서의 '교육'의 의미는 지극히 전통적이고 일방적인 주입식 훈육이거나 엄격한 도제식 수련의 의미를 지니는 경우가 많다. 이

02 만남: 예술교육과 교육연극　43

교육방식의 장점과 한계가 극명한 것도 사실이지만, 상대적으로 열악한 환경에서도 우리나라가 배출한 수많은 엘리트 예술가의 탄생은 바로 이 교육의 산물이기도 하다. 그렇게 우리는 오랫동안 '예체능 교육'이 예술과 관련된 교육의 전부라고 배워왔고 현재도 가장 폭넓고 보편적으로 제공되는 방식이라 하겠다.

예술교육

그러다가 20세기 후반부터 이러한 전공자 양성을 위한 지식 및 기능 중심 교육에 대한 비판과 한계의 목소리가 높아지면서 이와는 다른 목적과 접근을 지향하는 '예술교육'이라는 개념이 우리에게도 소개되기 시작했다. 기존에 우리가 알고 있던 '예체능 교육'으로 대변되는 특정 예술 분야의 전공자 양성을 위한 전문 기능 및 예술 양식의 훈련과는 분명히 구분되는 개념이다. 가장 큰 차이라고 한다면 교육을 지향하는 관점, 즉 교육관(pedagogy)의 차별성을 들 수 있다. '예술교육'은 보편적인 학생들과 일반인이 다양한 예술을 접하면서 예술적 경험과 이해를 높이는 것을 목적으로 하는 접근이다. 그리고 이를 통해 일상과 예술이 지속적으로 연계되면서 궁극적으로 개인의 성찰과 성장을 도모하는 것을 중시한다. 이러한 현대 예술교육 개념의 관점과 기반을 제공한 것은 교육학자로 더 유명한 존 듀우이(John Dewey)로서, 교육에 대한 그의 철학과 관점이 예술교육의 접근과 지향성의 모태가 되었다고 할 수 있다. 따라서 예술교육에서 말하는 '교육'의 의미는 기존의 권위적인 지시나 지도(instruction)와 구분되는 '학생/참여자 중심', '과정 중심', '체험과 성찰', '예술과 일상의 접목' 등의 키워드로 대변된다. 또한 시대와 환경의 변화에 따라 전인교육이나 평생교육, 문화다양성 교육 등의 다양한 관점들이 연계되면서 계속해서 진화하고 있기도 하다.[9]

학자들마다 견해가 조금씩 다르기는 해도 '예술교육'은 예술 양식이나 기능, 지식을 학습하는 교육이 아니라, 예술을 통해 체험과 성찰을 얻게 하는 학생중심적이고 과정중심적인 교육을 의미하며, 우리의 일상과 연계되어 삶의 성찰과 변화를 만들어 낼 수 있는 접근을 목표로 한다고 할 수 있다.

문화예술교육

우리나라에서 예술교육과 유사한 의미로 혼용되는 또 다른 용어는 '문화예술교육'이다. 이 용어는 2005년 문화예술교육지원법 제정과 함께 정부의 문화예술교육 정

---

9 김병주(2021). 성찰적 커뮤니티를 위한 예술교육 전문인력 연수. **교육연극학**, 13(1), p.2.

책의 일환으로 공식적으로 사용되며 확산되기 시작한 용어이다. 20년 가까운 시간이 흐르면서 이제는 각급 학교 및 사회 시설 등에 예술강사 파견이 지속되면서 교육 현장은 물론 지역 문화예술시설 등에도 익숙한 용어이다. '문화예술교육'은 전 세계 어느 국가보다도 정부 주도 정책과 재정 지원 의존도가 높은 우리나라의 독특한 환경에서 정책적 필요성에 의해 개발된 정책용어라는 특성이 있다. 굳이 예술교육이 아닌 '문화예술교육'이라는 새로운 용어의 개발 의도는 기존의 기능 중심의 '예체능교육'과의 분명한 구분을 강조하고자 함이 우선이었다. 또한 점차 '예체능 교육'이라는 용어 대신 '예술교육'이라는 용어가 사용되기 시작하던 당시 환경에서 새로운 정책용어의 브랜딩을 선명하게 제고하려는 의도도 있었을 것으로 보인다.

어쨌거나 '문화예술교육'은 기존의 장르 중심으로 진행된 '예술 교육'을 보다 확장하여, 문화적 맥락 내에서의 예술교육을 추구하는 개념을 지칭한다.[10] 초기 문화예술교육의 이론적 논거 정립에 기여한 철학자 신승환(2008)은 문화예술교육은 "문화, 예술, 교육 세 가지가 관통하는 체험을 통한 자기 이해의 과정"을 통해 "소통 능력을 갖춘 성찰적 개인을 목표"로 하여야 한다고 강조한다. 또한 그 지향점에 대해서는 "문화예술에 대한 지식 전달을 넘어 공동체가 소통하고 만날 수 있는 공적 담론"의 기반을 형성해야 함을 주장한 바 있다.[11]

다만, 정부 주도 정책의 하나로 탄생한 '문화예술교육'이라는 용어와 개념의 한계와 문제점에 대한 비판도 분명히 존재한다. 또한 '문화예술교육' 정책이 표방하는 가치와 지향점이 과연 학교 및 사회 예술교육 현장에서 온전히 실천되고 있는가에 대한 문제 제기와 논쟁 역시 여전히 유효하다.[12]

Arts Education

그렇다면 해외의 경우는 어떨까? 국가나 지역마다 차이는 있으나, 우리가 사용하는 예술교육은 대체로 Arts Education이라는 포괄적 용어로 통칭된다. 'Arts'라는 단어에서 알 수 있듯이, 예술교육은 특정 예술 장르의 전문성 교육보다는, 다양한 예술

---

10 박남희(2018). 21세기 문화예술기관과 전문인력양성 교육-국립아시아문화전당 전시 테크니션 교육 프로그램을 중심으로. **현대미술사연구**, 43, p.199.

11 신승환(2008). **문화예술교육의 철학적 지평**. 한길아트. p. 53.

12 이와 관련하여, 더 상세한 논의는 전지영(2017), 김병주(2020, 2021), 최보연(2019) 등의 논문을 참고하기를 바란다.

의 특성과 교육적 가치를 연계하고 접목하는 특성을 지닌다. 다만, 영국과 미국 등 서구를 중심으로 하는 이 Arts Education의 개념은 상당히 포괄적이다. 그렇다 보니 세부적으로는 서로 다른 결을 지닌 관점들도 공존하고 있다는 점이 우리에게 혼란을 주기도 한다. 그 하위 관점들은 크게 세 갈래로 나눌 수 있다.[13]

첫째는 '예술 안에서(in the arts)'의 관점이다. 예술교육을 위한 환경, 지원, 정책, 행정 등을 주목한다. 다양하고 풍성한 예술 체험을 위한 자원 및 시설, 정책의 추진, 인프라와 매개 인력 등의 활성화를 들 수 있겠다. 이러한 관점이 예술교육에 도움이 되거나 필요한 요소가 아니라고 할 사람은 드물 것이다.

두 번째는 '예술에 대하여(about the arts)'의 관점이다. 예술을 단순히 체험하고 향유하는 것을 넘어, 그 예술적 전문성의 강조, 수월성(excellence)의 확보, 수준 높은 감상을 위한 지식의 습득 등을 지향한다. 마찬가지로, 누구도 이 관점이 예술교육에 걸맞지 않는다고 하기 어렵다.

세 번째로는, '예술을 통하여(through the arts)'의 관점이다. 이 관점은 예술의 매개성, 접근성, 교육의 다양성을 강조한다. 예술은 특정한 계급이나 계층만의 전유물이거나, 우리 삶과 거리가 먼 특별한 것이 아닌, 우리의 삶과 예술이 일상적으로 상호작용하면서 우리를 더 나은 사람들로 변화하게 만든다는 관점이다. 현대 예술교육에서 가장 폭넓게 성장하고 중시되고 있는 관점이라 할 수 있다.

이처럼 해외에서도 예술교육(Arts Education)이라는 큰 개념으로 묶일 수는 있지만, 각론으로 들어가면 저마다 추구하는 가치에 따라 강조하는 관심사나 우선순위가 달라지기도 한다. 따라서 개별 예술가나 예술교육 실천가에 따라 이 세 가지 관점의 스펙트럼을 넘나드는 경우가 빈번하다. 특정 대상과 맥락에 따라 어느 부분에 더 방점을 두는가에 따라 우리의 예체능 교육이나 입시 교육과 유사한 특성을 보이는 예도 있고, 반면에 우리의 문화예술교육과 접근 및 지향점에서 매우 닮아 있는 경우도 많다.

'예술교육'으로 포장한 예체능 교육

'예체능 교육', '예술교육', '문화예술교육' 등 얼핏 비슷해 보이는 용어들이 제각기 존재하거나 계속 새로운 용어들이 생겨나거나 제시되는 것에 불편함과 불만을 표하

---

13 김병주(2017). 문화예술교육 질적 제고의 의미와 방향. 함께 만들어 나가는 문화예술교육 정책 토론회 3차: 문화예술교육 질적 성장 자료집. 한국문화예술교육진흥원. 3-23.

는 이들도 많을 것이다. 예술교육이 우리 교육 현장에서 안정된 기반으로 정착하지 못한 여러 이유 중의 하나이기도 하다. 중요한 것은 그 용어가 본래의 의미 내지는 특성을 잘 담아내며 제 역할을 하고 있는가에 대한 판단이다. 만약 그 용어가 오해나 왜곡으로 인해 혼란과 불편의 소지가 높을 경우, 때로는 새로운 용어를 통해 본래의 개념과 정의를 환기하여 선명하게 제시할 필요도 있다.

예술가이자 오랜 시간을 예술교육에 헌신해 온 정원철(2017)은 용어 혼란의 비판적 예시로 두 개의 단어, 즉, '교육'에서 '혁신교육'이, '예술교육'에서 '문화예술교육'이 생겨난 것을 지적한다. 이 사례들은 기존의 명사가 다 담아내지 못하는 차이로 인해 새로운 단어가 생겨난 것이 아니라는 것이다. 사실상 혁신교육의 지향성은 그냥 교육이 추구하는 바와 다르지 않고, 문화예술교육이 표방하는 목표 역시 본디의 예술교육과 같다. 다만, 기존의 교육과 예술교육이 모두 왜곡된 지 너무 오래되어 더 이상 이전의 이름으로는 본 모습을 되살리기 어려웠기 때문이라고 말한다.

> 혁신교육과 문화예술교육은 기존의 교육과 예술교육이 본래의 제 역할을 못하는 데 대한 문제 제기 혹은 개선 의지가 반영된 미래형 명사이다. … 문화예술교육은 기존 예술교육이 우리의 삶의 맥락에서 이탈되어 실질적 삶의 변화에 아무 영향도 끼치지 못하고 있던 문제적 상황에 기반을 두고 있다.[14]

여기서 저자는 한 걸음 더 나아가 '예술교육'과 '예술 교육'을 구분해야 한다고 생각한다. 정원철의 지적처럼, 이제는 많은 이들이 기존의 예체능 교육이 아닌 '예술교육'이라는 용어를 사용하고 있지만 실제로는 그 의미에 대한 충분한 이해나 관심은 없이 그릇되게 오용하는 경우가 너무 많기 때문이다. 전자가 앞에서 언급한 개념과 특성을 지닌 고유명사이자 개념 용어라면, 후자는 단순히 '예술을 가르치는 것'을 총칭하는 '예술 교육'이라는 일반 명사에 해당한다. 전자가 정원철이 말한 문화예술교육과 호환되는 예술교육 본래의 개념이라면, 후자는 예술교육의 왜곡된 예시이거나 기존의 '예체능 교육' 혹은 '예능교육'을 포장만 바꿔 씌운 '예술 교육'이 되기 때문이다. 전지영(2017)은 현재 학교 예술교육에서 예술교육의 실체가 사실상 없다고까지 일갈한다.

---

14 정원철(2017). 생생한 예술의 힘에 빠져보라! - 다시 기꺼이 눈멀기. **2017 아르떼 아카데미 자료집**. 한국문화예술교육진흥원. p.11.

원론적으로 따져서, 현재는 기능과 지식 중심의 '예능교육'만 있을 뿐 '예술교육'은 존재
하지 않는다고도 할 수 있으며, 이는 예술을 특정한 '양식'이나 '작품'으로 오인하는 사고
에 기인한다. 특정 양식에 대한 예능적 학습이나 특정 작품에 대한 지식차원의 수업을
예술교육이라고 착각하고 있는 상황(이다)[15].

그는 나아가 특히 공교육 체제의 경직성은 "예술을 지식화하고 기술화하여 널리
보급하는" 방식을 추동함으로써 결과적으로 "예능교육을 예술교육으로 둔갑[16]"시
키고 있다고 지적한다. 이는 이미 100년 전에 듀우이가 강조했던 진정한 예술교육
에 대한 호소와 다르지 않다. 듀우이는 당시 이미 소위 '고급 예술'과 '하위 예술'이라
는 이름으로 예술과 문화를 계급처럼 구분 짓고, 예술작품들이 우리 일상과 동떨어
진 박물관 높은 받침대에서 가르치듯이 내려다보며 주류 엘리트의 전유물로 변해가
는 문제를 강력히 비판하였다[17]. 우리의 일상적인 삶의 경험과 예술의 경험을 연결하
는 것이 예술교육의 본질이 되어야 한다는 것이 그의 신념이었기 때문이다. 마찬가
지로, 정원철도 삶과 예술의 단절을 방조하는 기존 예술교육의 왜곡을 우려한다.

예술이 내 일상에 끼어들 여지를 만들고, 내 삶에 개입함으로써 이전의 삶과 달라지는
성찰적 경험을 통과할 때 예술교육에 대한 꽉 막힌 인식의 지평은 열릴 수 있다. 삶과 단
절된 기존 예술교육의 왜곡 현상을 반성하지 않은 채로 문화예술교육을 학습하려는 것
은 허상을 좇는 일과도 같다[18].

다만 여기서 분명히 짚어야 하는 것은 '예술 교육', 즉, '예체능 교육'이나 '예능교
육'이 잘못된 것이라거나 폄하되고 배척되어야 할 대상이 아니라는 점이다. 앞에서
도 언급했듯이, 예체능 교육이 지닌 유용성과 장점이 명확히 존재하며, 예술을 가르
치고 전문가를 양성하는데 있어서 중요하고 필요한 방식이다. 다만, 예술교육(혹은 문
화예술교육)이 지향하는 가치와 목표와는 매우 다른 접근임이 분명히 구분되어야 하
는 것일 뿐이다. 문제는 바로 그러한 '예술 교육'과 '예술교육'의 차이점을 명확히 구

---

15 전지영(2017). 같은 논문, p.269.

16 위의 논문, p.270.

17 Greene, M.(2001). *Variations on a Blue Guitar.* New York: Teachers College Press.
    pp.106-107.

18 정원철(2017). 같은 글, p.12.

분하거나 이해하지 못한 채, 안 그래도 왜곡된 학교 예술교육에 혼동과 혼란을 가중시키고 있는 것이며, 그보다 더 큰 문제는 이런 '예체능 교육'을 '예술교육'이라는 용어로 포장하는 것이다.

이런 이유로, 저자는 개인적으로 몇 년 전부터 '예술 교육'과 '예술교육'을 구분하여 사용하고 있다. 저자가 생각하는 '예술 교육'이란, 특정 예술의 양식 및 기능, 그리고 그에 대한 지식을 가르치고 학습하는 제반 교육을 말한다. 우리에게 훨씬 더 익숙하고 더 보편적으로 접할 수 있는 방식이다. 예체능 교육, 입시 교육, 방과 후 특기/적성 교육, 개인 레슨 등 우리가 일상에서 접하는 많은 예술 관련 교육들이 이런 유형의 특성을 지닌다.

반면, 이 책에서 언급하는 '예술교육'은 학생/참여자들이 예술을 통해 새로운 체험을 경험함으로써 자신을 성찰하고, 일상에서 잃어버린 자신만의 예술 언어, 예술 표현을 주체적으로 찾아가는 과정을 지향하는 접근을 의미한다.

> 예술교육은 특정 양식의 교육이 아니라 자기언어 구축과정이자 성찰과정에 해당한다. 이는 교육을 통해서 또는 가르쳐서 될 문제가 아닐지 모른다. 예술교육은 '수업-학습' 형태의 '근대' 교육시스템이 아니라 학습자로 하여금 자기언어를 찾아야 함을 인지시키고 그것을 찾아가도록 계기를 마련해주는 것일 수밖에 없으며, 그런 의미에서 작품과 양식의 '제시'가 아니라 '자아성찰'의 지향이 핵심에 해당한다. 그렇기 때문에 오히려 예술교육의 진정성 탐색이 절대적으로 필요한 시대이기도 하다.[19]

우리나라에서는 이 '예술교육'을 종종 '문화예술교육'이라는 용어와 호환하여 사용하다 보니 용어로 인해 혼란을 느끼는 이들도 있을 것이나, 그 본래의 목표는 다르지 않다. 모든 이들이 이런 용어나 명칭들에 동의하거나 수용하기는 어려울 것이나, 최소한 그 주요 용어의 개념과 지향성의 차이만이라도 이해하고 구분하여 더 이상의 오해나 왜곡을 멈추는 데 도움이 되길 바랄 뿐이다.

우리나라의 학교 예술교육

그렇다면 우리나라의 학교 예술교육은 어떻게 이뤄지고 있을까? 이미 적지 않은 독자들은 눈치를 챘을 테지만, 유감스럽게도 저자의 생각으로는 우리 학교에서의 예

---

19 전지영(2017). 같은 논문, p.277.

술교육은 제대로 이루어지고 있지 않은 것이 솔직한 현실이다. 많은 이들이 '예술교육'이라고 말은 하지만 실제로는 '예체능 교육'을 이름만 바꾸어 포장한 '예술 교육'이 대부분인 것도 전혀 놀랍지 않다. 2005년 이후 '문화예술교육'이라는 명칭으로 다양한 사회 및 학교 예술교육 사업이 진행되었고, 특히, 전 세계적으로도 유례없이 5천 명이 넘는 예술강사들이 학교로 파견되어 수업을 하고 있지만, 이 역시 상당 부분 본질적인 예술교육으로 구현되는 경우는 매우 드물다. 왜 이런 상황이 계속되는 것일까?

여러 복합적인 사정이 있지만 가장 대표적인 이유들을 들어보자면, 첫째로, 우리 학교의 구조적 한계에 기인한다. 대부분 획일적인 공교육 시스템 속에서 예술조차도 하나의 개별 교과처럼 분절되고 단원, 학습 목표 등의 구조로 구성되고 실행하도록 되어 있기 때문이다. 당장 학교의 미술, 음악 수업이 어떻게 운영되는지 생각해 보면 자명하다. 더구나 건국 이후 2015 개정교육과정을 통해 사상 처음으로 연극 교과가 일반 고등학교에 설치될 때까지 60년이 넘도록 미술과 음악으로만 대변되어 온 학교 예술 교과의 시수가 얼마나 배정되어 있는지, 얼마나 다양하고 풍성하게 운영되도록 지원받고 있는지를 생각해 보면 예술에 대한 교육 현장의 관심도와 인식의 현 주소를 알 수 있다. 학교를 운영하는 관리자의 인식 또한 마찬가지이다. 문화예술이 중요하고 예술교육이 소중하다고 자처하는 관리자들이 적지 않지만 정작 그들이 추진하는 방식은 대부분 '1인 1악기', '재능 발표회'와 같은 보여주기식 예체능 교육의 연장선상에서 벗어나지 못한다. 예술교육이 지향하는 다양성과 다각화는 찾아보기 힘들다.

둘째로는, '예술교육'의 경험과 이해의 부족이다. 경직된 교육 체계 속에서도 교사의 의지와 역량에 따라 학교 예술교육의 모습이 조금은 달라질 수 있다. 또한, 교사 혼자만으로 버겁다면 이를 도와서 함께 할 수 있는 예술전문가의 존재가 큰 힘이 될 것이다. 그러한 공교육의 한계를 보완하여 예술교육을 학교에서도 실천할 수 있도록 하고자 하는 것이 바로 '문화예술교육' 정책이며 학교예술강사 파견 사업의 취지이다. 그런데 문제는 교사와 예술강사 모두 그런 '예술교육'을 경험해 보지 못한 이들이 대부분이라는 점이다. 이들도 똑같이 지식 습득이나 기능훈련 같은 예체능 교육만 받아왔기 때문에 어떻게 예술교육을 구상하고 실행할 것인가에 대한 경험과 이해가 부족할 수밖에 없다. 교사나 예술강사 모두 나름대로 개인적으로는 관심과 열정을 지닌 이들이 분명 존재하지만, 대다수의 경우는 예술교육에 대한 진지한 고민도,

의지도 부족하다 보니 대체로 자신이 교육받았던 방식 그대로 답습할 수밖에 없다. 그렇다면 그것은 그냥 뻔하고 획일적인 근대식 교과교육과 아무 차이가 없다.

셋째로, 교육 현장에서의 관행 문제이다. 전 과목을 담당하는 초등의 경우는 해당 교사가 스스로 예술 교과에 관한 관심과 전문성이 없다고 생각하여 적당히 수업 활동 한두 가지로 때우거나, 교과 전담 교사 혹은 방문하는 예술강사에게 일임하는 경우가 많다. 교사가 관심이 없으니 당연히 학생들과의 수업의 질이 잘 유지되기 어렵다. 교사가 혼자 감당하기 버거운 예술 수업에 전문성을 지닌 예술강사가 방문하여 함께 협력함으로써 즐겁고 의미 있는 예술교육 수업을 하자는 취지인데, 정작 교사는 빠져버리고 예술강사 혼자 알아서 하는 수업으로 변질되고 있다. 이름만 '협력 수업' 일뿐 현실은 예술강사의 '위탁 수업'이 되고 있다. 한편, 교과 별로 분절된 중등의 경우는 해당 예술 교과 전공자로서 자신의 관심 분야나 자신이 배워온 방식을 고수하게 되는 경향이 발생한다. 그래서 다양하고 풍성해야 할 예술 수업이 오히려 더 폐쇄적이고 주입식인 예체능 수업이 되는 경우도 적지 않다. 물론, 중등의 경우 예술 교과 시수가 부족하거나 온전히 운영되지 않는 경우가 많다 보니 교사도 예술강사도 다양하고 지속적인 시도를 하기 힘들다.

그렇다면 해외의 학교 예술교육은 우리보다 월등히 잘 운영되고 있을까? 우리 사회가 가진 큰 편견의 하나는 아무리 합리적으로 설명해도 관심을 보이지 않다가 해외의 사례를 제시하면 설득이 되기도 한다는 점이다. 또한 해외 사례는 주로 서구 선진국만을 지칭하여 벤치마킹하거나 본받을 사례라고 생각하는 인식도 크다. 결론부터 말하면, 서구 선진국이라고 하여 모든 학교에서 예술교육이 다양하고 활발하게 정착되어 있지는 않다. 특히 공교육 체제는 정도의 차이는 있어도 대체로 유사한 경우가 많다. 무엇보다 사회적 환경과 문화적 배경 등이 다르고, 워낙 다양한 학교 체계나 교육과정의 유연성 등도 다르기에 섣불리 언급하기는 어렵다.

하지만 분명한 것은, 주요 선진국의 경우에는 예술교육에 대한 이해나 인식의 저변이 우리보다는 상대적으로 우호적인 것이 사실이다. 특히, 기존 교육 체계의 한계를 인지하고, 이를 다양한 대안적 체계로 보완하는 지역사회 및 예술교육의 민간 인프라가 우리에 비해 더 적극적이고 다각적으로 존재하는 편이다. 관련 예산 및 인적 지원의 방식 등도 기업이나 지역사회, 민간 등으로 분산되어 연계되고 있기도 하다. 이에 반해, 우리 예술교육은 주로 중앙정부나 교육청 등 관의 지원과 정책에 절대적으로 의존하고 있다는 한계가 있고, 지역사회 및 지역의 예술교육 인프라가 아직 상대적으로 매우 빈약하다는 차이가 있다.

그렇다면 우리 학교 예술교육은 어떻게 바뀌어야 하는가? 여러 주장과 방향을 이야기할 수 있겠지만, 가장 중요한 전제는 기존 학교교육이나 '예술 교육(예체능 교육)'과는 분명히 구분되는 미적이고 교육적인 체험과 성찰을 참여자들이 경험할 수 있어야 한다는 점이다. 전지영(2017)의 주장에 수긍하지 않을 수 없다.

> 교육은 주체적 인간의 자율성을 회복하고 자유와 창조의 영역에 도달하기 위한 의미를 가질 때 가치가 있으며, 이러한 의미를 가장 잘 구현하는 분야가 예술교육이라고 할 수 있다.[20]

그래서 예술교육이 필요성이 여기 있다. 학교라는 체제나 인적 자원, 교육과정의 한계 속에서 과도하게 편향되고 왜곡된 현재의 '예술 교육'을 보완하고 최소한의 균형을 맞추는 역할을 '예술교육'이 수행해야 한다. 기존에 경험하지 못했던 다른 체험, 새로운 관점, 살아있는 배움이 우리 학생들을 깨어나게 하고, 웃게 하고, 움직이게 하고, 생각하게 하기 때문이다.

 3 예술교육의 핵심 갈래로서의 교육연극

교육과 연극의 접목

'연극이 무엇인가?'라는 질문 역시 인류 역사와 함께 해온 연극의 특성상 수많은 이론과 논쟁이 있기에 이 책에서 한마디로 정리하는 것은 불가능할 것이다. 다만, 저자는 종종 '연극이라고 하면 무엇이 떠오르는가?'라는 질문을 던진다. 평범한 일반인들, 학생들, 교사들, 심지어 연극 강사들까지 대부분의 대답은 '무대 위에서 배우가 의상을 입고 화려한 조명을 받으며 멋진 연기나 춤, 심지어 노래하는 장면'을 연상한다는 답변이 주로 돌아온다. 연극이라는 단어를 보고 연상되는 단어는 무엇인가라고 하면 대부분은 '연극 = 공연'으로 응답한다. 학교 교사의 경우 연극 = 공연 또는 발표회 같은 단어가 나온다. 이것이 연극에 대한 일반적인 인식이다.

---

20 전지영(2017). 같은 논문, p.277.

그러면 다음으로 저자는 그들이 언급한 것과 같은 공연 장면 사진을 하나 보여주며 '그럼 당신은 이 그림에서 어디에 있는가?'라고 질문한다. 대부분 사진의 반대쪽, 즉 객석에 있는 '관객'이 자신들이라고 대답한다. 바꾸어 말하면, 연극은 '전문 예술가가 만든 공연 작품'이고 나는 '극장에 가서 그걸 보는 사람'이라는 것이 대다수 사람이 생각하는 연극과 나의 관계이다. 한마디로 연극과 나의 관계에서 나는 철저히 손님이고 객일 뿐이다. 우리 말의 관객(觀客), 즉, '보는 손님'이라는 표현이 더 이상 적절할 수 없다. 다른 어떤 예술 장르에 비해 유독 연극은 그것이 '나도 할 수 있는 것'이라는 인지 자체가 극히 저조한 편이며, 그나마도 실제로 연극 관람 경험을 지닌 비율도 그리 높지 않다.

　하지만 이건 인류의 가장 오래된 예술 양식 중 하나인 '연극'의 한 부분만을 보고 전체라고 오해하는 것과 다름이 없다. 우리 말의 '연극'은 사실 매우 다양한 양식과 접근 방식들을 아우르는 단어인데 말이다. 연극에 대한 많은 주장과 논의가 있지만 그 가장 기본적인 본질이 무엇이냐를 얘기하자면 플라톤과 아리스토텔레스를 잠시 소환하지 않을 수 없다. 또 다시 어렵고 따분한 이야기를 하려는 것이 아니니 독자들은 안심하여도 된다. 인류의 사상사에 있어 가장 유명한 이 스승과 제자는 널리 알려졌다시피 철학이나 교육, 세계관 등 여러 부분에서 서로 대비되는 다른 관점으로 이천년이 넘는 지금 우리에게까지 절대적인 영향을 미치고 있다. 그런데, 흥미롭게도, 그렇게 상반된 관점과 신념을 지닌 두 사람이 '연극'의 본질은 무엇인가를 정의하는 것에 대해서는 똑같이 하나의 단어로 동의하였다. 그 단어는 과연 무엇이었을까?

　플라톤과 아리스토텔레스는 공통적으로 연극의 본질적 특성은 바로 '거짓말', 즉 '가짜'라고 정의하였다. 실제가 아닌 '허구'가 연극 행위의 가장 최소 단위 본질이라며 두 거장의 통찰이 드물게 일치한 것이다. 물론 그래서 한 사람은 연극을 경계해야 할 대상으로, 다른 한 사람은 긍정적으로 옹호함으로써 다시 각자의 원래 관점으로 되돌아갔지만 말이다.

　그렇다면 이 거짓말, 즉 허구는 어떻게 작동하는가? 연극이라는 행위의 본질인 '극적 허구'가 작동하기 위한 최소한의 충족 조건을 찾아보면 다음과 같다.

> 보는 사람과 하는 사람, 즉, 둘 이상의 사람이,
> 어떤 공통의 공간에서,
> 자신의 몸과 소리를 주된 표현으로 활용하여,

그 자리에 실재하지 않는 어떤 상황/내용을,
지금 여기에서 벌어지듯이 행위하자는 약속에 동의하는 것

한마디로, 이 기본 조건들이 충족하는 순간, 그것이 벌어지는 장소가 어디인지, 누가 하든지, 왜 하는지에 상관없이 극적 허구는 작동되며, '연극'이 가능하다는 말이다. 그렇기에 극장에서 전문 배우가 하는 것만이 연극이 아니다. 연극이라는 행위는 거리에서, 공원에서, 교실에서도 가능하고, 배우가 아닌 어린이도, 청소년도, 노인도 얼마든지 가능한 것이다. 우리는 일상의 많은 부분에서 연극적 요소를 행하며 살고 있으며 연극은 그만큼 엄청나게 다양한 스펙트럼을 지닌 예술 양식이기도 하다. 대학로나 예술의 전당에서 유명 희곡을 연출한 작품만이 연극이 아니라, 사전에 아무 대본이나 대사도 없이 즉흥으로 하는 것도 연극이고, 말 한마디 없이 오로지 몸짓만으로도 감정과 의미를 전달하는 마임도 연극이며, 심지어 사람이 아닌 인형이나 가면으로 표현하는 것도 연극이다. 더 나아가면 유아들이 아무도 가르쳐주지 않았음에도 누구나 자연스레 소꿉놀이나 병원놀이를 하면서 즉흥적으로 역할과 상황을 주고받는 것, 그것도 하나의 연극이며, 학교나 교실, 직장에서 다양한 상황극, 역할극을 하는 것도 연극이다. 그렇게 생각을 전환해 보면 연극은 특별한 사람만 하는 공연이 아니라 누구나 일상에서 하고 있고, 할 수 있는 것임을 깨달을 수 있다.

앞에서 언급했듯이, 우리가 지금 예술이라고 칭하는 것들은 거슬러 올라가면 인간이 모여 살기 시작하면서 해왔던 다양한 표현 및 소통 행위에서 기원한다. 처음에는 이것저것 뒤섞여서 혼란스럽고, 하는 사람과 보는 사람의 구분 없이 다 한데 뒤섞여 기쁨, 슬픔, 두려움, 불안함을 나누고 달래는 행위, 아마도 그것이 연극의 기원이었을 것이다. 그것이 점차 정리가 되고, 정교해지고, 구체화되면서 서서히 갈래가 나뉘어졌을 것이다. 이것저것 뒤섞인 연극적 행위가 먼저 생겨나고, 이후 매우 긴 시간에 걸쳐 구체적이고 세부적인 감각과 표현의 양식으로 나아가게 되었고 그렇게 구분되고 정착되었을 것이다. 음악으로, 미술로, 무용으로. 하지만 예술의 태초의 출발점은 어디였을까? 모두가 한데 뒤엉켜 표현하고 소통하는 하나의 '놀이'였다고 할 수 있을 것이다.

저자는 그중에서도 놀이의 원초적인 요소들을 가장 잘 집약한 것이 연극이라고 생각한다. 앞에서도 보았듯이, 음악이나 미술, 무용 같은 개별 감각적 요소들을 아우르면서도 악기나 도구, 텍스트 등 아무 도움 없이도 우리의 몸과 소리만으로 매우 복잡하고 다양한 감정, 추상적인 생각이나 관념, 그리고 종종 모순과 갈등으로 이어지는 관계 등에 대해 유쾌하게 때로는 진지하게 표현하고 나눌 수 있기 때문이다. 흔히 연극을 종합예술이라고 하는 이유는 문학, 음악, 미술, 무용 등 여러 장르가 연계되어 있기 때문이기도 하지만, 사실 연극이라는 '허구'를 통한 사람, 관계, 세상에 대한 이해를 얻는 행위는 오직 인간에게서만 발견할 수 있는 매우 종합적이고 고차원적인 인지 행위이기 때문이다. 연극은 우리에게 이러한 깊은 사고와 인지, 감정의 조율과 표현, 나와 타인의 관계에 대한 성찰 등을 체험하고 곱씹게 만드는 힘을 지니고 있다.

그렇다 하더라도 여전히 연극과 교육의 접목에 대해 고개를 갸우뚱하는 이들이 많을 것이다. 전혀 별개인 것으로 보이는 연극과 교육이 대체 어떤 접점이 있다는 것인가? 이 대답을 위해서는 '연극은 인간에게 어떤 기능을 하는가'라는 화두에 대한 가장 오래된 기록으로 거슬러 올라간다. 음악, 춤, 이야기, 연극 등이 모두 하나의 '시(poetry)'로 통칭되었던 고대 그리이스의 B.C. 9세기경, 『일리아드』와 『오디세이』로 유명한 서사시인 호메로스(Homeros)는 연극(혹은 시)의 기능은 사람들을 "즐겁게 하는 것 (to please)"[21]이라 정의하였다. 뒤이어, B.C. 8세기경의 인물로 호메로스에 필적하는 또 한 명의 서사시인 헤시오도스(Hesiodos)는 여기에 더해 연극(혹은 시)의 기능은 사람들에게 "가르침을 주는 것(to instruct)"[22]이라고 강조하였다. 고대 그리스 이후 수많은 학자와 비평가들이 이 화두로 끝없는 논쟁을 벌였지만, 결국 그 논쟁을 요약하면 이들 고대 시인들의 두 가지 정의로 수렴된다: 연극은 사람들에게 '즐거움(만족감, 감동, 기쁨, 흥미 등)'을 주며, 또한 사람들에게 '가르침(깨달음, 교훈, 반성, 성찰 등)'을 제공한다. 이는 연극이라는 예술이자 문학 행위가 '즐거움'이라는 인간의 본질적인 욕구의 충족과 함께 '가르침'이라는 교육적인 기능을 함께 배태하고 존속해 왔음을 방증한다. 또한 이는 연극과 교육이 본래부터 서로 별개의 영역이 아니라, 인간의 본성을 표현하고 소통하며 탐구하는 하나의 총체적 인간 행위라는 의미이기도 하다.[23]

---

21 Pratt, L.H. (2007). Aletheia and Poetry. in Bloom, H.(Ed.), *Bloom's modern critical views: Homer* (updated edition). New York: Chelsea House. p.70.

22 Hesiod. (2005). *The works of Hesiod and the Homeric hymms.* (Hine, D. trans.) Chicago: The University of Chicago Press. p.17.

23 김병주 (2017). 이슈중심 교육연극 드라마의 가능성 고찰 – 유아교육과의 연계성을 중심으로. **교육연극학**, 9(1), p.59.

그러한 관점에서 연극과 교육의 접목은 인간을 연구하고 인간의 변화를 지향한다는 공통점이 있다. '예술 교육'처럼 특정 예술 분야 전문가를 양성하는 예체능 교육도 필요하지만, 주체적이고 창의적이며, 더불어 살아가는 전인적인 인간을 지향하는 '예술교육'의 취지를 구현하는데 있어서 연극의 가치와 가능성은 매우 탁월하다고 할 수 있다. 특히, 놀이성, 과정중심교육, 학생/참여자중심교육을 기반으로 하는 교육연극이야 말로 예술교육의 구현에 가장 효과적이고 적절한 접근이라 하겠다.

교육연극

교육연극이 우리나라에 처음 소개되고 도입된 것은 대략 1990년대 초반부터로 볼 수 있다. 초창기에는 이 생소한 개념과 갈래에 대한 혼란과 논쟁도 적지 않았다. 용어에 들어가는 '교육'이라는 단어에 대한 편견과 저항감, 세부 갈래에 대한 저마다의 엇갈린 이해, 교사들과 연극인들 간의 서로 다른 배경과 목적에 따른 오해와 혼란이 적지 않았다. 무엇보다도, 기존의 주류 연극계의 연극관을 중심으로 연극교육을 강조하는 이들과는 큰 틀에서는 동지이지만 각론에서는 전혀 다른 지향점으로 오해나 갈등이 빚어지기도 하였다. 앞에서 저자는 '예술 교육'과 '예술교육'의 구분을 언급한 바 있는데, '연극교육'과 '교육연극'은 그 논쟁의 축소판과도 같다. 희곡(dramatic text)을 절대적으로 중시하고, 공연 작품(production)이라는 결과물을 목표로 하는 주류 연극의 양식, 기능, 지식을 가르치고 전공자를 양성하는 데 주력하는 것이 '연극교육'이며 이는 대체로 '예술 교육'의 특성에 가깝다. 반면, 학생/참여자 중심, 과정중심 접근, 놀이성과 즉흥성을 기반으로 하는 '교육연극'은 앞에서 살펴본 '예술교육'의 관점과 매우 긴밀하게 궤를 같이한다.

'교육연극'이라는 명칭은 우리나라에 처음 소개되는 과정에서 그 다양한 세부 갈래들을 총칭하는 개념의 '우산 용어(umbrella term)[24]'로 도입되어 자리잡기 시작했다. 일반 연극과 대변되는 교육연극의 특성과 주요 갈래를 이해하기 위해서는 교육연극의 세 가지 핵심 요소를 기억할 필요가 있다. '교육관', '드라마(drama)', 그리고 '띠어터(theatre)'가 그것이다.

먼저, 일반 연극과 교육연극을 구분하는 가장 큰 차이는 바로 '교육관(pedagogy)'의 존재이다. 여기서 말하는 교육관은 어려운 교육철학이나 교육이론이 아니고, 그렇다

---

24   김병주(2007). 교육연극의 복합성과 교육의 지향점. **교육연극학**, 2집, p.3.

고 눈앞에 닥친 교육과정의 학습목표나 성취기준을 의미하는 것도 아니다. 연극을 활용한 수업이나 프로그램을 구상하고 실행하는 교사/예술가가 지향하는 교육적 관점과 비전을 의미한다. 그 체험에 극적 요소가 왜 필요하고 어떻게 구현할 것이며, 무엇을 얻고자 하는가에 대한 자신의 의도와 목표가 이 교육관에 담겨있기 때문이다.

그리고 그 '교육관'을 구체적으로 어떻게 구현하고 실행할 것인가에 따라 drama적 접근과 theatre적 접근으로 나눌 수 있다. 교육연극의 세 가지 핵심요소를 그림으로 표현하면 다음과 같다.

그림 2-2 교육연극의 3가지 핵심요소

여기서 유의할 것은 우리 말의 '연극'을 지칭하는 대표적인 단어인 'drama'와 'theatre'의 개념 역시 'theatre'적 요소에 주목하는 일반 연극/연극교육과 'drama'적 특성을 중시하는 교육연극에서 서로 사용하는 의미가 다소 달라지기도 한다는 점이다.

영어의 'theatre'는 '보다(to see)'라는 의미의 고대 그리스어인 'theasthai'에서 유래하여, '연극을 보는 공간' 혹은 '보는 행위'를 지칭한다. 따라서 'theatre'는 우리가 흔히 일반적으로 생각하는 공연적, 상연적 특성을 활용하는 연극작업에 가깝다. 이를 학교로 비유하면 동아리 활동, 학예회 발표, 방과후 활동, 인성 및 사회성 향상 프로그램 등에서 활용된다. 반면, 'drama'는 본래 '하다(to do)'라는 의미의 고대 그리스어인 'dran'에서 유래하여 '하는 행위(action)'를 지칭한다. 서구의 연극 전통에서는 희곡과 같은 문학적 텍스트인 'dramatic literature'의 약칭으로 'drama'가 통용되기도 하였다. 현대 교육연극에서 'drama'는 교실이나 수업, 워크숍 등에서 지속적이고 과정중심적으로 이루어지는 연극 프로그램을 의미한다. 학교로 비유하면 교과수업 및 통합교과, 프로젝트 수업의 일환으로 이야기, 역할, 긴장과 갈등과 같은 연극적 특성을 적극적으로 활용하는 작업이다[25].

이러한 교육연극의 핵심 요소와 개념을 이해하면 얼핏 복잡해 보이는 교육연극의 다양한 주요 갈래들이 보다 명확해진다.

그림 2-3 **교육연극의 세부 갈래**

이 그림에서 보듯이 교육연극이라는 큰 우산 아래 좌측에는 'drama'적인 접근들 (예: D.I.E., 과정 드라마, 연극놀이, 스토리 드라마 등), 그리고 우측에는 'theatre'적 접근들(유스띠어터, 아동청소년극, T.I.E., 연극만들기 등)로 구분할 수 있다. 자신의 '교육관(pedagogy)'에 기반하여 의도와 목표를 설정하고, 그 구체적 실행은 극적 기법이나 관습들의 특성을 활용하여 참여자들과 긴밀하고 상호적인 프로그램 체험이나 수업으로 전개하는 'drama'적 접근법과, 그보다 임팩트가 강한 공연 경험을 제공하거나 참여자들이 직접 공연을 만들고 발표하는 것을 포함하는 'theatre'적 접근법으로 특성이 구분될 수 있다.

앞서 설명했던 교육연극의 고유한 핵심요소인 '교육관'과 연계하여 정리하면 다음과 같다. 즉, drama는 '과정(process)'의 '어떻게(how)'에 초점을 두고, 연극이라는 예

25　김병주(2018). 연극과 교육의 접목 - 초등국어교과의 연극단원 구성에 관한 소고. **교육연극학**, 10(1), p.101.

술 양식의 '왜(why)'에 주목함으로써 결국 '교육적 관점(pedagogy)'을 지향한다. 반면, theatre는 '결과물(product)'의 '어떻게(how)'에 초점을 두고 연극이라는 예술 양식의 '무엇(what)'에 주목하는 '실천(practice)'을 지향한다고 하겠다.[26]

교육연극의 놀이성, 학생/참여자 중심 교육관

예술의 기원이 그러하듯, 특히 연극이야말로 놀이성은 중요한 기반이다. 이미 문화학자 요한 호이징하(Johan Huizinga)는 인간은 누구나 태어나서부터 죽을 때까지 놀이하는 존재, 즉 '호모 루덴스(Homo Ludens)'라는 개념을 이야기 한 바 있다. 이 놀이성이 인간에게 내재한 본능과도 같은 특성이라는 의미이다. 프랑스의 사회학자 로제 카유아(Roger Caillois) 역시 자신의 저서 『놀이와 인간』에서 인간이 즐기는 놀이의 네 가지 유형을 제시한 바 있는데 그 중 하나가 바로 '모방(mimicry)'일 만큼 놀이와 극적 행위는 밀접하게 연결되어 있다. 드라마와 교육의 이론적 배경을 정리한 리차드 코트니(Richard Courtney)의 말처럼, 인류 역사는 놀이와 드라마의 역사이자, "인간 정신 발달의 이야기"[27]이기도 하다.

교육연극 교육관에서 가장 중요한 기반의 하나가 바로 이 놀이성이다. 특히나 '극적 놀이(dramatic play)'의 개념이나 '연극놀이'라고도 불리는 미국의 Creative Drama 경우, 어린이들의 놀이성과 드라마가 연계되면서 성장과 확산의 출발점이 되었다고 할 수 있다. 특정한 목표를 위한 수단이 아니라 놀이와 상호작용 그 자체로 즐거움과 안정감, 상상력과 창의력, 자기표현과 소통이 발생하는 것을 확인하게 되었고, 이것이 당시 새롭게 주목받던 진보주의 교육 운동의 아동 중심(child-centered) 교육관과 연계되면서 오늘날 교육연극의 기반을 구축하여 다양한 주요 갈래들로 성장하게 되었기 때문이다. 아동의 눈높이에서 놀이는 자유롭고, 자발적인 행위이자, 일상과 연계되면서도 허구를 통해 일상과 다른 시간과 공간의 경험을 제공하는 행위가 된다.

연극에 대해 우리가 막연한 고정관념을 가지고 있는 것처럼, '놀이'에 대해서도 우리는 어린아이들이나 하는 사소하고 유치한 것으로 생각하는 경향이 있다. 그런데 호이징하와 카유아의 설명처럼, 기실 우리는 유아기, 청소년기, 청년기, 중년기, 장년기 등 연령과 상관없이 그 시기와 환경에 맞추어 저마다 가능한 방식의 놀이를 하며

---

26 캐서린 도슨 & 대니얼 켈린(2017). **성찰하는 티칭아티스트**. 한울아카데미. p.28.
27 Courtney, R. (1968). *Play, Drama, and Thought*. London: Cassel & Company. p.148.

살아간다. 경쟁적 놀이에 심취하는 이들은 성인이 되면서 바둑이나 체스, 스포츠 등으로 대체된 경쟁 놀이를 즐기며, 그것이 극한으로 치닫는 경우 전쟁이라는 비극적 놀이에 이르기도 한다. 운에 기반한 놀이에 몰두하는 이들은 내기라던가 카드 게임, 복권 등을 즐기다가 과한 경우에는 도박이나 투기로 이어지기도 한다. 이처럼 우리는 모두 어떤 형태로든지 놀이를 즐기며 사는 인간들이다.

다만, 유념해야 하는 것은 교육연극에서 강조하는 연극놀이적 특성은 단순히 참여자의 즐거움과 피상적 흥미를 위한 '게임'으로 취급되거나 그런 놀이 자체만이 목적이 되어서는 안된다는 것이다. 간혹 여러 가지의 재미난 놀이 몇 가지를 나열하는 활동으로 교육연극 수업을 했다고 하는 교사나 예술강사를 접하는 경우가 있다. 그때마다 저자는 반문한다: 그 수업 어디에 '드라마'가 있고 배움이 있으며, 예술이 있는가? 다소 냉정하게 말하면 그것은 '놀이'도 아니고 그냥 '레크레이션'과 다를 바 없다. 많은 교육연극 수업들이 놀이로 시작하는 데에는 분명한 이유가 있다. 놀이를 통해 우리 안에 존재하는 '아이'의 모습을 끄집어내고 그 '아이'가 지닌 놀이성을 확장하여 보다 깊이있고 의미 있는 경험으로 나아가는 동력이 되어야 한다. 즐겁고 때로는 진지하게 솔직한 자신을 드러내고 직면할 수 있는 힘을 놀이에서 시작하는 것이다. 따라서 교육연극의 놀이성은 우리가 연극을 하는 중요한 이유이자 목적인 자기 표현, 나의 몸에 대한 이해, 다양한 감각의 활용, 소통과 협력, 감정의 적절한 이해와 관리, 추상적 사고와 상상 등 다각적인 요소들을 훈련이나 연습이 아니라, 마치 놀이하듯이 자유롭고 편하게 일깨워주는 일련의 활동이라 할 수 있다. 그러한 활동들과 체험을 통해 참여자는 자신을 둘러싼 사람들과 공간을 편하고 안전하게 인식하게 되며, 그것이 학생/참여자가 주체가 되어 자유롭고 자발적으로 참여하고 활동할 수 있는 학생/참여자 중심 교육의 기반을 구축하게 된다.

축구의 예를 들어보자. 요즘에는 지역별로 어린이 축구 교실이 매우 성황리에 운영되고 있다. 그런데 아무리 스포츠가 경쟁적 속성을 지니고 있다고 하지만 축구교실에 등록한 어린이들에게 곧바로 실전용 기술이나 기능을 훈련시키고, 체력 훈련시키고, 시합에서 이기기 위한 전술을 가르치는 것이 옳은 것일까? 그 어린이들이 모두 프로 축구선수라는 진로를 선택할 것인지도 알 수 없다면 말이다. 그 어린이들이 축구를 계속 좋아하고 어른이 되어서도 일상에서 축구를 건강하게 계속 즐기기 위해서는 먼저 축구가 즐겁고 행복한 것이라고 느끼는 것이 중요할 것이다. 다시 말해, 축구가 즐거운 놀이이어야 하는 것이고, 그게 지금의 '축구교실'과 예전의 '축구부'가 다른 점일 것이다.

여전히 전문 배우나 연출가의 연극 공연 만들기를 흉내 내는 것이 연극이라고 착각하는 사람들이 많다. 심지어 연극 수업을 한다고 하면 대부분 (특히 교사들의 경우) 대뜸 '대본은 뭐에요?'라는 질문이 들어오기도 한다. 학생들을 만나서 바로 대본 나눠주고, 배역 정하고, 읽고 반복 연습하는 것이 연극이라고 생각하는 인식이 강한 것이다. 전형적인 결과물 지향적인 사고이다. 앞에서 보았듯이, 그런 접근은 연극을 만들고 상연하는 'theatre' 접근의 한 갈래일 뿐이다. 교육연극에는 그 외에도 다양한 theatre 접근의 갈래가 존재하며, 또한 수업이나 워크샵, 프로그램으로 구현되는 'drama' 접근이 많기 때문이다. 요약하면, 교육연극은 '연극'이라는 행위가 우리 일상에서 즐기고 향유할 수 있는 놀이와도 같은 것이며, 그 체험의 주체인 학생/참여자의 눈높이에서 출발하여 자발적이고 주도적으로 이루어지도록 노력하는 철학이자 실천이다.

이러한 놀이성과 학생/참여자중심 교육관에 더하여, 특히 theatre에 비해 상대적으로 생소한 교육연극의 drama 접근을 대변하는 세 가지 대표적 특성을 소개하며 마무리하고자 한다. 본래 이는 미국에서 유래한 Creative Drama의 특성으로 유명하나, 교육연극 drama 접근의 기본적인 특징과 공통되기 때문이다. 일반 연극과 대변되는 교육연극 drama의 특성으로는 첫째, **즉흥적**(improvisational)'인 특징이 있다. 사전에 미리 정해진 대본을 들고 읽거나 암기하는 활동이 아니라, 제시되는 상황과 역할, 맥락에 맞추어 참여자들이 자발적으로 표현하고 상호작용하는 즉흥 기반 연극 활동이다. 둘째, '**비**(非) **전시적**(non-exhibitional)'인 특성을 지닌다. 외부의 누군가에게 보여주거나 발표하기 위해 하는 연극 활동이 아니라, 해당 학급, 해당 참여자들끼리 서로 긴밀하게 경험하고 공유하는 드라마 체험이라는 의미이다. 물론 드라마 수업을 하면서 생겨난 아이디어나 주제를 발전시켜 학생들이 원한다면 시연이나 발표를 할 수도 있으나, 그것을 목적으로 하지는 않는다. 셋째, 따라서 교육연극의 드라마는 '**과정중심적**(process-oriented)' 특성을 지닌다. 해당 수업 혹은 프로그램의 결과물(공연이나 발표)을 도출하는 것이 목표가 아니라, 그 매번의 극적 체험과 활동을 통해 참여자들이 경험하고 성찰하는 과정, 그 자체가 목적이라는 의미이다.

교육연극의 배움과 핵심 원리

앞서 교육연극은 연극의 놀이성과 학생/참여자 중심 교육관에 기반하는 예술교육 접근이라고 설명한 바 있다. 그것이 학교에서의 교과와 연계한 드라마 수업이건, 동아리 활동으로 학생들이 자신의 이야기를 연극으로 만드는 과정이건, 혹은 특정한 주제나 이슈를 중심으로 극적 구조를 구성하여 참여 관객과 직접 상호작용하는 TIE(Theatre In Education) 방식이건 그 기반은 동일하다. 따라서 교육연극을 통해 경험하는 '교육'의 주체는 학생/참여자가 우선되며, 그렇기에 교육연극에서의 '교육'의 의미는 기존의 교수자 중심의 교수-학습 관점과는 달리, 학생과 교사가 '함께 배우는 과정'이라는 특성을 지닌다. '배움'이 단순히 학생/참여자에 국한되는 것이 아니라 학생들과 함께 체험과 성찰의 과정을 상호작용하는 교사/예술가에게도 해당되기 때문이다.

교육연극이 추구하는 배움의 핵심 원리는 크게 네 가지로 나눌 수 있다. 첫째는, **참여적/활동적**(participatory/active) 배움이다. 교육연극은 자발적이고 즐거운 놀이에 기반하여 참여자의 다양하고 적극적인 활동과 상호작용을 대표적 특징으로 한다. 듀우이가 추구한 'learn by doing'의 개념이 수업에서 구현되는 것이라고 할 수 있다. 드라마의 특성상 신체와 소리를 활발하게 활용하되, 특별한 기능이나 '연기'를 필요로 하지 않기에 누구나 부담없이 참여할 수 있다는 장점이 있다. 이렇게 몸과 움직임으로 직접 '살아보는 경험(lived experience)'은 책상에 앉아서 읽고 암기한 지식이나 검색을 통해 찾아낸 정보와는 차원이 다른 배움과 성찰을 가능하게 한다.

둘째는 **과정중심**(process-oriented) 배움이다. 전술한 바와 같이, 교육연극은 체험과 활동을 통해 참여자들이 자신이 경험한 것을 반추하고 성찰하는 매번의 과정 그 자체를 목적으로 하는 배움을 지향한다. 특히 drama 접근의 경우는 여러 차시에 걸쳐 진행되는 수업이나 프로그램으로 구성, 제공되기에 이러한 원리는 더욱 중시된다. 설령 관객의 존재가 있는 theatre 접근의 경우에도, 교육연극은 매 과정의 의미와 경험을 강조하며 단순히 결과물을 향해 달려가는 연습과는 다른 관점을 견지하는 특성이 있다.

세 번째는 **탐구중심**(inquiry-based) 배움이다. 교육연극의 또 하나의 대표적 특징은 일반적인 수업과 달리, '학습 목표'가 아닌, '핵심 질문(central question)'을 중심으로 구성되고 실행된다. 이 핵심 질문은 해당 수업/프로그램 전체에 걸친 의도와 방향성을 질문으로 제시한 것이며 교사/예술가의 길잡이 역할을 한다. 또한 학생들의 눈높이에서 호기심과 궁금증, 의문을 자극하는 동기 부여의 기능을 하며, 학생들이 그 의문의 해소를 위해 자발적으로 드라마 속으로 들어가 '종착역'을 찾아나서는 여행의 '출발점'이 된다. 교사/예술가는 더 이상 정답을 알고 있는 권위적 존재가 아니라, 학생들과 함께 그 여행 속에서 다양한 장애물이나 가능성을 체험하도록 돕는 역할을 수행한다. 결국 그 여행을 통해 학생들은 교사가 가진 정답을 맞추는 것이 아니라, 제시된 이슈에 대한 다양한 답들 중 '자신만의 정답'을 스스로 찾도록 독려받는 주체적 배움을 경험하게 된다.

네 번째는 **협동중심**(cooperative) **배움**이다. 교육연극은 각 개인의 자유로운 표현과 선택을 중시하지만, 동시에 각각의 개인이 모여 서로의 의견을 소통하고, 다름을 이해하며, 문제 상황을 함께 극복하거나 해소할 수 있는 논의와 협력 활동을 강조한다. 이를 위해 다양한 극적 갈등 상황에 직면하고 이를 해결하기 위한 토론과 협상의 경험을 배울 수 있는 특징을 지닌다. 전체 모둠활동은 물론, 소모둠 활동, 협업 프로젝트 등을 다각적으로 병행하면서 드라마가 지닌 안전장치를 적극 활용하는 특성이 있다.

이러한 교육연극의 핵심 원리는 연극이나 드라마 활동이 그저 흥밋거리나 이벤트적인 일회성 경험으로 그치지 않고, 교사와 학생들에게 의미 있는 체험과 깊이 있는 성찰의 기회를 제공하는 길잡이의 역할을 할 것이다. 간혹 연극 수업이나 예술교육 수업은 교과 수업과 달리 '진짜 수업'이나 '학습'이 아니라고 생각하는 교사나 학생들의 오해나 편견을 불식시킬 수 있는 기반이 되었으면 한다.

그러나 무엇보다도 교육연극이 학교 교육에 중요한 이유는 바로 연극이야말로 다른 어떤 예술보다도 강력하게 인간이 지닌 **'감정'과 '정서'를 적극 활용하는 예술**이라는 점이다. 이는 오랜 세월 동안 감정은 최대한 배제하고, 지식을 중심으로 하는 이성의 활성화만을 강조해 온 서구 및 근대 교육의 치명적 한계를 보완하는 역할을 한다. 인지적 성장만을 강조해 온 기존의 이성 중심 교육에 감정적이고 정서적인 체험을 제공함으로써 지식과 인지에 편중된 학교 교육에 통합적이고 총체적인 균형과 조화를 이룰 수 있다는 의미이다. 이것이 듀이가 강조한 체험과 성찰이 연계되는 온전한 '하나의 경험(an experience)'을 가능하게 하는 질성적 사고, 즉, 교육연극이 지닌 힘이라는 점을 반드시 기억하기를 바란다.

④ 미래교육에 예술교육과 교육연극이 필요한 이유

학교에서의 교육연극

그렇다면 학교에서 예술교육이, 또한 교육연극이 널리 활용되고 확산되는 일이 현실적으로 가능한 것일까. 결론부터 말하자면 쉽지는 않으나, 그렇다고 길이 없는 것은 아니다. 먼저 우리는 왜 학교에 예술교육이 필요한가에 대한 진심어린 고민과 관심을 가져야한다. 갑자기 누군가가 나타나서 문제를 해결하고 상황을 타개해 주는 일은 그리이스 신화에서나 해당되는 일이다. 앞에서 논의한 진정한 의미의 '예술교육'은 곧바로 성취할 수 있는 것이라기보다는 우리가 학교 예술교육에서 지속적으로 지향하고 고민해야 하는 방향성에 가깝다. 그것을 구현하기 위해서는 우리는 어딘가에서든 어떤 방식으로든 일단 시도해야 한다. 또한, 대상이나 맥락, 상황에 따라 어떤 시기에는 단순한 기능이나 체험, 지식에 더 비중이 실리는, 즉 예술 교육이나 예체능 교육과 유사한 방식이 필요할 수도 있다. 거듭 강조하지만, 예체능 교육이 무조건 잘못된 것이 아니기 때문이다. 그런 방식이 진정한 예술교육을 향해 나아가는 과정에서 필요하거나 도움이 될 수도 있다면 무조건 배제하지 않는 유연한 사고가 필요할 것이다. 다만 그것과 본연의 예술교육은 명확히 구분해야 하고, 예체능 교육만이 전부라는 사고를 경계해야 하며, 목적과 방법이 다른 예체능 교육을 '예술교육'이라고 포장해서는 안된다는 것이다.

현실적으로 중등의 경우는 대학입시에 모든 포커스가 집중되어 있다 보니 얼마 되지도 않는 예술 교과 시수도 제대로 운영하기 쉽지 않다. 거기에 교과별로 높은 벽으로 분절되어 연계나 연결도 어렵다. 역량중심 교육과정이라고 말은 하지만 정작 현장에서 다양한 교과들을 연계하여 수업을 재구성하기란 사실상 불가능에 가까운 현실인 것도 인정해야 한다. 일반계 고등학교에 연극 교과목이 개설된 것이 2015 개정교육과정의 가장 큰 이슈였지만 실제로 음악과 미술 중 하나를 포기하고 연극 교과를 채택하는 학교들의 숫자는 극히 적은 것이 사실이다.

따라서 중고등학교에서는 창체 시수의 적극적 활용을 통해 여러 교과와의 접목이나 주제 중심의 체험, 동아리 활동 등을 시도하는 방법이 그나마 가능할 것으로 보인다. 예술, 특히 연극이 가진 최고의 장점은 뿌리 깊은 '연극 = 공연'이라는 편견만 걷어내면 얼마든지 다양한 교과와 주제 등을 버무려 담아낼 수 있는 매우 유연한 그릇이 되기 때문이다. 주제나 이슈를 중심으로 하는 프로젝트 수업의 형태라거나, 동아리 활동에 기반하여 학생들이 공동으로 극을 구성하고 실행하는 Youth Theatre 방식은 교사나 학생의 부담을 경감할 수 있는 방법이다.

반면, 초등의 경우는 그나마 교사의 의지와 역량에 따라 교과 연계 및 교육과정 재구성이 유연하게 진행될 수 있는 여지가 크다. 다양한 교과 주제/학습목표와 연극의 힘을 연계하여 재구성할 수 있고 관련 사례도 상당히 많다. 연극적 활동과 사회 교과, 도덕 교과, 심지어 수학이나 과학 교과까지 연계하여 완전한 교육연극이나 예술교육 수업은 아닐지라도 기존 수업보다는 훨씬 생생하고 즐거운 수업이 가능하다. 거기에 이미 2022 개정교육과정에서는 성취 기준에 대한 교사의 재량권을 더 넓혀 주고 있기도 하다.

다만, 초등이나 중등 모두 교사 혼자 힘으로는 만만치 않은 과업이 될 수 있다. 따라서 가능하다면 동학년 혹은 동료 교사들과의 협력을 권장한다. 교사 문화의 특성상 혼자서 하는 게 편하고 익숙한 교사들에게는 쉽지 않은 도전이겠지만, 분명 백지장도 맞들면 낫기 때문이다. 또 하나의 방법은 예술강사와 긴밀히 협력하여 수업을 함께 구성하고 진행하는 것이다. 앞서도 언급했듯이, 분명 원칙은 협력 수업이지만 우리 학교 현장에서 어느덧 예술강사 수업은 예술강사 혼자 알아서 진행하는 수업으로 인식된 지 오래다. 자신의 교실에서 교사가 빠져있는 수업은 그냥 특별활동 이상도 이하도 아니며, 이런 기형적인 구조는 교육 현장의 무기력과 무책임을 그대로 학생들에게까지 전가하는 것과 다름없다. 교사가 수업에서 꼭 다루고 싶은 주제나 핵심 이슈를 구성하고, 예술강사는 그것을 어떻게 더 생생하고 흥미롭게 연극적으로 실행할 수 있을까를 고민하며 협력한다면 그것이 '예술교육'에 다가가는 수업이 될 수 있을 것이다. 분명 만족스럽지 않고, 시행착오도 겪을 것이며, 시간과 품도 많이 들 것이지만 그렇게 작은 걸음이라도 첫발부터 내딛으며 시작해야 한다.

학교에서 예술교육을 구현하는 데 연극이 아주 유용한 이유에 대한 재미난 사실이 하나 있다. 모든 예술 분야는 '교육'이라고 쓰고 '인재 양성'이라고 읽는 예체능 교육 체재에 익숙하고 실제로 관심도 여전히 많다. 그래서 대부분 어릴 때부터 재능을 발굴하고 훈련하는 예술 영재교육도 활발하다. 음악 영재, 미술 영재, 무용 영재 등이 그러하다. 우리가 알고 있는 많은 유명 예술가도 대부분 그런 과정을 거쳤다. 그런데 유일하게 그런 영재교육이 큰 의미 없는 분야가 있다. 바로 연극 분야이다. 다른 예술은 어릴 때부터 연마한 기능이 일정 수준에 올라가야 다음 단계로 나아가고 최고 단계로 갈 수 있지만 연극은 반드시 그렇지 않기 때문이다. 따라서, 학교 예술교육에서 어린이나 청소년들과 연극을 하는 것은 그런 전문 기능이나 재능 여부와 무관하게 누구나 할 수 있다는 아주 돋보이는 접근성을 지닌다.

그러기 위해서는 연극이 어려운 것이고, 특별한 재능을 가진 사람들만 하는 것이 아니라는 오해의 관문을 넘어서야 한다. 한번 해보니까 '연극은 즐겁고 흥미로우며 새로운 상상을 해도 되는, 나도 할 수 있는 안전한 경험이구나'라는 인식을 학생들과 교사들이 느끼도록 하는 기회가 중요하다. 교육연극의 다양한 활동이나 연극놀이를 통한 부담의 해소 등은 그런 측면에서 매우 유용한 출발점이 될 수 있다.

모든 예술의 근본적인 출발점은 우리 인간이 모두 가지고 있는 '놀이성'에서 시작된다고 강조한 바 있다. 따라서 학교 예술교육에서 연극은 그러한 놀이성을 일깨우고 학생들에게 놀이를 통한 자유로운 표현과 소통이 가능한 안전망이 되는 것이 우선이어야 한다. 특히 팬데믹을 겪은 이후, 쉬는 시간에도 학생들이 서로 몸을 부대끼며 소통하는 놀이 대신, 스마트폰만 들여다보고 온라인으로만 소통하는 관계에 익숙해진 모습을 지금 우리는 목도하고 있다. 놀이 대신 게임, 접촉 대신 접속에만 집착하는 시대이다. 이런 환경에서 각자가 서로를 하나의 사람으로 바라보는 눈, 감각으로 느껴보는 정서, 서로의 생각을 표현하고 읽어내는 능력은 길러질 수 없다.

호이징하의 말을 상기해서 대입하면, 미래에도 사람들은 여전히 '놀이'를 즐기면서 살아갈 것이다. 다만 방식과 매체가 과거와 달라질 뿐이다. 예술교육과 교육연극이 필요한 이유는 그것이 우리 인간이 의미있고 행복하게 살기 위해 필요한 아날로그적 내공을 우리 안에 서서히 만들어 주기 때문이다. 그게 2015 개정교육과정부터 강조된 '역량'의 기본 개념이라고 저자는 생각한다. 분절된 특정 지식이나 기술(skill)을 습득하는 것이 목표가 아니라, 디지털 시대에 언제 어디서든 손쉽게 검색할 수 있는 수많은 지식과 정보, 기술을 가지고 우리가 무엇을 어떻게 할 수 있느냐에 관한 능력, 이는 단기적인 결과나 가시적인 효과를 낼 수 있는 기존의 학습과는 완전히 결이 다른 배움이 될 것이다.

미래교육에 예술교육과 교육연극이 필요한 이유

지금까지 예술과 교육이라는 두 거대한 영역의 만남, 그렇게 접목된 예술교육에 대한 여러 관점과 혼란, 그리고 예술교육의 주요 갈래로서 교육연극의 특성에 대하여 간략히 살펴보았다. 그렇다면 예술교육과 교육연극이 지금 우리에게 필요한 이유는 무엇일까? 우리를 둘러싼 물리적 환경과 삶의 방식이 거세게 변화하고 있고, 기술과 정보 변화에 대한 신속한 대처와 적응의 요구가 미래교육이라는 이름으로 숨 가쁘게 몰아치는 시대에 예술교육이니 교육연극이니 하는 지극히 아날로그적이고 이상적이며 순진한 외침이 과연 무슨 의미가 있는가?

이 질문을 다르게 바꾸어 보자. 우리에게 수학교육이 필요한 이유가 무엇일까? 매년 대학입시 변화와 관련된 여러 사안이 초미의 관심사가 되고, 이미 오래전부터 수학이 대입에 결정적인 변수가 된다는 이유로 각종 기형적인 선행학습이 증가하는 이면에는 갈수록 늘어나는 소위 '수포자(수학을 포기한 자)'의 문제를 우리는 목격하고 있다. 방정식, 미적분, 삼각함수, 행렬 등의 수학 지식을 힘들게 공부해서 대학에 가고 성인이 되었는데, 정작 성인이 되어서는 관련 직종이 아니면 일상에서 전혀 쓸 일이 없는 경우도 많다. '그런데도 우리는 왜 어려운 수학을 배워야 하나요?'라는 질문을 제기할 때마다 돌아오는 답변은 이렇다: '개별 수학 지식의 유용성이 중요한 것이 아니라, 그런 수학적 사고의 과정을 통해 우리의 논리적 사고와 문제해결 능력이 함양된다'라는 것이다.

마찬가지로, 우리는 일반적으로 예술교육을 배우면 예술가가 되거나, 예술에 대한 지식과 교양이 높아질 것이라고 기대한다. 그렇지 않으면 적어도 예술교육을 배워서 감수성과 창의성이 향상되거나, 언어능력이 개선되거나, 자아정체성이 높아지거나, 공감 능력이 나아지거나 하는 등의 구체적인 기능적 효과에 대한 대답을 기대한다. 어찌 보면 충분히 납득이 가는 당연한 기대로 보이기도 하며, 실제로 적지 않은 예술교육 프로그램들 역시 그러한 기대 효과를 내세우며 예술교육의 가치와 효과성을 부각하기도 한다. 그런데 문제는 이러한 관점의 기대가 지닌 치명적 함정이 있다. 그러한 기대의 주체는 누구인가? 예술교육을 수행하는 교사나 예술가의 기대인가, 그 교육을 받는 학생들의 기대인가? 또는 그러한 예술교육을 지원하는 이해관계자의 기대인가? 그리고 그 효과성은 무엇으로 입증하고 어떻게 확인할 수 있는가? 만약 기대하는 목적 달성을 위한 수단이나 도구로서의 가시적 효과나 객관적 증거로 입증할 수 없는 경우, 예술교육의 가치와 필요성은 어떻게 설명할 것인가? 그때도 예술교육은 생존할 수 있을까?

전지영(2017)은 우리 문화예술교육의 현실에 대한 비판을 제기하며 예술교육의 본질을 호도하는 세 가지 대표적인 문제를 지적한다. '수단주의', '작품주의', 그리고

'국민교육'이 그것이다.[28] '수단주의'란 예술교육을 어떠한 목적을 위한 수단으로 인식하는 접근을 의미한다. '작품주의'란 예술의 과정과 행위에 주목하기보다는 예술을 완결된 작품에 대한 학습으로만 인식하는 오해를 말한다. '국민교육'의 문제란 국가 주도의 공교육 체제가 지닌 경직성과 top-down 방식이 학교 예술교육에도 그대로 답습되는 문제이다. 서로 복합적으로 얽혀있는 이 세 가지 문제는 대부분 서구 근대 사상과 체제에서 비롯한 것으로, 이미 그 한계를 드러냈음에도 여전히 지배 계층의 주류 담론으로 존재하고 있다. 우리나라 역시 정치적 사회적으로 익숙하게 내면화된 이 획일적이고 주입적인 국민교육 체제가 작품주의를 통해 예술의 위계화와 대상화를 강화하며 공교육에서의 예술교육을 왜곡해왔다고 볼 수 있다. 특히 학교 예술교육에 이러한 수단주의적 관점이 계속될 경우, 예술교육은 필연적으로 다른 교육의 부수적 차원으로 전락하게 될 것이며, 종국에는 더 중요한 교과에 밀려나서 축소나 배제되어 버리는 논리를 피할 수 없다.

예술교육에 관해서는 오래전부터 관심을 가지고 옹호해 온 미국에서 학교 내 예술교육의 현실과 위상을 비유하는 유명한 단어가 있다. 바로 "frill"이라는 표현이다. 흔히 '옷이나 커튼 등의 주름 장식'을 의미하는 이 단어는 학교 내에서의 예술에 대한 뿌리 깊은 인식을 빗대는 의미이다. 한 마디로 옷이나 커튼의 예쁜 장식처럼 '있으면 더 좋지만 없어도 크게 상관없는' 존재가 바로 학교가 예술과 예술교육을 바라보는 오랜 인식이다. 예술교육이 단순히 다른 교과교육의 수단으로만 기능하거나, 예체능 사교육의 대체제가 되거나, 단순하고 일방적인 체험이나 기능을 주입하는 형태로 한정된다면 굳이 학교에 예술이 필요할 것인가? 제시카 호프만 데이비스(Jessica Hoffmann Davis)의 책 『왜 학교는 예술이 필요한가』에서 역설하듯, 예술이 '학교 내'에서 필요한 이유는 "예술이 단순히 다른 종류의 학습에 기여하기 때문만이 아니라(물론 기여한다), 예술은 다른 과목들에서 배울 수 없는 것을 배울 기회를 제공하기 때문"[29]이다. 그리고 그런 기회를 평등하게 제공받을 권리가 우리 학교와 학생들에게 있다.

따라서 예술교육은 어떠어떠한 인재를 만들기 위한 훈련이나, 특정한 기능/목표를 달성하기 위한 수단이 아니라, 예술을 통한 체험과 성찰 그 자체가 목적이어야 한다. 예술교육은 예술이라는 놀이터에서 뒹굴고 놀면서 나에 대하여, 그리고 다른 사람에 관하여 탐구하고 이해하고 성찰하게 되는 일상의 과정이다. 그러한 일상의 과

---

28 보다 상세한 내용은 전지영(2017)의 논문을 참고하길 권한다.

29 제시카 호프만 데이비스(2013). **왜 학교는 예술이 필요한가**. (백경미 역). 열린 책들. p.17.

정이 지속적이고 다양한 방식으로 우리의 감각과 직관, 흥미와 상상을 자극하면서 인간과 세상에 대한 우리의 눈이 넓어지고 깊어질 것이다. 전지영이 강조하는 것처럼 "결과가 아닌 과정, 작품이 아닌 행위, 감상이 아닌 실천"[30]을 지향하는 예술교육이 학교에 필요한 이유이다. 그리고 그것이 바로 앞에서 언급했던 '인간에 대한 성찰과 시대에 대한 통찰'로 귀결되는 길이다.

요약하면, 예술이란 인간이 태초부터 가져왔던 본능, 감정, 직관을 활용하여 그것을 표현하려는 욕구이며, 그러한 표현과 느낌을 교류하는 소통이 복합적으로 연계된 행위이다. 따라서, 예술은 궁극적으로 우리 인간에 대한 탐구이자 성찰이며, 그러한 성찰을 통해 우리 인간들이 살아가는 이 세상과 사회에 대한 깨달음과 통찰을 얻게 된다. 그리고 교육이란 결국 하나의 주체적인 인간으로 성장하는 과정이다. 교육을 그저 지식의 전달과 기능의 습득으로만 보는 시각은 서구 이성주의에 기반한 근대적 사고가 오늘날까지 지배해 온 공교육의 기능적 패러다임이며, 이미 그 한계와 문제점이 만천하에 드러나 있다. 그런데 국가주도 교육 정책은 이제 '미래교육'이라는 이름으로 우리에게 AI와 디지털 기기와 에듀테크를 습득해야만 뒤처지지 않는다고 다시 한번 윽박지르고 있다. 그리고 그 주요 내용들을 보면 사실상 디지털 기기의 사용 방법 숙지에 대부분 집중되어 있다. 미래를 준비한다는 디지털 교육이 사실상 전근대적인 예체능 교육과 똑같은 방식으로 작동하고 있는 셈이다.

미래를 준비해야 한다고 외치며 모두 '미래에 변화하는 것'에 대해서만 온갖 자원과 물량을 투입하고 있다. 그런데 정작 '미래에도 변하지 않는 것'에 대해서는 아무런 관심도, 대비도 하지 않는 것처럼 보인다. 폭풍처럼 몰려오는 미래교육과 디지털 교육 정책 어디에도 정작 미래를 살아가야 하는 '사람'에 대한 고민은 없다. 디지털 기술이 지금보다 더 보편화되고 의존도가 심화될 것으로 예상되는 미래 사회에서 우리가 여전히 '사람답게' 살기 위한 사유나 성찰을 키우는 교육은 보이지 않는다.

우리가 예술교육에 주목하는 이유는 바로 그러한 현 교육 패러다임의 한계가 해결하거나 해소하지 못하는 지점을 보완하고, 극복하여, 넘어설 힘을 바로 '예술교육'이 키워줄 수 있다고 믿기 때문이다. 전지영의 주장처럼, "예술교육은 국민교육 체제가 양성하는 획일화되고 순응하는 인간형을 피하고, 개인의 존엄과 자율과 다양성을 확보하는 최선의 교육"[31]이라 할 수 있다. AI와 빅데이터에 기반한 디지털 정보들이

---

30 전지영(2017). 같은 논문, p.273.
31 전지영(2017). 같은 논문, p.277.

검색을 통해 우리의 편의를 대신해 주는 대가는 몰개성하고 동질화된 군중으로 전락한 무기력한 인간이다. 스마트폰만 들여다보며 좀비처럼 등교하는 학생들, 끊임없이 도파민을 생성하는 알고리즘에 자신의 선택과 결정을 위임한 청소년들, 대화나 소통이 두려워 사람들과의 접촉을 피하고 자기 삶의 주체가 되지 못하는 청년들이 이미 우리 주변에 급속히 늘어나고 있다. 어쩌면 머지않은 미래에, 문제 상황 인식과 불편의 해결을 위해 능동적으로 사고하고 행동하는 습관을 잃은 우리의 뇌는 점점 퇴화하여 저마다의 감정과 정서를 읽어내지도, 표현하지도 못하는 무감각한 개체로 전락하게 될지 모른다. 예술교육과 심미적 경험을 적극 옹호했던 교육철학자 맥신 그린(Maxine Greene)이 '심미적 (aesthetic) 인간'의 반대말은 '마취된/마비된(anesthetic) 인간'이라고 비유하며 강조한 이유를 되새기게 하는 대목이다. 예술은 이러한 세상에 개인의 고유한 개성과 독창성을 계발하고 발현하는 힘을 지니며, 그럼으로써 개인의 존엄성과 정체성의 기반 위에 공동체의 풍성함과 다양함을 구축할 수 있는 동력이 된다. 특히 연극은 그러한 개인들의 만남과 사회적 소통을 감정이라는 매개로 생생하게 체험하고, 진지하게 성찰하도록 이끈다. 그렇기에 교육과 예술이 만나는 예술교육이 절실하다. 교육이 우리가 살아가는 방법에 대한 배움이라면, 예술은 우리가 살아가는 이유와 의미에 대한 깨달음이기 때문이다.

참가자　권경희, 김병주, 이명주(사회)

권경희

김병주

이명주

저자들의 정체성과 공저의 이유

사회자: 안녕하세요? 학문적 배경이 다른 두 분이 공저를 결심하신 이유는 무엇인가요?

권경희: 공저는 제가 먼저 제안했구요. 2019년에 교육연극 서적을 출간한 후에 좀 더 심화되고 깊이 있는 책을 쓰고 싶다는 아쉬움이 있었어요. 그런데 저의 부족한 부분을 이 분야의 전공자이신 김병주 교수님과 같이 쓰면 좋겠다는 생각에 제안을 했지요.

김병주: 저는 아직 제 저서를 출간한 경험은 없어서 좀 걱정스럽기는 했지만, 뭔가 교장 선생님과 같이 다른 관점을 가진 분과 한번 연결해 보고 싶기도 했습니다. 서로 다른 관점이 있더라도 어느 지점에서 합의하거나 만날 수 있지 않을까 싶어 시작했는데 여기까지 왔네요.

사회자: 공저를 작업하면서 가장 어려운 부분은 무엇이었나요?

권경희: 서로의 생각을 조율하는 과정이 가장 중요하다고 생각해서, 한 달에 한 번씩 계속 대면으로 협의 회의를 했어요. 처음 기획안에서 계속 수정을 했고, 각자 개성을 살릴 부분과 결을 맞추어야 할 부분을 계속 협의했습니다.

사회자: 힘들지 않으셨어요? 교수님

김병주: 저는 논문을 주로 써 왔기 때문에, 이런 책에는 어떤 식의 글쓰기를 해야 하

는지 그게 고민이 많이 됐어요. 그런데 우리의 소통 과정에서 좋다고 생각할 수 있는 예시는 이런 것 같아요. 교장 선생님은 계획을 짜고, 구조를 잡고, 그것에 대해서 의견을 물어보고 하시는 편인데 저는 사실 그렇게까지 구조를 잡고 가는 스타일은 아니거든요. 그래서 교장 선생님이 안건을 가지고 오면 저는 거기에다가 자꾸 다른 아이디어나 다른 방안을 던지는 역할을 좀 더 했던 것 같아요. 이 대담처럼 말이죠.

사회자: 글쓰기 방식이 그렇게 다르신 것처럼, 두 분은 정체성 면에서도 서로 다른 지점에 계신 것 같은데요. 작업을 하거나 삶을 살아가면서 스스로를 예술가와 교육자 스펙트럼에 놓고 본다면 자신을 어느 쪽에 놓고 계시는지 답변해 주실 수 있을까요?

권경희: 저는 교육자의 입장에서 예술을 바라보고 교육자의 입장에서 교육연극을 바라보는 정체성을 갖고 있죠. 왜냐면 예술가로서의 여지는 전혀 없거든요. (웃음) 그리고 그 정체성의 한계를 인정하기 때문에 김병주 교수님께 공저를 부탁을 드린 것입니다. 교육의 입장에서 예술을 바라보기 때문에 어떻게 보면 저는 교육 현장에 예술을 빌려오는 거죠. 이런 면에서 김병주 교수님은 좀 더 넓게 포괄적으로 교육과 예술을 연결할 수 있는 강점이 있는 것 같아요.

김병주: 이 질문이 저에게는 늘 고민이 되는 질문이기도 해요. 어쩌면 박쥐 같은 것인지도 모르겠어요. (웃음) 어쨌든 제가 대학원에서 교육을 하니, 교육자의 프레임이 굉장히 강해지죠. 그런데 한편으로 저희 대학 사람들은 저를 예술가라고 생각하는 경향이 있지요. 제가 박쥐라고 한 것은, 상대가 어떤 성향이냐에 따라서 내가 상보적인 조율을 하게 되는, 유동적인 입장을 취하게 되더라구요. 교장 선생님 같은 경우에는 본인이 교육자라는 정체성이 명확하신 편이기 때문에 오히려 저는 약간 더 다른 관점에서 예술가적인 또는 예술교육가의 입장을 취하는 것이죠.

사회자: 그렇다면 정체성이 다른 두 분이 공저했다는 것이 이 책의 강점이 될까요?

권경희: 저는 강점이 된다고 생각해요. 왜냐하면 제가 그냥 교육자의 입장에서만 교육연극을 이야기한다면 학교 밖으로 확장하기가 어려운데, 교수님과 함께 하다보니 사회 전반의 예술적 담론을 갖고 올 수 있어서 공저의 힘이라고 봅니다.

김병주: 여러 사람이 공동으로 저작을 하거나 공동 번역을 했을 때 가장 흔한 문제가

각자 자기가 맡은 부분만 자기의 언어로 쓰기 때문에 각각 다른 얘기가 될 때가 많은 것 같아요. 그런 분리된 시스템은 공저의 의미가 없다고 봅니다.

권경희: 맞아요. 제가 이 책에서 강조하고 싶었던 지점들이 그런 것입니다. 대개 지금까지 교육연극계의 책들이 교육연극 개론이나 기법, 수업사례만 가지고 얘기를 했다면 이번 책에서는 그 담론을 조금 더 거시적으로 넓히고 싶었어요. 예를 들면, 미래 교육의 관점에서 지금 우리의 교육은 어떠한지에서부터 출발해서 예술교육을 생각해 보고, 그리고 교육연극으로 이어가고 싶었던 거지요.

예술교육의 현재적 지점에 대하여

사회자: 요즘 교육의 중심 화두가 디지털, 에듀테크에 쏠려 있는데, 예술교육은 어느 위치 정도에 있다고 생각하시나요?

권경희: 저는 일단 한국이 근대화되는 과정에서 모든 일에 성과를 내야 하고 가시적인 결과가 있어야 한다는 인식이 정책과 문화에 담겨 있고 그것이 예술교육을 뿌리 내리지 못하게 하는 하나의 요인이 아닌가 하는 생각이 들어요.

김병주: 말씀하신 근대화 산업화, 최근에는 기준이나 공정성과 같은 것들이 명확한 잣대로 줄을 세워야만 판가름이 나는 것들이거든요. 그러다보니 당연히 예술적인 접근들보다는 훨씬 더 이성적이고 수치나 결과물로 환산하고자 하는 성향이 선호될 수밖에 없는 상황인 것 같아요.

사회자: 2장에서 예술교육에 관한 용어를 세분화 해놓으신 걸 봤는데 이렇게 하신 의도는 무엇인가요?

김병주: 예술 작업을 하는 사람들도 저마다 사용하는 용어가 달라요. 한국에서는 '예술교육'이라고 하는 용어들에 대해서 잘 모르시거나 포괄적으로 생각하는 경우가 되게 많아요. 그 다음에 '문화예술교육'이라는 용어에는 또 약간 거부감을 가진 분들이 있어요. 정부의 정책용어라는 인식 때문이죠. 그런 복잡한 배경과 맥락을 제공하고 싶었습니다.

사회자: 저도 그 부분 읽으면서 각각의 용어가 가진 맥락을 자세히 알 수 있어서 의미가 있었어요. 오늘 대담에서는 특히 문화예술교육이라는 말이 주는 불편한 뉘앙스에 대해서 새롭게 이해했어요.

권경희: 참 슬픈 현실인데, 정책이라는 용어 자체에 우리는 이미 지시적이고 관료적

인 이미지를 가지고 있는 것 같아요. 솔직히 말씀드리면, 정책 속에서 지속성이나 진정성 같은 것은 기대하지도 않지요. 저도 교육정책들을 보면서 신뢰감이 샘솟지는 않으니까요.

김병주: 그렇죠. 양가적 감정인데, 현실은 정부의 지원에 의존하지만, 정서적으로는 종속되거나 순응하고 싶지 않은 것이죠. 우리나라의 현재 공공 지원이나 여러 가지 행정 정책의 가장 큰 문제점은 공공의 자금이 투여되는 것이니 투명하게 정산하고, 행정적이고 요식적인 절차들에 따라야만 되는 것이죠.

사회자: 그게 우리 사회의 예술교육 현재 모습이군요.

권경희: 근데 저는 그것이 예술 정책뿐만 아니라 교육부의 다른 정책에 대해서도 우호적이거나 궁금해하지 않고 굉장히 부정적인 반응으로 간다는 것이 문제라고 봐요. 정책이 사회 발전이나 현장에 도움이 될 거라는 기대를 하는 것이 아니라 쓸데없는 일을 벌인다고 하는 불신과 함께 전문성을 인정하기 힘들다는 거죠.

김병주: 저도 거기엔 동의합니다. 원래 열악했던 예술교육뿐만이 아니라 사회 전반적으로 힘들어하는 이유 중 하나인 것 같아요. 지금이 군사정부 때보다는 민주화되었지만, 우리나라 사람들이 부정, 불투명, 특권 이런 단어들에 굉장히 알레르기 반응을 보이는 건 사실이지요.

권경희: 그러니까 기본적으로 공공성이나 공정함을 갖지 못하는 사회는 결국 예술 정책뿐만 아니라 전반적인 교육정책이나 사회정책에 대한 불신을 낳았고 그런 역량의 한계가 예술교육을 어렵게 만든다는 것이죠.

예술교육과 교육연극의 필요성

사회자: 그렇다면 오랫동안 예술교육에 몸담아 오시면서 지금이 오히려 예술교육이 더 중요해졌다. 절박해졌다고 느끼시나요?

김병주: 예, 저는 그렇게 생각합니다. 우리가 책에서도 논의했던 것처럼 좋은 예술가를 만드는 게 예술교육의 궁극의 목표는 아니거든요. 그러니까 정말 좋은 사람으로 성장하고, 자기를 성찰하고, 세상이나 다른 사람들과의 관계를 맺는, 이런 것들이 예술교육의 산물이라고 봐요. 그런데 요즘엔 아이들이 같이 만나서도 몸을 부대끼면서 놀지 않아요. 따로따로 앉아서 핸드폰으로 들여다보고 거기서 만나서 놀잖아요. '접촉'이 중요한 게 아니라 '접속'만 중요해요.

이런 시대일수록 저는 예술교육, 특히나 연극같이 역동적이고, 다른 세상과 다른 관점을 경험할 수 있는 예술교육이 더 절실해졌다고 봅니다.

권경희: 제가 이 책의 1장의 구성을 미래교육 담론으로 한 것도 같은 이유예요. 우리가 왜 예술을 해야 하는가를 보려면 지금의 세상이 어떤지 지금의 사회가 어떤지 지금의 아이들이 무엇을 고민하는 지를 봐야 하는데. 이것이 제가 교육자의 입장에서 예술이 필요하다고 생각하는 지점들이에요. 저는 디지털이 발달하는 이 시대이기 때문에 오히려 예술을 통한 만남, 예술을 통한 눈빛을 교환하는 이런 경험들이 아이들한테 절실하다는 생각입니다.

사회자: 시대적 사회적으로 예술교육, 교육연극의 필요성이 절실해졌다는 말씀이시군요. 교육연극이 가진 힘에 대해 강렬하게 느낀 단초가 된 경험이 있으실까요?

권경희: 제가 고민했던 건 수업 현장에서 점점 아이들이 수업안에서 소외된다는 거예요. 수업 참관을 가보면 아이들은 그냥 무기력하게 있는데 선생님은 혼자 그냥 PPT로 설명하고 아이들은 학습지를 하고 형식적인 모둠 활동을 하고... 수업에 영혼이 없다고 느꼈어요. 요즘엔 그 자리를 태블릿이 메꾸더군요. 저는 수업안으로 아이들을 좀 끌고 오자는 것에서 교육연극을 시작했고, 그래서 지금도 이 작업을 하고 있습니다.

교육연극, 학교현장의 반응은?

사회자: 그럼 학교 얘기로 좀 넘어가 볼게요. 교육연극에 이런 힘이 있고 예술교육도 이렇게 절박하지만 학교는 좀 지치고 무기력한 상황인데 이런 현실에서 교육연극이 교사들을 움직일 수 있을까요? 어떻게 움직일 수 있을까요?

권경희: 저는 아주 느리게, 느리지만 조금씩 움직일 수 있다고 생각해요. 제가 이렇게 얘기한 이유는 한꺼번에 시범학교를 하고 연구학교를 해서 퍼뜨릴 수 있는 건 아니라는 거예요. 새로 전입해 온 선생님 5~6명과 교육연극 수업하는 것이 참 적은 숫자인 것 같지만 이 사람들이 그다음 해에도 계속한다면 이것이 교사를 움직이는 방법이 아닌가 싶어요. 빗방울에 적시는 것처럼.

사회자: 전도처럼 느껴져요. 1대 1 전도를 해야만 움직일 수 있는. (웃음)

김병주: 실제로 전 10년 전부터 '이게 종교랑 뭐가 다른가'라고 생각합니다. 좋은 거라고 하는데 증거도 없고 보상도 없고, 안 보이는데 믿어야지만 구원을 받는 것과 뭐가 달라요. (웃음) 그러니까 제일 좋은 전도의 방식은 '10년을 넘게 봤

는데 저 사람이 참 진실하더라 저 사람이 저렇게 계속하는 걸 보니 나도 한 번 해봐야겠다' 이게 저는 진짜 전도라고 생각이 들어요.

협력수업, 그리고 교육과정 재구성

사회자: 교사와 예술강사가 만나서 함께하는 협력수업에 대해 엄청나게 하시고 싶은 말씀이 많으실 것 같아요. 각자의 역할에 대해 이것은 꼭 말하고 싶다 하는 것은 무엇일까요?

권경희: 예술교육이라는 공동 목표를 두고 두 전문가가 만났을 때 각자의 역할이 있다는 것을 인정하고 시작해야 되는데 그게 잘 안되는 것 같아요. 예술 강사가 소모재가 되지 않으려면 서로의 전문성이 시너지가 되어 축적되어야 하는데 그냥 단절된 상황으로 이어지는 것 같아 안타까워요. 예술강사지원사업의 아쉬운 부분이지요.

김병주: 교사와 예술강사가 서로 그냥 스쳐 지나가는 사람들이 되었어요. 어떤 때는 서로 너무 조심하고, 어떤 때는 서로 피하고... 그런 느낌이 듭니다. 그게 제일 큰 문제인 것 같아요.

사회자: 그렇다면 교육과정 안에서 교육연극을 잘 녹여낼 수 있는 방법은 무엇일까요? 팁이 있을까요?

권경희: 저는 세상 사는데 공짜는 없는 것 같아요. 다시 얘기하면 특별한 팁이라는 건 없는 것 같아요. 근데 적어도 교육연극이 교육과정 안으로 들어오려면 교사가 노력을 해야하고 수업을 자세히 보면서 수업안에서 아이들이 소외된 모습을 봐야 해요.

사회자: 그럼 이게 앞에서 말씀하신 교사 역할의 핵심이 되겠네요. 수업을 고민하고 학생들의 소외를 내가 목도하고 교육연극의 필요성을 느끼는 것, 그래서 어떻게 교육과정을 사용할 건지를 결정하는 것이요.

권경희: 교사가 혼자서 교육연극 수업을 할 수도 있지만 예술 강사가 있을 때 훨씬 더 풍성해지는 수업이 될 수 있으니까, 이런 부분에 필요성을 느끼고 방법을 연구해야 깊이 있는 수업이 될 수 있지요.

김병주: 약간 첨언을 한다면 교사들의 경우에는 지도안을 구성하거나 계획을 짜실 때 너무 조각조각 분절해서 짜는 것 같아요. 근데 여기다가 어떻게 연극을 집어넣을 거냐는 거죠. 교육연극과 교육과정을 연결하는 방식은 궁극적으로

맥락을 만드는 거예요. 좀 길게 보았으면 합니다.

권경희: 교사들이 교육과정을 바라보는 거시적인 관점이 필요한 거예요. 진도, 단위 시간, 성취기준을 생각하면서 잘게 나누어서 연결하려니까 포괄적으로 보기가 힘든거죠.

사회자: 마지막 질문입니다. 이 책은 그렇게 교육연극을 시도하기에 어려움을 느끼는 교사들을 설득할 수 있을까요?

권경희: 저는 설득할 수 있다고 생각합니다.

김병주: 설득이 되면 제일 좋겠고요. 설득이 안 되더라도 이런 사람들과 이런 노력들이 있다는 걸 알면 언제라도 기댈 곳을 찾아오지 않을까 하는 가치가 있을 거라고 생각합니다.

사진: 허성회

chapter

03

이음: 교육연극과 수업

이음: 교육연극과 수업

앞 장에서 이 책의 큰 테두리가 되는 예술교육과 관련된 용어들의 특성들을 살펴보았고, 나아가 교육연극의 핵심요소를 드라마, 공연, 교육관으로 밝혔다. 3장에서는 앞에서 설명한 교육연극을 구체적으로 구현하는 방법으로 수업과 연결지었다. 어떤 이들은 교육연극을 수업과 연계하는 것에 대해, 교육연극의 예술성을 수업의 도구나 수단으로 축소시킨다고 우려할 수 있으나, 그런 염려는 갖지 않아도 된다. 우리 저자들은 그 누구보다 교육연극의 예술성을 확장하고 싶어하는 사람들이다.

다만, 교육연극을 수업으로 연계하여 제시하는 이유는 '교육'이라는 목적 아래, '학교'라는 공간에서, '모든 학생'을 관객과 배우로 담아내기 위해서이다. 학교 현장에서 교육연극을 진지한 수업으로 보지 않고 그저 흥미로운 놀이나 특별 활동 정도로만 인식하고 활용하는 일부의 오해가 교육연극의 정착과 확산에 걸림돌이 되기도 한다. 따라서 '교육연극 수업'을 교육연극 실험의 장으로 적극적으로 정규 교과 수업에서 활용하자는 의도이다. 학생들이 일상의 배움 과정에 충분히 몰입하고, 깊게 사유하며, 마음껏 표현할 수 있는, 그런 '교육연극수업'에 초점을 둔 것이다.

교육연극의 여러 접근 중 일반적인 수업에서 활용이 용이한 '드라마' 방식에 초점을 두었는데, '드라마'라는 용어가 교육연극을 전공하지 않은 이들에게는 생소할 수 있다는 점에서 여기에서는 좀 더 보편적인 용어로 '교육연극수업'이라 칭하기로 한다. 다수의 학생이 연극적 체험을 학습의 과정에서 실천적으로 맛볼 수 있도록 '수업'으로 녹여내려고 한다. 교육연극수업은 교사와 예술교육가가 공유하는 장이기도 하다. 교사에게는 연극이 낯설고, 예술교육가에게는 수업이 낯설다. 이 장을 통해 서로의 '낯섦'이라는 벽이 조금씩 낮추어지기를 고대한다.

3장에서는 수업으로서의 교육연극의 특징을 7가지로 살펴보고, 교육연극을 수업으로 설계하는 과정을 4단계로 구분하여 제시하였다. 수업 설계의 관점과 철학에 초점을 두면서도 교육연극수업으로서 갖추어야 할 가치를 강조하였다. 우리의 목적은 교육연극으로 화려하게 보이는 수업을 만드는 것이 아니라, 학생들로부터 깊은 공감과 감정을 끌어내어 예술성과 품성을 가꾸도록 하는 것이다. 여러 관점에서 교육연극의 가치를 성찰하면 할수록 그 뿌리도 단단해질 것이다. 그렇지 않으면 교육연극은 유행처럼 잠시 지나가는 교수법으로 전락하고 말 것이다.

 ## 교육연극을 수업으로 잇는 이유

이 시대의 대한민국의 학생들은 외양만 보면 무엇이든 아쉬울 것 없이 풍족한 세상을 누리는 것처럼 보인다. 그러나 조금만 자세히 들여다보면 주도성은 하나도 없이 누군가가 결정한 일정표대로 하루를 채워가는 아이들이 많다. 등하교 시간에도 친구와의 대화가 아니라 오직 스마트폰을 보며 좀비처럼 걷는 학생들이 수두룩하다. 체득된 무기력으로 가득한 학생들이 수업 시간을 그저 물리적으로 앉아서 참아내는 것으로만 버틴다면, 우리가 말하는 미래교육의 비전은 까마득하다. 이런 공교육의 현실과 정체성에 저자는 심각한 질문을 제기한다.

국가책임교육은 학생들에게 아침밥을 주고, 방과후 돌봄케어를 하고, 교복을 무상으로 주고, 1인 1 태블릿을 주는 것으로 실현되는 것이 아니다. 학령에 맞는 양질의 교육을 제공하여 공교육 안에서 심신이 성장하도록 정책과 제도로 신뢰를 얻는 것이 국가책임교육이다. 새로운 것을 배우고, 자신의 적성과 진로를 개척하도록 보장하는 것이 국가책임교육이다. 양질의 교육이란 정책적 담론과 사회적 합의로 구성된, 느리지만 차곡차곡 쌓아가는 학교 교육을 통해서 국가교육으로 자리잡는다.

그래서 학교교육을 실천하는 '수업'은 이렇게 긴 시간을 거쳐 숙성되고 다져진 기름진 토양이어야 하는데, 최근의 교육정책들은 현실적인 진단과 긴 안목의 방향성보다 가시적인 성과에만 몰두하는 것 같아 아쉬움이 크다. 정량적이고 가시적인 성과로 나타나지 않는 것은 정책의 관심거리가 되지 않는다. 교육분야는 상대적으로 중앙정책의 사각지대이고, 선거공약에서도 소외되며 주요 사회적 이슈로 부각되지도 않는다. 지금의 10대들이 10년 후면, 이 나라의 뼈대가 되는 청춘들이 된다. 단단하게 성장하는 학생들이 시민사회를 만들고 성숙한 어른이 된다. 시민의식이 높은 국민, 기초학문이 튼튼한 나라, 첨단 테크놀로지로 발달한 국가경쟁력은 모두 지금의 학생들이 어떻게 성장하느냐에 달려 있다. 우리는 학생들을 어떤 젊은이로 키우고 있는가?

교육연극을 수업으로 잇는 이유를 서두에 이렇게 길게 말하는 까닭이 여기에 있다. 1장에서 강조했듯 지금처럼 미래교육을 디지털활용 능력과 생성형 AI에만 집중한다면 '미래'를 살아가는 데 필요한 다른 역량들은 어떻게 될 것인가? 디지털 매체에 중독된 학생들의 문제는 이미 가정과 사회에서 점차 가시화되고 있다. 학생들의 공감 능력은 부족해지고, 협력적 소통 역량은 시들어가고 있다. 이를 교육연극으로 '수업'이라는 구체적인 장에서 발현시키고자 한다. 스크린과 태블릿 대신 친구들과 눈을 맞추고, 패들릿 댓글 대신 서로의 몸짓을 나누며, 검색 대신 새로운 상상에 도전하며 학생들이 다시 살아나기를 희망한다. 교육연극의 길을 따라가 보자.

② 수업으로서의 교육연극의 특징

교육연극의 많은 실천 방법[1] 가운데 수업으로서의 특징에 주목하고, 특히 관련 개념을 교육, 예술, 수업, 연극으로 확장하여 그 상호관계 안에서 제시하려고 한다. 이해를 돕기 위해 그 관계를 단순화하여 도식화해 보았다.

그림 3-1 수업과 교육연극의 관계성

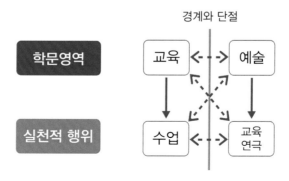

---

1 교육연극의 종류에 대해서는 장연주(2019). 교사를 위한 교육연극의 이론과 실천. 박영스토리, p. 14~24를 참고하기 바란다.

위 그림에서 교육연극과 관련한 학문 영역을 교육과 예술로 제시하였다. 각 학문적 영역을 실천하는 행위로, 교육은 수업으로, 예술은 교육연극으로 연결지었다. 가운데 있는 붉은 선은 지금까지 교육계(학교)와 예술계가 서로 융합하기보다는 분리된 영역으로 각자 자기의 색채대로만 존재해 온 것을 의미한다. 우리의 과제는 이 두 영역을 통섭의 시대에 걸맞게 융합하는 것이다. 경계 짓고 단절하는 것으로는 더 이상 새로운 시너지를 만들기 어렵기 때문이다. 교육과 예술이 융합하면 그 실천 행위들을 통해 새로운 세계가 만들어진다. 예술 전문가인 티칭 아티스트(Teaching Artist)와 교육전문가인 교사가 교육연극을 매개로 만나면, 이는 새로운 수업 패러다임이 된다. 교육과 예술, 더 세밀하게는 수업과 교육연극이 연동되어 질적으로 다른 예술교육의 실천장이 되는 것이다. 아직은 시작 단계이지만 이를 다양한 방식으로 실천하는 이들이 많아지고 있다.

수업안에서 이루어지는 교육연극은 어떤 특징들이 있을까? 다음의 7가지 특징들은 저자가 그동안 학교 현장에서 교육연극을 실천하며 축적한 경험을 토대로 정리한 것이다. 교육연극수업은 여타의 교과수업과는 분명히 다른 면이 있다. 그 다른 점들을 경계하고 멀리하기 보다는 어떤 면에서 다른지 관심을 갖고 경험해 보는 것이 필요하다. 지금까지 접해 본 수업유형이 아니라고 미리 겁을 낼 이유는 없다. 교육연극을 처음 접한 교사들은 말한다: "이런 수업이 있다는 것을 몰랐어요.", "처음에는 두려웠는데 해보니까 할만해요, 여러 교과에서 활용할 수 있을 것 같아요.", "애들이 생각보다 잘하네요." 등. 교육연극의 매력은 교사가 스스로 맛보아야만 나의 것이 된다. 인터넷에 떠도는 지도안이 편리한 기성품이라면, 교육연극으로 만드는 내 수업은 나만의 '수제 작품'이다. 저자가 '작품'이라고 말하는 이유는, 그 어떤 교육연극수업도 교사가 예상한 대로 흘러가지 않으며 학생과 교사가 함께 만들어가는 창작의 과정이기 때문이다. 아무리 빅데이터가 풍부한 AI 보조교사라도 학생들의 반응을 예측할 수는 없다. 교육연극수업은 프로그래밍된 데이터와 검색 활동이 아닌 학생들의 상상과 창작에 집중하는 수업이다. 교육연극수업의 이해를 돕기 위해, 수업에서 어떤 역학들이 작동하는지 7가지, 즉 몰입력(집중), 집단성(협력), 가치지향성(내면화), 실험성(도전), 즉흥성(개방), 의도성(학습), 예술성(표현)으로 간추려 보았다.

몰입력(집중)

우리나라에서 행해지는 교수법과 교육이론은 주류 미국 교육학의 효율성과 경제성에 입각한 교수공학적 기능에 많은 영향을 받아왔다. 이런 이유로 체계적인 수업 설계와 단계적인 수업활동을 강조하고, 다양한 공학적 교수매체 활용을 수업전문성의 중요한 잣대로 삼아왔다.

저자는 수업을 보는 이런 공학적 접근과는 달리, 수업에 참여하는 학생들의 '눈빛'과 '몸짓/태도(body language)'에 주목한다. 공학적 접근이 수업에서 보여지는 결과물, 속도, 성과를 중심으로 한다면, 저자가 주목하는 학생들의 눈빛, 몸짓/태도는 수업에서 반응하는 학생들의 배움의 과정과 몰입의 정도에 초점을 두는 것이다. 이 눈빛에는 앎의 정도와 호기심 정도는 물론 지겨움까지도 담아낸다. 의외로 많은 학생들이 수업에서 '소외'되어 있다. 과거보다 학습환경은 나아졌고 많은 디지털 기기를 활용할 수 있지만 정작 수업에 몰입하지 못하는 경우가 많다. 그럼에도 불구하고 이것을 미래형 수업으로 인식하는 분위기다.[2]

유체이탈(幽體離脫)된 학생들의 수업 소외 현상은 슬픈 일이다. 어떡하면 이런 학생들을 최소화할 수 있을까? 교육연극은 수업에서 멀어진 학생들이 조금이라도 오래 수업안에 머무를 수 있게 하는 힘이 있다. 대단한 장치가 있어서가 아니다. 정답을 찾는 대신 딜레마 상황과 극적 체험을 통하여 나의 이야기를 내 몸으로 할 수 있기 때문이다. 타자화된 배움에서 벗어나 배움의 중심에 서기 때문이다. 세 가지 수업 형태를 비교해보자. 온책읽기 수업에서 A교사는 독후 활동으로 그림 그리기와 학습지 풀기를 한다. B교사는 주인공과 인상적인 장면을 태블릿에 그리게 한다. C교사는 책 속 인물의 마음을 나의 몸으로 표현하고 속마음을 말해보는 교육연극으로 수업한다. 어떤 수업이 학생들의 문학적 정서 내면화에 더 깊은 영향을 미치겠는가?

학생들에게 가치를 가르치는 것은 수학 문제 풀이보다 어렵다. 수학적 논리처럼 가치와 덕목은 정답 구하기로 가르칠 수 없기 때문이다. '배려'를 주제로 수업 할 때 도덕 교과서를 읽고, 관련 영상을 보며, 실천방안을 학습지에 적는다고 해서 배려의 의지가 생기는 것은 아니다. 만약, 학생들이 '배려'를 생각할 수 있는 구체적인 딜레마 상황을 제시한다면 어떨까? 다음 상황극을 함께 보자. 할머니가 키오스크 앞에서 당황해하며 혼잣말을 하는 부분이다.

---

2 한병규(2024). 2026년까지 전 교사에게 수업개선 연수. 한국교육신문 기사(2024.4.15.).

"어휴 세상이 너무 달라져서 국수도 못 사 먹겠어"
"아 창피해 죽겠네. 뒤에 사람들이 나 때문에 줄을 서 있네"
"이 기계 때문에 너무 힘들구만. 도대체 누가 이런 걸 만들어 가지고 에잇"
"누가 좀 도와주면 좋겠는데"

키오스크 앞에서 누군가는 당황해할 수도 있다는 것을 학생들은 알기 힘들다. 상황극에서 키오스크 사용에 어려움을 겪는 할머니를 마주했을 때 비로소 할머니의 입장을 이해하고 자신이 할 수 있는 도움을 고민하기 시작한다. 이것이 타인에 대한 이해이고, 이해가 되어야 배려도 할 수 있다. 학생들이 교육연극수업에 몰입하는 이유는 아주 분명하다. 교과서에 제시된 뻔하고 지루한 '공부'가 아니라 새로운 상황 안으로 들어가 그 안에서 갈등을 직면하고, 타인과 소통하기 때문이다. 수업 안에 오롯이 '나'로 존재할 수 있기 때문이다. 사람을 마주하고 대화를 나누며 궁리하는 시간이 많아져야 사람과 세상에 대한 관심도 커진다. 지금이야말로 교육연극과 같은 수업이 더 필요하다.

집단성(협력)

교육연극에서의 집단성은 개별성과의 공존을 의미한다. 동일한 장면을 봐도 개인마다 느끼는 감정과 연상되는 사물이 다르다. 이런 개별적인 개성들이 모여 공동의 극적 체험을 만들어낸다. 〈내가 3·1 운동 때 살았더라면 무엇을 했을까?〉라는 주제로 즉흥극을 한다면, 친구들과 함께 이야기를 만들고, 역할을 정하고, 대사를 만들게 된다. 주인공이 되는 것이 아니라, 모두가 극 속에서 새로운 인물이나 사물이 되는 것이다. 교육연극수업을 할 때 초기에 겪는 어려움 중 하나는 자신이 원하는 역할과 대사를 끝까지 고집하는 학생이 있을 때이다. 그렇지만 수업을 몇 번 경험하면 대부분 그 안에서 자연스럽게 조율이 된다. 이런 조율과정을 통해 학생들은 설득과 양보, 민주적인 소통 방식을 배우게 된다. 굳이 수업의 목표를 의사소통에 두지 않아도 즉흥극을 만드는 과정에서 자연스럽게 얻어지는 역량이다.

어떤 수업에서는 학급 전체가 한 덩어리가 되어 장면을 만들기도 한다. 예를 들면, 섬에 고립된 여행객이나 3·1 만세 운동에 참여한 사람들, 표류하는 난민 등을 표현할 때이다. 이때 학생들의 표현에는 집단성과 개별성이 동시에 드러난다. 표류하는 난민 무리 속에서도 어떤 학생은 희망을 찾아가는 길을, 또 다른 학생은 죽음으로 이르는 절망을 표현하는 식이다. 같은 상황 속에서도 그 안에서 여전히 '나'로서 느끼고 생각한 바를 드러낼 수 있는 것이 교육연극 수업의 특성이다.

가치지향성(내면화)

대부분의 학생들은 교육연극 시간을 좋아한다. 딱딱한 교과 수업도 아니고, 머리를 싸매고 풀어야 할 학습지가 있는 것도 아니니 상대적으로 홀가분함을 느낀다. 또 공부를 잘하는 학생이든 못하는 학생이든 중요한 잣대가 되는 시간도 아니다. 상황을 상상하고 자신의 느낌과 속마음을 수시로 말할 수 있으니 심리적으로도 편안한 수업이다. 교육연극으로 하는 수업들을 보면, 인물의 마음이나 가치 덕목, 그리고 학생들을 겪었을 경험들을 소재로 하는 경우가 많다. 이런 이유로 다른 수업보다 수업 참여도가 높고 활발하다. 하지만 이것만이 전부는 아니다.

학생들은 교육연극을 통해 다른 사람이 되어 보고, 그 사람의 마음을 느껴 보고, 새로운 상황을 만들어 봄으로써 세상을 살아갈 가치를 배우게 된다. 다음의 사례에서 어떤 수업이 '생명의 소중함'을 마음으로 느낄 수 있는지 생각해 보자. 한 수업은 교과서에 제시된 글을 읽고 학습지로 정리한다. 다른 수업은 공원에 홀로 남은 유기견의 사진을 보고, 버려진 유기견의 속마음을 몸으로 표현해 본다. 학생들은 어떤 수업에서 생명의 소중함을 느낄까? 세상의 가치를 생각하게 하고, 그것을 내면화하도록 가르치는 것은 수업의 중요한 역할이다. 도덕 교과서에서 많은 덕목과 가치들을 배우지만 학생들의 마음에 스며들어 행동으로 발현되지는 못한다. 학생들은 도덕수업을 '뻔한 것을 지루하게 말하는 시간' 정도로 생각한다. 교과서의 내용이나 가르치는 방법들을 보면 구태의연한 면이 없는 것도 아니다. 이런 가치들은 갈등 장면을 만들고 다른 사람이 되어보는 교육연극으로 배우는 것이 더 의미있을 것이다.

우리나라는 가치를 가르치는 데 실패하고 있다. 초등학생보다 학교를 오래 다닌 중·고등학생들의 취약한 공공성이 그 반증이다. 심지어 최고의 학벌을 지닌 지도자들의 결여된 도덕성과 부실한 리더십은 더욱 확실한 반증이다. 가치조차도 지식과 시험의 대상으로 가르치고 있지는 않은 지 반문해 보아야 한다. 가치가 학생들의 품성으로 내면화되려면 어떤 고민이 필요할까?

실험성(도전)

교육연극수업은 공연처럼 배역과 대본을 미리 준비하지 않는다. 수업지도안은 있지만 어떤 학생이 어떤 대답을 할지, 어떤 역할을 할지 스토리를 미리 고정하거나 예측할 수 없다는 점에서 실험적이다. 예를 들어, 내가 겪은 행복한 순간, 고마운 순간, 슬픈 순간을 표현하는 수업에서 교사는 학생들이 어떤 장면을 표현할지 미리 알 수가 없다. 동일한 주제로 수업을 해도 학급마다 학생들이 만드는 이야기는 천지 차이이다.

지금까지 '좋은 수업'이라는 것은 교사가 계획한 대로 성실하게 수행되고, 학생들은 그 범주 안에서 열심히 활동하는 수업을 일컬어 왔다. 이런 관점에서 본다면 교육연극수업은 그야말로 실험적이다. 위험도가 높다. 학생들의 표현을 예측할 수 없고, 피드백을 미리 준비할 수도 없기 때문이다. 그러나 교사가 수업의 큰 방향을 잃지만 않는다면 학생들이 엉뚱하거나 예상하지 못한 장면을 만들더라도 큰 문제가 되지는 않는다. 오히려 예기치 못한 학생들의 상상력이 수업을 더 깊게 할 수도 있다. 예를 들어, 편견을 주제로 한 수업에서, 교사는 성역할, 직업, 빈부차에 따른 편견을 예상하고 수업을 준비했는데 정작 아이들은 '산타는 왜 항상 백인인가요?'라는 인종에 대한 편견을 장면으로 만드는 식이다. 교사가 생각하지 못한 새로운 관점을 아이들의 입을 통해 들을 수도 있다.

다만 실험적이라고 하여 수업 준비를 허투루 해도 된다는 것은 절대 아니다. 학생들의 반응이 럭비공처럼 어디로 튈지 알 수 없으므로 오히려 학생들의 반응을 다양하게 미리 예측하는 세밀함이 필요하다. 교사는 수업의 흐름을 더 '탄탄하게' 준비하되 수업의 실제에서는 열려 있어야 한다.

즉흥성(개방)

즉흥극을 처음 할 때 꼭 종이와 연필을 꺼내어 메모를 하겠다는 학생이 있다. 이런 학생들은 대체로 성향이 꼼꼼하고 시스템적으로 학습해 온 아이들이다. 대부분 메모도 하지 않고, 만든 장면의 완성도도 낮은데다 연습할 시간도 충분하지 않다보니 이 학생들은 발표할 때 뭔가 성에 차지 않는 표정을 짓기도 한다. 정형화된 수업에 익숙해진 아이들은 즉흥적이고 실험적인 수업에서 오히려 불안을 느낄 수 있다. 대체로 이런 학생들은 새로운 상황에 적응하거나 문제를 해결하는 데 상대적으로 서투르다.

학생들의 문제해결력을 키우기 위해 하브루타, 비주얼씽킹, 토의토론, 프로젝트, 스마트폰 활용 등 여러 유형의 수업이 유행했지만 교실 수업이 크게 바뀐 것 같지는 않다. 학생들이 학교에서 경험하는 수업의 틀은 여전히 고정되고 정형화되어 있다. 학생들은 수동적으로 주어진 과제를 해결하며 정답을 찾는 것을 수업의 중요한 과업으로 여기고 있다. 이것은 마치 농부가 밭에 딸기를 심을까, 상추를 심을까, 고민은 하지만 밭의 토양의 질은 전혀 고민하지 않는 것과 같다. 지금은 토양의 질을 화학비료가 아닌 거름과 퇴비로 단단하게 굳힐 때이다.

저자는 교육연극이 학교 수업에 필요한 이유 중 하나로 즉흥성(개방성)을 꼽는다. 교육연극수업은 즉흥적인 창작이 많은 수업이다. 교사가 학생의 반응을 미리 예측할 수 없듯, 학생도 무슨 일이 일어날지, 무엇을 표현할지 미리 계획할 수 없다. 교사와 학생은 즉흥적인 상황 속에서 허구 속 인물이 되기도 하고, 장면 속에서 다양한 선택을 해야 할 수도 있다. 정답 찾기에 익숙한 아이들, 주어진 과업을 성실하게만 해결하는 아이들에게 교육연극 수업은 처음에는 버거울 수밖에 없다. 이 버거움은 열린 수업형태를 자주 경험해 봄으로써 극복될 수 있다. 처음에 어색해하던 아이들도 교육연극수업을 3회기 정도 해 보면 자신감도 생기고 표정에도 여유가 생긴다. 상상하고 표현하는 것도 배우는 과정이 필요하고 연습이 필요하다. 아이들에게 더 많은 기회가 필요한 이유이다. 즉흥극을 5~7분 만에 만들어 내는 것은 아이들의 숨은 창의성과 순발력이다. 교육연극수업은 이를 발현시키는 장이다.

의도성(학습)

교육연극으로 하는 수업에서 학습적 요소는 중요한 지점이다. 교육연극수업이 레크리에이션과 구별되는 부분이기도 하다. 감각적인 '재미'와 '즐거움'만으로는 수업의 기능을 다할 수 없다. 학생들이 학교에서 맛보아야 하는 즐거움은 배움과 성장하는 과정에 녹아있어야 한다. 이는 감각적인 즐거움만으로는 충족되지 않는다. 다양한 수업과 단단한 가르침이 학생들을 수업에 몰입시킬 수 있다. 새로운 것에 호기심을 갖고, 배워가는 성취감을 느끼게 하는 것이 수업이라면, 그 배움의 과정을 딱딱한 지식과 학습지가 아닌 표현과 예술로 접근해야 한다.

교육연극수업은 학습을 의도한다. 앎으로서의 역할이기도 하다. 여기서 앎으로서의 역할은 지식을 암기하고 정량적인 평가를 하는 그런 앎은 아니다. 배움의 영역을 학생들의 삶 전체로 넓혀서 바라보는 것을 의미한다. 새롭게 알게 되는 지식과 경험,

호기심, 태도, 감정, 의사소통 역량까지를 포괄한다. 배움의 대상을 교과서에 한정하지만 않는다면 교과서에 있는 내용을 모두 다 가르칠 필요도 없다. 배움의 방식 역시 관행적으로 해 오던 이전의 수업 대신 새로운 시도를 해 볼 수 있다. 교육연극수업의 학습적 연결은 교사가 어떤 의도로 그 수업을 구상하느냐에 좌우되며, 그래서 교육연극의 교육관(pedagogy)이 가장 중요한 요소이다. 교육연극을 통한 수업과 학습의 연결이 아직은 우리에게 낯설고 생소하지만, 길게 보고 가야 할 길이다.

문화예술교육을 특색사업으로 내세우는 학교들이 많다. 오케스트라와 뮤지컬, 연극, 국악 등 다양한 영역에서 많은 예산을 들여서 한다. 그런데 이런 활동들을 학습으로 연결하기보다는 공연을 목적으로 한 소수 학생의 기능심화 또는 외부 전문강사들에 의해 단시간에 습득하는 '기능 배우기'가 되는 것에 머무는 경우가 많다. 예를 들면, 뮤지컬을 특색사업으로 하는 학교는 그 내용을 구성함에 있어, 각 학년의 교육과정과 연계하여 뮤지컬의 대본을 구성해야 한다. 그러니 학년마다 주제와 단계가 달라야 한다. 그런데 단시간에 뮤지컬을 배워서 발표를 하는 것을 목적으로 할 경우, 서둘러서 뮤지컬 대본을 외우고, 노래를 연습하게 된다. 예술교육이 아니라 또 다른 기능교육이 되는 것이다. 예술교육은 단순한 '기능 습득'이 아니라, 학습의 과정에서 음미하고 심취하는 절대적 시간을 필요로 한다.

예술성(표현)

교육연극을 수업으로 실행할 때 예술성은 중요한 요소이면서도 자칫 놓치기 쉬운 부분이다. 일반 수업에서는 표현할 수 없는 내면의 감정과 생각을 예술적 감수성으로 살려내는 것이 교육연극수업의 백미라고 할 수 있다. 교육연극수업의 예술성은 학생들로 하여금 다양한 장면을 창작하게 하고, 갈등 상황을 섬세하게 이어가고, 몸과 말로 표현하도록 자극하는 데 있다. 다만 예술성을 표현하는 측면에서 수업은 공연과는 근본적으로 결이 다른 부분이 있다. 공연은 관객의 관점에서 완성도가 높은 연출이 예술성을 담보하지만, 드라마 수업에서는 그 순간에 학생들의 진심을 연극적으로 표현하는 것이 예술성의 핵심이다. 따라서 소품이나 조명, 의상, 분장 등이 공연에서는 중요한 요소이지만 수업에서는 그러한 요소들의 사용이 오히려 학생들의 표현에 방해가 될 수 있다.

아래 사진은 교육연극 워크숍[3]에서, 학원에 가는 두 학생을 표현한 장면인데 학생들의 팔 동작을 자세히 보길 바란다. 공연이었다면, 두 배우는 가방을 실제로 등에 메고 대사를 했을 것이다. 그런데 교육연극수업 시간에는 되도록 학생들의 소품 사용을 자제한다. '소품 없이 몸으로 표현'하도록 궁리하고 대사로 말하는 것이 예술성을 극대화하기 때문이다. 그래서 이 장면에서 두 명의 배우는 주먹으로 가방끈을 잡은 몸짓으로 가방을 메고 있다는 것을 표현하였다. 이런 몸동작은 관객들로 하여금 두 배우가 가방을 멘 것으로 상상하게 한다. 소품이 상황에 맞게 '적절하게' 사용되지 않을 경우, 오히려 수업을 산만하게 하고 학생들의 집중을 방해하는 경우도 있기에 수업자는 소품 사용을 허용할지 말지를 신중하게 선택해야 한다.

그림 3-2 상황을 소품대신 몸으로 표현하기

③ 교육연극, 어떻게 수업으로 설계할까?

여기서는 교육연극을 어떻게 수업으로 설계해 낼 것인지에 초점을 둔다. 저자가 '수업설계'라고 말하는 데는 이유가 있다. 교육연극 학계에서는 프로그램의 형식이 과정드라마인지 스토리드라마인지 포럼연극인지 구분하는 것이 중요하겠지만, 현장수업에서는 특정한 하나의 형식에 의지하지는 않는다. 과정드라마처럼 극적인 "어느

---

3 성남교육지원청과 성남문화재단이 주관하는 성남 교과연계 교육연극워크숍(2024.2.26.).

곳"을 생성하지⁴는 못하지만 일련의 활동을 구성하여 수업으로 발전시킨다. 스토리 드라마처럼 그림책을 사용하기는 하나 필요한 일부만을 사용하기도 하므로 온전한 스토리드라마라고 명명할 수도 없다. 그래서 교육연극 학계에서 말하는 특정한 양식과 종류가 아닌 '수업을 위한 설계'로 하였다. 포괄적으로 말하면 드라마수업설계라는 용어가 가장 가깝다고 하겠다.

수업설계라고 하면 예술교육가들에게는 낯설게 느껴질 수도 있지만 걱정하지 않아도 된다. 왜냐하면 특정한 교육학 이론에 근거해서 형식적인 틀로 수업을 설계하는 것이 아니라 연출가가 무대공연을 기획하는 것과 유사하기 때문이다. 그 절차와 형식은 다르지만 수업 역시 '나만의 작품'이라는 점에서 유사하다. 다만 수업은 공연처럼 반복적으로 연습할 수 없고 현장성에 크게 의존한다는 데 차이가 있다. 공연이 미리 준비한 것을 시연하며 관객과 만나는 작품이라면 교육연극 수업은 현장에서 아이들과 만나 직접 상상하고 만들어 가며 완성해 가는 작품이라고 할 수 있다.

> 어떻게 하면 더 많은 학생들이 일상의 수업안에서 교육연극을 경험할 수 있을까?
> 연극에 특별한 재능이 없는 교사와 학생은 어떻게 교육연극을 만날 수 있을까?

연극공연을 준비할 때 기획자, 연출가, 배우들이 완성도 높은 작품을 공연하기 위해 서로의 아이디어를 조율하고 합의해 가는 과정은 치열하다. 최종 완성된 작품으로 배우들은 관객 앞에 선다. 그렇다면 교육연극수업의 준비 과정은 어떨까? 교육연극으로 하는 수업은 정해진 대본으로 배우가 연습하는 것은 아니지만 그렇다고 수업 자체가 완전히 즉흥으로 이루어지는 것은 아니다. 공연에서 대본이 텍스트가 되듯이 수업에서는 학습주제가 텍스트이다.

교육연극으로 하는 수업은 학습주제를 연극의 극적 체험에 담아내기 때문에 일반 수업과는 다른 관점이 필요하다. 일반수업처럼 하면 예술성이 없는 평범한 수업이 되고, 공연처럼 연출을 강조하면 수업 본연의 모습을 잃을 수 있다. 그래서 교육연극 수업은 두 축을 모두 잡고 가야 한다.

예술성과 수업을 모두 살리기 위해 교사와 예술교육가가 협력수업을 하는 경우도 있다. 이 때, 교사들은 수업설계가 익숙하지만 연극적 체험을 구상하는 것을 어려워하고, 연극을 전공한 예술교육가들은 수업으로 재구성하는 것을 어려워한다. 두 영

---

4 세실리 오닐(2021). **드라마 세계.** (송혜숙 조경향 옮김) 연극과 인간, p.49.

역은 각자 본연의 특성이 있기에 양쪽 모두를 능숙하게 하는 데는 시간이 걸린다. 교사와 예술교육가가 서로의 장점을 살리고 보완하여 협력수업으로 하는 것이 가장 시너지 효과가 좋다. 하지만 현실적으로 협력수업이 여의치 않다면 교사든 예술강사든 혼자서도 교육연극수업을 설계할 수 있어야겠다.

교육연극으로 수업설계를 하기 전에 해야 할 일이 있다. 기존에 성실하게 따르던 수업안 양식이나 틀은 고이 접어두고, 제로 베이스(zero base)에서 수업설계를 고민하는 것이다. 아는 것이 도움이 될 수도 있지만 기존의 관행이 방해요인이 되어 새로운 발상을 저해하기도 한다. 기존 수업처럼 수업을 모듈화하고, 단계를 형식화하는 것에서 벗어나야 한다. 마찬가지로, 연극공연처럼 하려고 애를 쓰면 수업의 창의성보다 연극 흉내내기가 된다. 모든 수업에 동일하게 효과적인 수업모형은 없다. 교육연극수업도 마찬가지다. 흔히 교육연극 수업모형이나 절차라고 일컬어지는 것들에게도 크게 의지할 이유 없이 하나의 도구(tool)로 참고만 하면 된다.

3장에서 제시하는 수업설계는 연극관습 차원의 설계가 아니다. 이것은 교육연극으로 수업의 뼈대를 잡아가는 토대로서의 설계이다. 이러한 설계는 기존의 형식화된 단계에 내용을 끼워 맞추는 것이 아니라, 학생들의 현재 상황과 필요(needs)에서 출발하는 것이어야 한다. 그러므로 형식적 흐름이 아닌 내용의 흐름에 주안점을 두어 다음의 단계들을 살펴보기 바란다.

1단계: 수업설계- 수업 컨덕터(Conductor)가 되라!

오케스트라 연주회에서 보여지는 지휘자의 몰입과 섬세함, 카리스마와 리더십은 탁월하다. 전체와 부분을 살려 완성도 높은 음악으로 승화해 내는 것이 지휘자의 역량이다. 지휘자의 모습을 보면서 저자는 수업을 하는 교사도 저런 '컨덕터'가 되면 좋겠다고 생각했다. 지휘자라는 용어를 그대로 가져와서 사용하면 음악과 관련한 고정된 이미지가 있어 지휘자의 역할을 의미하는 '컨덕터'라는 영어 발음으로 칭한다. 독자 중에 대체할 만한 낱말을 추천해 주면 좋겠다. 컨덕터의 역할은 단순히 안내하고 촉진하는 것에 머물지 않는다. 음악에서 컨덕터는 연주 전에 연주의 완성된 큰 그림을 설계하고, 각 악기의 존재감을 살리면서, 어느 소리 하나 소외되지 않게, 전체의 조화를 만들어 내는 리더이다. 이를 수업에 견주어보자면, 억압적이지도 않고, 방임적이지도 않은 부드러운 카리스마를 가진 교사가 학생들의 숨은 잠재력을 세상 밖으로 발현시키는 수업리더의 역할을 해나가는 것이다.

교과서대로 수업을 하는 경우, 우리는 수업의 목적이나 수업자의 의도를 고민할 필요가 없다. 교과서에는 가르칠 내용이 제시되어 있고, 성취기준도 있으며, 교과서 내용에 맞는 온라인 자료와 학습지까지도 준비되어 있다. 가장 편한 수업은 교과서대로 가르치는 수업이다. 가장 안전한 수업이기도 하다. 교육연극수업은 그런 안전한 수업에 대한 일종의 반란이다. 안전한 수업에 의문을 제기하고 실험적인 방식으로 접근한다.

컨덕터로서 교사는 반드시 스스로 질문해보아야 한다. 이 수업은 학생들에게 어떤 가르침을 줄 수 있는지, 학생들은 왜 배워야 하는지, 어떻게 재구성할지 궁리해보는 것이 수업설계의 첫 단계이다. '왜 교육연극으로 수업하려고 하는가?'를 자문해보아야 한다. '학생들이 좀 더 공감하는 수업을 위해?, 우리의 삶의 문제와 연결시키기 위해?, 좀 더 실천하는 자세를 갖도록 하기 위해?, 좀 더 느껴 볼 수 있게 하기 위해?' 등등의 이유를 같이 고민해 보자.

2단계: 교과안에서 교육연극 주제를 찾아라!

1) 옥이 되는 수업주제를 찾아서

교육연극수업을 설계할 때 주객이 전도되는 경우가 있는데, 수업의 중심을 전적으로 교육연극의 형식에 두는 경우가 그렇다. 수업주제를 고민하기보다 과정드라마, 포럼연극, 플레이백시어터 등과 같은 연극형식에 방점을 두면 수업이 억지스럽거나 공허해지기 쉽다. 만약 수업자가 학년별 교육과정에 대한 이해도가 매우 높고 학습주제를 선정한 이후, 교육연극의 형식에 관심을 두는 것이라면 몰라도 학생과 교육과정에 대한 이해가 부족한 상태에서 본인이 선호하는 교육연극 형식에 비중을 두기 시작하면 형식에 내용을 끼워 맞추는 어색한 만남이 되기 쉽다.

교육연극과 연계하는 교과로는 국어, 도덕, 사회, 역사수업이 많고, 같은 주제라도 학년별로 심화되거나 반복되는 경우도 많다. 예를 들면, 학교폭력이나 시민교육 같은 주제는 초등학교 3학년부터 중학교까지 모두 다룰 수 있는 주제들이다. 〈표 3-1〉에서 초등학교 3~6학년 교육과정에서 교육연극으로 수업할 만한 대주제들을 정리해 보았다. 이 주제들은 학년이 올라갈수록 세분화되고 심화되는 경향이 있으므로 여러 학년에서 시도해 볼 수 있다.

표 3-1 교과와 연계한 교육연극 수업주제 예시

구분	수업주제
국어	인물 이해, 감각적 표현, 온책읽기(문학작품), 감정 표현, 속담과 관용표현, 언어생활, 의사소통
도덕	자기이해, 정직, 공감, 성찰, 공정, 배려, 가족, 공동체, 용기, 차별과 편견, 우정, 연대, 정서, 사이버 에티켓, 관계, 학교폭력
사회	인권, 역사, 시민교육, 통일, 난민, 다문화, 세계평화, 전쟁, 인류
과학	생명(동물과 식물), 기후변화, 환경, 반려동물
예술	움직임, 창작, 예술성, 연출, 오감, 신체 표현, 색상
보건	사춘기, 성감수성, 성교육, 경계와 동의
미술	작품감상

최근들어 학생들의 정서적 공감능력이 해마다 부족해지고 있음을 피부로 느낀다. 이런 현상은 교육연극수업에서도 나타난다. 최근까지 6학년 학생들은 교육연극 수업에서 '나의 진로'나 '고민 상담', '사춘기' 같은 주제들에 관심이 높았다. 평소에 이야기하지 못했던 친구와의 갈등, 이성에 대한 관심, 부모님과의 갈등 등을 즉흥극으로 표현하거나 솔직하게 이야기했는데 코로나로 인한 단절의 시간을 겪은 후, 이런 주제를 대하는 학생들의 반응에 냉소적인 태도가 묻어난다. '저는 고민 없는데요', '친구한테 관심 없는데요'라는 말들이 쏟아진다. 이런 학생들의 반응에 경력 10년차 예술강사도 당황하였다. 교육연극수업의 주제도 학생들의 문화에 따라 달라져야 하겠지만 관계성이 약화되는 학생들을 보면, 교육연극의 필요성이 더 크게 느껴지게 된다. 그 간극을 교육연극으로 메꾸어 가면 좋겠다.

| 학생들이 함께 생각해 봐야 하는 수업주제 선정하기

교육연극수업은 학생들이 공감할 수 있는 주제에서 출발하는 것이 우선이지만, 수업주제를 선정할 때는 분명한 기준이 필요하다. 늘 학생의 현재 수준과 흥미에만 초점을 맞추어야 하는 것은 아니다. 학생들의 현재 관심사와 수준을 바르게 진단하는 것에서 출발하지만, 거기에 머무르기만 한다면 새로운 주제를 만나기가 힘들다. 학생들의 관심이 세상과 타인의 삶으로 확장될 수 있도록 새로운 상황을 제시하고, 그 속에서 고민하고 연극적인 방법으로 표현하게 하는 것으로 주제가 발전되어야 한다.

이해를 돕고자 교육연극수업으로 실천한 수업주제들을 예로 든다. 이 수업들은 성남에서 하는 교육연극사업에서 프로젝트형으로 운영했던 주제들이다.

표 3-2 학년별 교육연극수업 주제 사례

학년	수업주제	연계 교과	학습내용
3	마음 헤아리기	• 도덕: 나와 너,우리함께 • 국어:작품 속 인물이 되어	* 친구의 움직임 따라하기 * 이야기 장면 상상하기 * 내가 원하는 나의 모습 만들기
3	상상하기	• 국어: 감동을 나타내요	* 사물을 몸으로 표현 * 동시의 장면을 극으로 만들기 * 뒷이야기 상상하여 이야기 만들기
3	열 살 지구시민이 바꿉니다	• 국어: 독서단원	* 니모를 찾아서 * 고통받는 바다생물/바다생물을 위협하는 쓰레기 * 바다생물 구조대
3	동시를 연극으로	• 국어: 문학의 향기 • 도덕: 사랑이 가득한 우리집	* 흉내내는 말 몸으로 표현하기 * 동시를 마임으로 * 우정을 느낀 장면 표현하기
4	다양성	• 사회: 사회변화와 문화 다양성 • 국어: 이야기 속 세상 • 도덕: 함께 꿈꾸는 무지개 세상	* 차별이 발생하는 상황과 맥락 찾기 * 내 삶과 연계하여 연극으로 표현
4	다양한 상황	• 국어: 이야기 속 세상 • 도덕: 하나되는 우리 • 사회: 다양한 문화	* 이야기속 차별 상황 타블로 * 다양한 관점: 오브제 변형놀이 * 전학 온 친구의 고민해결사가 되어
4	나를 찾아 떠나는 여행	• 국어: 독서단원	* 이야기 인물의 속마음 말하기 * 나의 기분 표현하기 * 내가 소중할 때
5	내 삶의 용기	• 국어: 연극 단원 • 사회: 옛사람들의 삶과 문화	* 임진왜란 과정 * 우리에게 용기가 필요한 순간
5	5학년5반	• 국어: 독서단원과 연극단원	* 가상의 인물되어보기 * 소설 인물이 되어보기 * 미래의 '나' 만나기
5	역사 속 인물	• 국어: 독서단원 • 사회: 조선후기와 일제강점기	* 『백범일지』 속 인물이 되어 * 내가 조선 후기 백성이라면 * 역사적 사건 연속장면으로 만들기

5	표현하는 거울	• 국어: 연극단원 • 사회: 일제강점기	* 을사늑약 한 장면 느껴보기 * 일제강점기의 우리이웃들 * 독립군들의 모습
6	세상 속으로	• 사회: 통일한국의 미래와 지구촌의 평화 • 도덕: 우리가 꿈꾸는 통일 한국 • 국어: 작품으로 경험하기단	* 전쟁,환경,기아,불평등,통일한국을 극적 체험으로 느껴보기
6	책 속으로	• 국어: 온책읽기	* 『꼴뚜기』 동화를 읽고 따돌림, 거짓말, 연애에 대한 생각 표현하기
6	나를 찾아가는 여행	• 국어: 독서단원 • 도덕: 나를 돌아보는 생활	* 내가 좌절할 때 * 내가 갖고 있는 편견 * 나의 갈등

위의 수업들은 초등학교에서 운영한 수업들로, 주제마다 약 5~6회기(회기당 2차시)이므로 시수로 보면 10차시~12차시로 운영한 프로젝트 수업들이다. 독자들의 이해를 돕고자 2024년에 교육연극수업의 주제 선정을 위한 저자와 교사들의 협의 과정을 소개한다.

5학년 사회과에 나오는 인권은 중요하지만 민감하기도 하고 어려운 주제이다. 그래서 인권의 문제를 교과서 내용보다는 5학년 학생들의 생활사를 진단하는 것에서부터 시작하였다. 협의 과정에서 드러난 5학년 학생들의 자존감, 성향, 관심사, 가치관, 교우관계 등의 키워드를 중심으로 '인권'이라는 대주제의 방향을 정하였다.

그림 3-3 수업주제 선정을 위한 협의사례

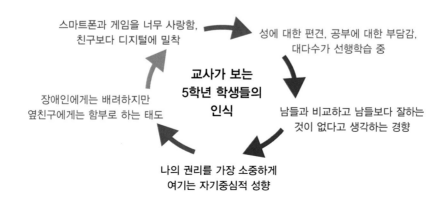

학년의 주요 학습 내용과 교사들이 바라보는 학생들의 특성을 종합하여 6회기 정도(12차시)의 프로젝트 수업으로 구성하였다. 회기별 주제는 다음과 같다. 수업의 주제와 흐름은 진행 과정에서 지속적으로 수정 보완해 나갔다.

회기	수업주제	중심 내용
1	연극놀이	몸으로 놀고 표현하기
2	예절-에티켓	내 친구들은 나와 모둠활동을 하고 싶어할까?
3	이해(세대차이)	엄마 아빠의 12살 시절 상상하기
4	동물권	인권을 넘어 동물권 생각하기
5	편견 넘어서기	우리가 갖고 있는 편견 살펴보기
6	지구촌 아이들	지구촌의 12살 아이들의 인권

2) 수업의 버팀목, 그 뼈대 세우기

수업을 설계하는 것은 집을 짓는 이치와 같다. 취향에 맞는 집을 구상하였다면, 다음은 구상한 집을 최대한 현실성을 고려하여 실제로 만드는 작업이 필요하다. 집은 디자인만큼 안전하고 내구성 좋은 건축구조가 핵심이다. 수업구조도 마찬가지이다. 수업에 사용할 매체나 PPT보다 더 중요한 것은 수업의 근간이 되는 뼈대이다. 수업의 뼈대는 연극에서 말하는 플롯(시퀀스)에 해당한다. 수업을 이끌어가는 주요 흐름과 단계라고 생각하면 된다. 학생들은 교사가 원하는 만큼 수업에 동기를 갖고 있지 않기 때문에 수업안으로 서서히 몰입하게 해야 한다. 이런 현실 상황을 냉정하게 인식해야 실망과 상처를 덜 받는다.

예를 들면, 〈용기〉라는 주제로 교육연극수업을 하기로 정했다면, 그 다음은 어떻게 학생들을 '용기' 안으로 몰입시킬 것인지 고민해야 한다. 학생들이 '용기'라는 용어에 관심을 갖고 깊이있는 생각을 할 수 있도록 다음과 같이 3단계의 뼈대를 세웠다.

1. 내가 비닐장갑이라면? 그림책 『용기를 내 비닐장갑』
2. 〈어떻게 용기를 내지?〉 즉흥극 만들기
3. 나에게 필요한 용기는?

수업의 주제를 정하는 것이 디딤돌이라면, 수업의 뼈대를 잡는 것은 수업을 지탱해 나가는 버팀목을 세우는 작업이다. 수업의 뼈대를 세울 때, 함께 고민해야 하는 것이 학생들을 궁금하게 만드는 핵심질문이다.

| '핵심질문'으로 학생을 궁금하게 만들기[5]

여기서 말하는 핵심질문이란, 학생들이 아는지 모르는지 판단하는 평가용 질문이 아니다. 예를 들면, 인권의 뜻을 설명할 수 있는가? 3·1운동의 원인과 배경을 아는가? 이런 질문은 저자가 말하는 핵심질문이 아님을 미리 강조하여 밝혀 둔다. 이러한 질문들은 학습결과를 확인하기 위한 평가적 물음들이다. 저자가 말하는 '핵심질문'이란 수업을 관통하는 '궁금함을 주는 물음'이다. 학생들의 호기심을 자극하는 학습의 단초이다. 수업의 출발점으로, 학생들이 '생각하고 고민해야 할' 문제이다.

학교 현장에서 지금까지의 교수법을 돌이켜보면, 수업하기 전에 학생들이 달성해야 할 학습목표를 제시하라는 시기도 있었고, 학습목표가 아닌 학습문제 형식으로 제시하라는 시기도 있었다. 어떤 시기는 학습문제가 아니라 배움문제라고 하라고도 했다. 외국 교육학 이론과 정책에 따라 진술의 형태를 바꾸었지만, 크게 달라진 것은 없다. 수업이 달라지지 않았다고 말하는 근거는, 학습목표든 학습문제든 배움문제이든 어떤 진술방식에도 학생들의 수업몰입과 반응은 나아지지 않았기 때문이다. 학생들의 수업태도를 보면 교사들은 오히려 점점 수업하기 힘든 상황이 되어간다. 그러나 학생들의 태도를 탓하기 전에 교수 과정의 메카니즘을 성찰하자고 조심스레 제안해 본다. 학습문제든 배움문제든, 그 내용을 자세히 보면 여전히 교수적 관점에서 기술한 학습목표와 다를 바가 없다. 이제는 우리가 이런 관습적인 수업문화에 의문을 제기하고 일탈을 꿈꿔야 할 때다. 수업의 변화를 원한다면 수업의 본질에 다가가 그 문제들을 들여다봐야 한다. 수업의 변화는 정책으로 시작하는 것이 아니라, '내가 하는 수업'에서 시도해야 하는 전문적이고 섬세한 영역이다.

수업에서 가장 심각한 문제는 학생들이 배우는 것에 흥미와 탐구심이 없다는 것이다. 배우는 것에 지치고, 새로운 것에 호기심이 없다면 그 어떤 수업도 생명력을 가질 수 없다. 어떻게 하면 학생들이 배움의 과정에 관심과 탐구심을 가지게 할지 고민한 끝에 '핵심질문'이라는 것을 고안하게 되었다. 교육연극수업을 중심으로 예시를 들어보려고 한다.

---

5 '핵심질문'에 대한 자세한 이해는, 권경희(2021). **수업의 모든 것, 수업을 탐하다.** pp. 195~207 을 참고하기 바란다.

예시 1 4학년 과학: 기후위기

> ✏ 학습문제: 에너지 절약의 필요성을 알고 생활 속에서 실천할 수 있는 방법을 알아보자
>
> ↓
>
> ✏ 핵심질문: 우리동네가 갑자기 깜깜해진다면?

공개수업에서 흔히 볼 수 있는 학습문제이다. 이 학습문제를 읽고 수업이 궁금해지는 학생 드물 것이다. 학생들은 이미 정답을 알고 있다. 학습지나 수행평가에서 충분히 숙달되었다. 어떤 대답을 써야 높은 점수를 받는지도 안다. 이런 관점에서 수업을 설계하면, 설상 교육연극으로 수업한다 해도 호기심과 상상력을 불러일으키기는 힘들다. 이미 교사가 원하는 답이 뻔하게 보이기 때문이다. 그래서 에너지 문제를 학생들이 궁금해할, '우리 동네가 갑자기 깜깜해진다면?'이라는 물음으로 바꾸었다. 수업의 관점이 달라지는 출발이다. 에너지의 문제가 타인의 문제가 아니라 '내가 사는 문제'로 초점이 바뀐 것이다. 핵심질문이 추구하는 것은 이처럼 학습의 출발선에 학생을 주체적인 입장으로 서게 하는 것이다.

예시 2 5학년 사회: 인권 침해

> ✏ 학습문제: 사이버상의 인권침해 사례를 알고 극복할 수 있는 방안을 토의해 보자.
>
> ↓
>
> ✏ 핵심질문: 내가 바라는 사이버 세상은?

위의 학습문제는 이미 우리가 사이버상에서 인권을 침해당하고 있다는 부정적 시선에서 시작한다. 학습문제는 긍정적인 시각에서 제시되는 것이 좋다. 우리가 학습을 하는 이유는 더 나은 삶과 더 나은 세상을 만들기 위한 것이다. 인권침해 사례를 즉흥극으로 만들기보다는 어떻게 하면 내가 사이버상에서 다른 사람의 인권을 침해하지 않을지를 생각하게 해야 한다. 결국 사이버 세상도 우리가 만드는 것이고, 그 책임도 우리에게 있다는 것을 느껴보게 하는 것이 중요하다. 타인으로부터 늘 피해를 받는다는 피해의식을 굳이 심어줄 이유는 없다. 타인을 잠재적 가해자로 인식시키는 것은 비교육적이기도 하다.

최근에 이슈가 되는 학교폭력교육이나 성인지 감수성 교육을 보면 침해 사례와 신고 방법을 중심으로 학습하는 경향이 있다. 내 행동을 성찰하게 하지 않고 타인을 잠재적인 가해자로 인식하고, 모든 문제의 해결방법을 신고라고 생각한다면 세상은 나아지지 않을 것이다. 오히려 지금보다 더 많은 법정 소송만 증가할 것이다.

이 세상은 싫든 좋든 함께 공존하는 사회라는 것을 느끼게 해야 한다. 우리를 불편하게 하는 사이버상의 문제점을 어떻게 하면 사이버 에티켓으로 바꾸어 갈지 고민하는 수업이 훨씬 건강한 배움이 될 것이다. 수업의 질문이 '내가 바라는 사이버 세상'이라면 학생들은 조금 더 주인의식을 갖고 다가오지 않을까?

예시 3   6학년 사회: 지구촌 갈등(난민)

> ✎ 학습문제: 난민문제의 원인과 해결 방안을 다양하게 찾아보자.
>
> ↓
>
> ✎ 핵심질문: 내가 난민이 된다면?

6학년 사회교과서는 내용이 참 많고 어렵다. 나라를 유지하는 정부조직과 법의 역할에서부터 한국 근·현대사, 지구촌 갈등까지도 다루고 있다. 제대로 가르치려면 부담스럽고 무거운 주제들이다. 말을 조심하게 만드는 대목들도 있다. 특히 '난민문제'은 현재 세계가 안고 있는 딜레마 중의 하나이다. 세계적으로 발생하는 난민 증가는 학습지 한 장으로 끝나는 문제가 아니다. 당장 난민들이 제주도에 왔다고 생각해 보라. 단순히 인도주의적인 입장에서만 판단할 수 있는 문제일까? 그런데 교과서에는 아주 객관적이고 원칙적인 입장에서 정보를 제공하고만 있다. 교과서대로 수업한다면 학생들은 이 문제를 깊이 생각하기 어렵다. 늘 그렇듯 캠페인 하기, SNS로 홍보하기, 영상 만들기, 구호 만들기 등으로 해결방안을 찾을 것이다.

이런 학습문제는 학생들로 하여금 형식적인 해결방안을 서둘러 찾게 하고 지구적 문제에 공감할 수 없게 한다. 학생들에게 한 번이라도 '난민의 문제'를 생각하게 하는 것이 수업의 방향이 되어야 한다. 핵심질문을 '내가 난민이 된다면?'으로 했을 때 비로소 그 문제는 나의 문제로 다가온다. 이런 절실함을 교육연극으로 표현하게 하자. 나의 문제가 되면 사안에 대해 더 신중하고 깊게 생각한다. 해결방안이 쉽게 나오지 않는 문제가 있다는 것을 아는 것도 중요한 공부다.

3단계 수업에 예술성을 더하라!

　일반교과수업과 달리 교육연극수업은 통합예술적으로 설계하고 운영할 수 있다는 것이 큰 장점이다. 공간활용도 자유롭고, 연극적인 관습으로 배움의 깊이를 달리 할 수 있다는 점에서 선택의 폭이 상대적으로 넓다. 그런데 모든 극적 체험이 수업에서 적절한지 성찰해 볼 필요가 있다.

　극적 체험이 학생들을 산만하게 만드는 것이 아니라 수업의 예술성에 긍정적으로 기여하기 위해서는 몇 가지 주의할 점이 있다.

　첫째, 극적 체험은 학생들의 수업몰입을 강화하는 데 도움이 되어야 한다. 극적체험은 교사나 예술교육가에 의해 상황극으로 제시될 수도 있고, 학생들이 스스로 만들어내기도 한다. 어떤 종류의 극적체험이든 새로운 장면을 제시하여 내적 갈등을 깊게 하거나 사유의 세계를 넓게 해 주는 것이어야 한다. 수업 도입에 보여주는 상황극이라면 학생들에게 관심과 호기심을 불러일으킬 수 있어야 하고, 수업 중간에 학생들이 창작하는 즉흥극이라면 수업을 심화하는 역할을 할 수 있어야 한다. 단지 학생들이 재미있게 표현하고, 자유롭게 공간을 누빈다고 하여 좋은 극적 체험이 되는 것은 아니다.

　둘째, 극적 체험은 수업의 주제와 맥락을 같이 해야 한다. 때때로 독특하고 화려한 '극적 체험'을 설계하려고 애를 쓴 나머지 수업 주제에서 멀리 벗어나는 경우가 있다. 맥락 없는 환타지 장면이나 황당한 범죄 장면을 극적 체험으로 설계하는 경우, 학생들의 흥미는 끌 수 있지만 수업활동으로는 적합성이 떨어진다. 그런 유형의 흥미는 수업을 심화시키는 것이 아니라 학생이 수업을 통해 배워야 할 앎에서 멀어지게 한다.

　셋째, 다양한 통합예술적 활동으로 극적 체험의 폭을 확장해야 한다. 교육연극수업이라고 해서 반드시 연극적 체험만을 고집할 이유는 없다. 우리는 가능한 한 많은 예술적 체험을 통해 학생들이 배움의 과정에서 자신의 내면을 들여다보고 타인과의 관계를 살펴볼 수 있도록 해야 한다. 수업의 예술성을 위하여 극적 체험과 함께 언어, 소리, 색깔, 촉각, 오브제 등과 같은 다양한 재료를 통합예술적으로 녹이는 방법을 시도해볼 수 있다.

1) 수업을 방해하는 극적 체험

극적 체험이 수업의 예술성을 높이기도 하지만 반대로 방해가 될 수도 있다. 그 구체적 사례를 살펴보자.

가족의 소중함을 주제로 한 고학년 수업안을 본 적이 있다. 많은 사람들이 알고 있는 앤서니 브라운의 〈돼지책〉을 프리텍스트(pre-text)로 하여 다음과 같은 극적체험을 만들었다.

> 어느날 갑자기 엄마가 사라진 것을 발견하고, 가족들은 경찰에 신고를 함.
> 경찰은 동네에 설치된 CCTV를 전부 조사하여 어렵게 엄마의 행방을 찾음.
> CCTV에 찍힌 엄마 모습은 동네 아줌마들과 카페에서 환한 웃음으로 즐거워하는 모습이었음.
> 며칠 후 엄마는 집으로 돌아왔으나 엄마는 우울해했고, 가족들과 엄마는 서로를 탓하며 화를 냄.
> 엄마는 자신의 행복을 찾고 싶다는 독백으로 마무리 됨.

위와 같은 극적 체험으로 학생들은 가족의 소중함을 느낄 수 있을까? 어느 대목에서 가족 간의 사랑과 고마움을 느낄 수 있을까? 얼핏 드라마 상황이 다양하고 박진감이 높아 보이지만 자세히 들여다보면 장면마다 황당함과 억지스러움이 넘친다. 더구나 요즘처럼 가족의 구성이 다양한 현실에서 이런 극적 체험은 상처를 줄 수 있다. 학생들에게 엄마는 일반명사로 다가오는 것이 아니라 '엄마, 바로 나의 엄마'로 연결된다. 엄마의 가출과 집으로 돌아온 엄마와 가족과의 부정적인 감정 대립은 가족의 소중함을 느끼게 하려는 수업의 본래의 방향과는 맞지 않는다. 가족의 소중함보다 가족관계의 피폐함이 극적으로 보여지는 사례였다.

특히 이 수업처럼 프리텍스트로 〈돼지책〉을 사용하려면 수업설계를 분명하게 해야 한다. 이 책은 가족의 소중함이나 남자와 여자의 성역할에 대한 고정관념을 탈피하는데 주로 사용되고 있다. 저자의 경우, 그림책을 사용할 때 필요한 장면과 일부 스토리만 발췌해서 사용할 때가 많다. 텍스트 전체를 사용하는 것이 부담스럽기도 하고 학생들의 생각을 텍스트 안으로 고정시킬 수 있기 때문이다. 교육연극수업이 텍스트의 장면들을 재현하는데 머무른다면 그건 단순하고 수동적인 수업에 지나지 않는다.

극적체험이 수업을 방해하는 또 다른 사례가 있다. 교사는 의도하지 않았으나 학생들이 만드는 즉흥극과 학생들의 반응에서 반사회적인 내용이 들어가는 경우가 그렇다. 학교 폭력을 주제로 '동네 형들에게 괴롭힘을 당할 때 어떻게 행동할지' 즉흥극으로 만들고 대응방법을 찾아보는 수업을 참관했다. 공원에서 생길 수 있는 학교폭력의 상황을 만들어보는 활동이 있었다. 한 모둠은 동네 형들이 공원에서 놀고 있는 초등학생들에게 다가와 빵 셔틀을 시키는 장면을 즉흥극으로 만들었다. 어떻게 행동할지 묻는 교사의 질문에 한 학생이 대답했다.

> 학생A: 형들한테 돈을 받고, 편의점에 가는 척하면서 혼자 집으로 도망가요.
> 　　　 그러면 나는 돈도 생기도 위기 상황에서 벗어날 수 있으니 **일석이조**이지요.
> 교사: (당황하며) 그럼 남아있는 이 친구들은 어떻게 되나요? 혼자서만 도망가면?
> 학생A: 그건 각자 알아서 해야지요. **일단 내가 사는 게 제일 중요하니까.**
> 교사: 혼자 도망갔다가 나중에 다시 형들을 만나게 되면 어떻게 될까요?
> 학생A: 난 모자를 쓰고 있어서 **내 얼굴을 못 알아 볼 거예요**
>
> 　　　　　　　　　　　….

자신의 생각을 너무도 당당하게 말하며, 일석이조라는 사자성어까지 사용하는 영특함에 수업을 참관하는 저자마저 당황스러웠다. 다행히 처음에 당황해하던 교사는 침착하게 질문을 이어갔고, 학생A의 태도가 달라지지 않자 관객 학생들에게 질문을 던져서 그런 행동은 옳지 않다는 반응을 이끌어내는 것으로 수업을 마무리하였다. 학생A가 대답을 머뭇거린 순간이 있었다. 관객 학생 중에 '만약 다른 친구가 그렇게 돈을 받고 도망가서 본인(학생A)이 남아있게 되면 그때는 어떤 마음이겠냐'고 물었을 때다. 자칫 불편하게 될뻔한 수업을 교사와 관객 학생들의 질문으로 잘 마무리되었다.

때로 즉흥극 속에서 학생들은 반사회적이고 부도덕한 면모들을 날것으로 드러내는 극적 체험을 만드는 경우가 있다. 이때 교사는 뻔한 도덕수업처럼 지시적으로 나무랄 것이 아니라 다른 학생들이 의견을 낼 수 있도록 순발력을 발휘하는 여유가 필요하다.

2) 수업을 완성하는 극적체험

수업에 도움이 되는 극적체험은 명료하면서도 학생들을 수업안으로 몰입시키는 활동이다. 다음 수업은 일제강점기 때 조선인의 생활을 주제로 한 5학년 사회수업이다.[6]

예술강사는 원목 나무채로 박자를 치며 나레이션을 한다.

(교실 블라인드를 쳐서 약간 어둡게 만든다)

학생들은 서서 교실을 아주 천천히 걷는다.

"이제 여러분은 일제강점기에 사는 초등학생입니다. 100년 전으로 돌아갑니다. 지금은 일본이 우리나라를 지배하는 1920년대입니다. 주변에는 한복을 입은 사람도 있고, 드물게 양복을 입은 사람도 있지만 사람들의 옷은 낡고 몸집도 작고 초가집들이 많습니다. 사람들은 힘들어 보입니다. 언제부터인가 우리 동네에도 일본 순사들이 오고 갑니다. 엄마가 일본 순사는 피해서 다니라고 했습니다. 나는 어디에서 어떤 모습으로 살고 있는지 정지동작으로 표현해 봅시다. 하나, 둘, 셋, 얼음!"

'일제 강점기 때의 초등학생이 되어 교실 걷기'는 약 4분 정도 이루어졌다. 학생들의 동작은 다양했다. 교실 구석에 숨어있는 학생, 주먹을 불끈 쥐고 위로 든 학생, 손바닥으로 얼굴을 가린 학생 등이 있었다. 극적체험을 완성하는 것은 여기서부터 이어지는 예술교육가의 질문이었다.

"눈앞에 어떤 장면이 보였나요?"

"지금 있는 곳은 어디인가요?"

"지금 하고 싶은 것이 무엇인가요?"

"왜 일본순사의 눈을 피해 조선말을 사용하고 싶었나요?"

"누가 만세운동을 하고 있나요?

"왜 주먹을 쥐고 있나요?"

이 활동으로 학생들은 실제로 일제강점기라는 시대 속으로 들어가서 그 시대를 살아가는 어린 학생의 상황과 마음을 체험해 보았다. 특별한 연출은 없었지만 수업자의 나레이션으로 학생들은 일제강점기의 모습을 상상하였고 그 안에서 '살아보기'를 하였다. 살아보기에 몰입을 경험한 학생들은 이어지는 활동에도 공감을 이어갈 수

---

6 2022년 성남 교과연계 교육연극 협력수업, 예술강사 김태임.

있다. 일제강점기를 다룬 수업들은 단순히 반일 감정을 고조시키거나 역사적 사실을 암기하는 차원에만 머무르는 경우가 많다. 역사속으로 들어가보는 극적체험을 통해 학생들은 역사를 단순한 사건이 아니라 시대를 몸으로 느끼는 기회를 갖게 된다.

4단계: 교육연극수업, 질문으로 완성하라

수업대화는 수업시간에 발생하는 쌍방향의 언어적 소통을 의미한다. 학생 간의 대화, 교사의 질문과 학생의 답변, 학생의 질문과 교사의 대답 등이 모두 포함된다. 교육연극수업에서 수업대화는 언어적 반응만을 요구하는 것이 아니라, 비언어와 신체 언어 등 통합 예술적 반응을 요구할 수 있기에 다채롭고 그 스펙트럼도 넓다. 교사는 언어라는 매개수단으로 질문하지만, 학생들은 촉감과 오감으로 반응할 수 있다. 이 반응의 폭을 확장시키는 것이 수업대화의 목적이기도 하다.

수업대화는 양적인 측면과 질적인 측면에서 모두 살펴보아야 한다. 수업대화의 양적인 측면이란, 수업에 참여하는 학생이 많다는 것이고, 상호작용이 활발하다는 것을 의미한다. 즉흥극이나 다양한 극적체험 이후에는 다양한 질문과 대답이 오고간다. 그렇다면 교사가 고민해야 할 수업대화 질적 측면이란 무엇일까?

1) '나의 질문'은 유의미한가?

수업을 하는 사람이라면 누구나 좋은 질문을 하고 싶어한다. 그러나 질문의 중요성과 필요성을 인정하는 것과 실제 수업에서 좋은 질문을 하는 것은 다른 차원의 문제이다. 즉 교수법의 기본 지식으로서, 좋은 질문이 중요하다는 것을 머리로는 알고 있지만, 내 수업에서 실제로 좋은 질문이 오고 가는지 냉철하게 짚어볼 기회는 많지 않다. 왜냐하면 내가 수업에서 학생들과 나눈 수업대화를 다시 확인하거나 피드백을 받을 기회가 거의 없기 때문이다. 학교에서 이루어지는 자율장학이나 동료장학이 실제로 교사들의 수업성장에 도움이 되지 않는다는 의견이 많다. 그 과정이 형식적이고 관행적이기 때문이다. 그래서 질문의 중요성을 알기는 하지만 교사 자신이 구체적으로 '연구하고 고민'할 기회를 갖지 못한다. 학생들에게 흥미를 주는 새로운 앱과 영상, 학습지, PPT, 편리한 수업도구는 하루가 다르게 개발되고 공유되고 있지만, 정작 수업을 구성하는 수업대화 즉 질문에 대해서는 상대적으로 관심이 적다. 더구나 질문은 수업의 성과로 부각되지도 않고 결과물도 나타나는 것도 아니다. 철저히 수업의 과정

안에서 물처럼 흐르는 생명수인데 이것이 생명수임을 알지 못하고 지나갈 뿐이다.

저자가 수업코칭을 하면서 안타까웠던 점 중의 하나는 의외로 질문의 형태들이 관행적으로 고착되어 있다는 점이다. 질문을 듣는 학생의 입장에서 생각해 보면, 좋은 질문의 요건들은 명확하다. 학생들이 질문을 이해하고, 그 질문에 몰입할 수 있으면 좋은 질문이다. 이 간단한 두 가지 요건을 충족시키는지 나의 질문 습관을 검토해 본다면 어떨까. 하나씩 짚어보자.

첫째, 나는 학생들이 답할 수 있도록 분명하게 질문하는가?

아무리 단순한 질문이라도 한 번에 두 개의 질문을 동시에 하면 학생들은 마지막 질문만 기억한다. 예를 들면, "이 즉흥극에서 엄마는 어떤 생각을 했고, 그 결과 어떤 행동을 하게 되었나요?"와 같은 질문이다. 엄마의 생각과 엄마가 행동한 것은 두 번으로 나누어 질문해야 한다. 또 "이 등장인물들은 이 상황에서 어떻게 행동했나요?"라는 질문은 질문이 초점이 여러 명을 지칭하기 때문에 학생들은 답변하기 힘들다. 즉흥극의 인물 중의 한 사람을 선택해서 한 번에 한 개씩만 질문해야 한다.

둘째, 나는 중언부언 반복적으로 질문하지는 않는가?

교사들이 질문을 하고 난 뒤 학생들의 반응이 없을 때 그 질문을 다시 설명한다. "이게 무슨 뜻이냐면~", "다시 설명하자면~" 이렇게 질문이 길어지면 이미 질문의 초점은 중언부언 흐려진다. 이런 현상은 수업을 녹화해서 보면 확연하게 드러난다. 대부분의 수업자는 평소에 본인이 중복해서 질문하고 있다는 것을 알아채지 못한다. 그리고 불필요한 설명을 덧붙이는 과정에서 원래 질문의 의도를 헷갈리게 하기도 한다.

셋째, 나는 질문이 필요한 그 순간에 중요한 질문을 할 수 있는가?

국어 교과서는 지문 이후에 질문이 제시되어 있어서 수업하기가 편하다. 그런데 교육연극수업은 명시적으로 제시된 질문이 없다. 더구나 학생들의 즉흥극 표현을 보고 무슨 질문을 해야 할지 막막해하는 경우가 있다. 즉흥적으로 질문을 할 수 있어야 한다. 교사가 질문을 하지 않는다면 연극적 장면들은 보여주는 것으로 박수를 치며 끝난다. 학생들은 그 장면을 다시 곱씹어볼 기회가 없다. 교사의 질문은 타이밍이 중요하다. 필요한 순간에, 찡한 마음이 사라지기 전에 질문을 하는 민첩성이 필요하다.

넷째, 나는 학생들이 사고를 깊게 하도록 단계적으로 질문하는가?

질문에도 순서가 있다. 학생들이 생각의 문을 열어갈 수 있도록 단계가 있어야 한다. 연극장면을 본 후 첫 번째 질문으로 피해야 할 질문이 있다. "여러분도 이런 경험이 있나요?"라고 첫 질문을 하면 학생들은 허구적 상황에서 순식간에 현실 상황으로 전환해야 한다. 이 질문은 제일 마지막 단계에서 해야 하는 질문이다. 우선은 허구적인 상황에 몰입해서 그 상황을 충분히 맛보는 질문을 해야 한다. 이런 상황은 어디서 일어나는지, 왜 일어나는지, 사람들의 마음은 어떤지 추측하고 물어보는 질문이 우선되어야 한다. 첫 번째 질문으로 삼가야 할 질문은 또 있다. "이 즉흥극을 보니 어땠어요?" 이와 같은 질문은 막연하면서도 교사가 무엇을 묻는지 이해하기 힘들다. 특히 "어땠어요?"라는 질문에 어울리는 반응은 "재미있었어요."라는 답변으로 거의 고정되어 있다. 이런 질문은 수업의 마지막 단계에서 학생들의 소감을 전체적으로 물어볼 때 하면 좋다.

수업자존감이 높은 교사가 질문도 잘한다.

수업코칭을 할 때, "선생님은 질문을 참 명확하고 정확하게 하시네요."라고 칭찬했을 때, "제가요? 저는 질문 잘 못하는데요."라고 답하는 교사들이 있다. 수업하는 사람들이 자기 수업에 당당했으면 좋겠다. 당당하려면 공부해야 한다. 공부하지 않으면서 태도만 당당하면 나르시시즘이 된다. 수업하는 사람은 수업준비를 충분히 했을 때 스스로 충만함을 느낀다. 수업에서 할 질문들을 미리 구상하고 전체적인 윤곽선을 잡아보는 것만 해도 훌륭한 수업자다. 좋은 수업친구와 수업 멘토가 옆에 있어서 체계적이고 지속적으로 수업을 코칭 받을 수 있다면 더 좋겠지만 상황이 안 되면 자기학습이라도 꾸준히 하자.

표 3-3 나의 질문 습관 체크리스트

순서	나의 질문 습관 돌아보기	나의 강점과 개선점
1	내 질문은 학생들을 생각하게 만드는가?	
2	나는 평소 수업에서 질문을 많이 하는 편인가?	
3	수업시간에 할 질문을 미리 생각하고 수업하는가?	
4	내 질문에 학생이 대답하지 못할 때 나는 어떻게 반응하는가?	
5	내 수업에 학생들은 질문을 하는가?	
6	나는 학생과 학생이 상호질문할 수 있도록 자극하는가?	

이 체크리스트는 척도를 만들고 점수를 산출하는 목적이 아니다. 그런 양적 평가는 우리에게 큰 도움이 되지 않는다. 수업을 하다보면 어떤 시간은 질문을 많이 하기도 하지만 어떤 시간은 신체 활동이 많아서 질문이 적을 때도 있다. 눈에 보이는 수치로 평가하는 것이 중요한 것이 아니라, 나의 질문 습관이 어떤지 여유를 가지고 한번 성찰해 보는 것이 목적이다.

2) 교육연극수업을 위한 질문의 유형과 형태

지금까지 교육연극수업에서 '질문'은 큰 관심사가 아니었다. 참신한 연극 관습으로, 연극 장면을 만들게 하고 화려한 연극활동을 하는 것을 중요하게 여겼다. 프리텍스트로 사용할 그림책을 찾느라 많은 시간과 돈을 써놓고 정작 그 그림책에서 무엇을 질문할지는 놓치는 식이다. 학생들이 만든 즉흥극이나 장면을 보고 어떻게 질문할지 어려워하는 사람들도 많다. 그래서 '질문하기'에 익숙해지도록 교육연극수업에서 할 수 있는 질문의 유형과 형태를 도식적으로 구분해 보았다. 물론 명확하게 나누기 애매한 부분도 있지만, 질문을 연습하는 교사와 예술강사의 이해를 돕기 위해 영역을 구분해 보았다. 질문을 잘 하기 위해서는 교사도 예술강사도 반복적인 연습이 필요하다.

표 3-4 교육연극수업을 위한 질문의 유형과 형태

형태 / 유형	언어적 반응을 요구하는 질문 (언어적 질문)	통합예술적 반응을 요구하는 질문 (통합예술적 질문)
장면이해형	* 장면 읽기(문해력 중심)	* 장면의 내용을 몸으로 나타내기 * 장면에서 나는 소리 연상하기
감정이입형	* 장면속으로 들어가기(공감 질문) * 장면 속 인물 되어보기(역지사지)	* 인물의 감정을 색깔로 나타내면?
상황확장형	* 장면의 상황을 나의 경험과 세상으로 연결하기(확장)	* 관련된 장면에서 주제를 찾아 즉흥극 하기

질문의 형태에 따라 장면이해형, 감정이입형, 상황확장형으로 유형을 구분하고, 요구하는 답변의 형태를 언어적 반응인지 통합예술적 반응인지에 따라 두 가지로 나누었다. 이렇게 구분한 이유는 내가 평소에 하는 질문이 어느 한쪽으로 쏠려 있지는 않은지, 좀 더 깊이 있는 질문을 하려면 어떤 질문들이 필요한지 분석적으로 성찰하기 위해서이다. 먼저, 언어적 반응을 요구하는 질문의 유형에 대해 살펴보자.

첫째, 장면이해형 질문은 관객으로서 친구들의 표현을 보고 장면의 사실들을 제대로 이해했는지 묻는 유형이다. 국어 교과서에 나오는 내용이해 질문과 유사하다. 국어 교과서의 질문들이 읽기의 후속활동으로서, 언어중심적 질문에 치중되다보니 지루하거나 답이 뻔한 나머지 학생들의 흥미를 끌기 어려운 경우가 많다. 이에 비해, 교육연극수업에서는 눈으로 직접 본 상황극(즉흥극)에 대해 질문하기 때문에 훨씬 역동적이다. 간혹 이 내용적 이해단계를 무시하고 바로 상상과 감정을 묻는 질문으로 넘어갈 때가 있는데, 이런 경우 사실과 상상이 혼동되어 생각을 심화시키기 어렵다.

둘째, 감정이입형 질문은 등장인물에게 공감하거나 입장의 전이를 통해 다른 인물이 되어보는 것과 관련된 질문 유형들이다. 내가 이야기 속 상황이었다면 어떤 감정일지, 나라면 등장인물들에게 해 주고 싶은 말들이 무엇인지 등 장면 속 인물이 되어보는 것이다.

마지막으로 상황확산형 질문이다. 이는 상황을 나의 경험과 연결하고, 내가 살고 있는 이 세상과 관련하여 더 깊게 사유할 수 있게 한다. 이 단계에서는 실존적 질문이 필요하다. 제시된 이야기가 실제로 나에게 혹은 내 주변에서 일어난다면 나는 어떻게 할지 상상하고 표현하게 한다. 이때 유용하게 활용할 수 있는 연극관습이 즉흥극이다. 문제상황을 나의 현실과 연결할 수도 있고, 상상으로 확장할 수도 있다.

이제, 언어적 반응을 요구하는 질문에서 나아가 통합예술적 반응을 이끌어내는 질문에 관해 이야기해보자. 그 전에 초등 4~6학년 국어 교과서에서 자주 등장하는 질문 형태들을 살펴볼 필요가 있다.

1. ~한 까닭은 무엇인가요?
2. ~한 내용을 본문에서 찾아보세요. 그리고 그 까닭을 말해 보세요
3. 위 상황과 비슷한 경험을 떠올려 보세요
4. A와 B의 다른 점은 무엇인가요?
5. ~의 좋은 점을 말해 보세요.
6. 주인공은 ~했을 때 어떤 마음이 들었나요?
7. 주인공은 어떤 일을 했나요?
8. 인물이 처한 상황에서 한 말이나 행동을 알아봅시다.
9. 이야기를 읽고 사건을 흐름을 파악해 보세요.
10. ~에 관한 자신의 생각과 느낌을 적어봅시다.
11. ~은 어떤 뜻일까요?
12. 어떤 상황을 보여주는 글인가요?
13. 글을 읽고 인물, 사건, 배경을 정리해 보세요.
14. 주인공은 ~에 대해 어떻게 했나요?

국어는 동시와 동화, 논설문, 설명문, 희곡, 문학 등의 여러 장르를 통하여 삶의 모습을 담고 다양한 이야기를 담아낼 수 있는 교과이다. 학생들의 상상력과 감성을 키울 수 있는 보석 같은 기회이기도 하다. 그런데 교과서나 지도서에 제시된 질문의 내용과 형태를 보면 매우 딱딱하고 정형화되어 있어 학생들의 궁금증을 유발하기 어렵다. 대부분의 질문이 장면이해형 질문으로서, 내용을 아는지, 모르는지에만 초점을 두고 있다. 가치와 태도로 내면화해야 할 문학도 문단의 구성과 형식을 묻는 것에 중점을 두다 보니 학생들이 책의 내용을 충분히 음미하고 상황을 상상할 틈을 주지 못한다. 또 국어 교과서 질문에는 마음으로 느껴보고 반응할 겨를이 없다. 써서 채워야할 빈 공간이 너무 많다는 것도 학생들을 힘들게 하는 부분이다. 문항은 서술형이지만 답이 정해져 있는 객관식과 별로 다를 바 없어서 상상력이나 창의성을 갖고 글을 곱씹어 볼 여유를 주지 않는다.

문장의 의미를 오감으로 느껴보고 몸으로 표현하는 질문을 던질 때 학생들은 통합

예술적으로 반응할 수 있다. 국어 수업이 기대하는 소통역량의 향상은 이런 맥락에서라야 가능하다. 글을 읽고 다그치듯 정답을 묻는 것은 질문이 아니다. 학생들이 통합예술적 반응을 할 수 있도록 질문을 던지는 사람은 교사(예술교육가)이다. 학생들의 반응이 수업자의 질문에 따라 달라진다는 사실은 질문의 중요성을 더욱 무겁게 만든다.

2) 준비된 상황극을 보고 질문할 때

구체적인 수업사례에서 오고 간 질문을 자세히 들여다보자. 〈감정을 표현하는 수업〉의 도입단계에서 교사와 예술강사가 언니와 동생의 싸움 장면을 상황극으로 보여주었다.

동생: (인형을 갖고 혼자서 콧노래를 부르며 재미있게 놀고 있다)
언니: (동생한테 다가가서) 야, 인형 좀 빌려줘. 너 많이 갖고 놀았으니 이제 나도 좀 갖고 놀자.
동생: 싫어. 이거 내 인형이잖아.
언니: 엄마가 같이 놀라고 했잖아. (소리를 지르며 동생한테서 인형을 확 뺏는다)
동생: (인형을 뺏긴 동생은 주먹을 불끈 쥐며 부들부들 떤다) 엄마한테 일러줄 거야. (소리를 지른다)

이 상황극을 본 학생들에게 어떤 질문을 할까? 과거에는 상황극이나 즉흥극을 하고 나면 '참 잘했어요'라는 칭찬과 함께 다음 활동으로 넘어가는 수업들이 많았지만 더 이상 연기력을 칭찬하거나 질문 없이 마무리되는 활동들은 지양해야 할 것이다. 대신, 앞에서 제시한 3단계로 구분하여 질문을 심화시켜 보자. 상황극이나 즉흥극의 내용에 따라 그리고 학년 수준에 따라 유동적으로 운영할 수 있다. 또한, 언어적 반응을 끌어내는 데 국한하지 않고 연극적 표현이나 통합예술적 반응을 할 수 있는 질문을 다양하게 고민해 보아야 한다.

상황극은 1~2분 안에 끝난다. 그러나 질문을 통해 학생들이 상황극의 내용을 확인하고, 인물들의 마음을 읽고 내 경험과 연결 짓는 데는 시간이 필요하다. 상황극을 보고 시간에 쫓겨 허겁지겁 다음 단계로 넘어가는 수업들을 보면 안타깝다. 수업은 서두르면 망한다. 교사가 준비한 것을 다 하지 못하더라도 괜찮다. 때때로 교사가 너무 많은 양을 준비한 것은 약이 아니라 독이 되기도 한다. 수업활동은 많이 하는 것보다 하나라도 제대로 하는 것이 중요하다. 교육연극수업에서도 마찬가지이다. 정작 학생들을 재촉하느라 그들의 생각과 마음을 듣지 못했다면 우리는 그저 숨만 가쁜

수업을 했을 뿐이다.

다음은 위의 상황극 후에 질문할 수 있는 예시들이다.

표 3-5 상황극을 본 후에 하는 질문들

형태 / 유형	언어적 질문	통합예술적 질문
장면이해형	* 이 일이 일어난 장소는 어디일까요? * 동생에게 무슨 일이 일어났나요? – 동생의 표정은? 자세는? 말투는? * 언니가 어떤 행동을 했나요? * 동생이 화가 났다는 것을 어떻게 알 수 있나요?	* 동생의 표정을 직접 표현해 볼까요? * 동생의 표정이 어떻게 변했는지 3단계 표정그림(스티커)으로 그려볼까요? (혼자서 놀 때 → 언니와 싸울 때 → 인형을 뺏겼을 때)
감정이입형	* 인형을 빼앗겼을 때 기분은 어떨까요? * 언니는 왜 동생의 장난감을 확 빼앗았을까요? * 이때 언니의 기분은 어땠을까요?	* 내가 동생인데, 언니가 장난감을 빼앗아 간다면, 이런 기분을 색깔로 나타내면? * 화가 난 기분을 도레미파... 음으로 나타내면 어떤 소리가 날까요?
상황확장형	* 내가 만약 동생처럼 이런 상황이라면 나는 어떻게 행동했을까요? (화를 낸다 VS 다르게 행동한다) * 내가 화가 나는 순간은 주로 언제인가요?	* 짝활동으로 표현하기 – 한 사람은 동생이 되고, 한 사람은 언니가 되어 속마음 말하기 * 동생의 마음을 풀어 줄 음악이나 노래가 있다면? * 우리 일상생활에서 나를 화나게 하는 장면 즉흥극으로 만들기 – 이어지는 학습활동

위 질문 예시에서 알 수 있듯이 질문의 형태와 순서는 정해진 것이 아니다. 학생들의 반응과 수준에 따라 배우를 한 학생에게 질문할지 관객 학생들에게 질문할지 결정하는 것은 오롯이 교사(예술교육가)의 몫이다. 동일한 상황극이라고 해도 어떤 질문을 하느냐에 따라 그 상황극의 질과 깊이는 완전히 달라진다. 수업자의 질문이 중요한 이유는 여기에 있다. 수업자에 따라 단순한 장면이해형 질문 한 두개로 끝날 수도 있고, 깊은 공감과 울림을 자극하는 질문까지도 이어질 수 있다. 모든 질문에서 깊은 공감과 감정을 끌어낼 수는 없지만, 좋은 질문은 교육연극의 강점을 최대한 살릴 수 있는 장치임은 분명하다.

3) 학생들이 만든 즉흥극을 보고 후속질문을 할 때

즉흥극을 보고 질문하는 것은 누구에게나 부담이 될 수 있다. 왜냐하면 즉흥극은 그 순간에 학생들이 만들어낸 극이므로 장면의 내용을 미리 예측하거나 짐작하는 것이 불가능하기 때문이다. 게다가 학생들이 발표할 때 목소리가 작아 대사를 제대로 들을 수 없거나 소극적으로 표현하여 그 의미를 파악하기 힘든 경우도 있다. 내용이 산만하여 무엇을 질문해야 할지 당황스러울 때도 있다. 즉흥극을 보고 바로 후속하는 질문을 해야 할 때가 가장 난코스이다. 이런 문제를 조금이라도 해결하는데 저자의 경험을 나누고자 한다.

첫째, 즉흥극을 제시할 때 학생들이 수행해야 할 미션이 정확해야 한다. 학생들이 미션을 제대로 이해하지 못한 상태에서 시간이 쫓겨 즉흥극을 만들 때, 내용이 산만하고 엉뚱한 방향으로 간다. 즉흥극의 미션을 정확하게 제시하려면 수업의 방향이 분명해야 한다. 즉흥극이 나무의 줄기라면, 수업설계는 나무의 뿌리이다. 수업도 설계가 튼튼해야 뻗어나갈 수 있다. 예를 들면 '행복한 순간을 즉흥극으로 만들기'보다는 유치원 시절에 기뻤던 일, 체육시간에 즐거웠던 일, 기억에 남는 생일파티 등 학생들의 경험에 근거해서 구체적으로 제시하는 것이 좋다. 언뜻 자율성과 창의성을 제한하는 것으로 여겨질지 모르겠지만 실제 수업을 해 보면 구체적인 범위를 제시할 필요성을 깨닫게 된다. 학생들에게는 즉흥극 자체가 쉬운 활동이 아니다. 준비나 선행 이해 없이 수업에서 제시하는 주제들을 가지고 그 자리에서 상상하고 장면을 만들기 때문에 학생들의 입장에서는 상당한 문제해결력을 필요로 하는 학습상황이다. 학생들이 너무 멀리 벗어나거나 길을 잃지 않도록 적정 수준의 가이드라인을 주는 것이 효과적이다.

둘째, 수업자는 학생들이 즉흥극을 협의할 때 적극적으로 참관해야 한다. 여기서 '적극적 참관'은 학생들이 협의하는 내용을 미리 숙지한다는 의미다. 참관하는 과정에서 조언하거나 방향을 안내해 줄 수도 있다. 다만 교사의 의도대로 방향을 몰아가는 것은 학생들을 더 소극적으로 만들 수 있으므로 경계해야 한다. 학생들의 창작 과정을 지켜보면서 학생들의 협의 과정도 이해하고 학생 간의 불협화음은 없는지, 이야기의 방향은 어떻게 흘러가는지 살펴보는 것은 중요하다. 대략적인 방향을 이해하면 후속 질문을 할 때 도움이 된다.

셋째, 질문자의 위치와 제스처에 따라 학생들의 반응은 달라진다. 질문자가 서 있는 위치는 학생들의 시선의 방향을 결정한다. 질문자가 서는 위치가 학생 배우 옆인지, 관객학생 옆인지 유연하게 선택할 수 있어야 한다. 배우를 한 학생에게 질문을 할 때 그 학생배우 가까이에 서서 질문을 하거나 가볍게 어깨에 손을 얹어서 질문하는 것도 좋다. 관객학생들의 시선을 모으기도 좋고, 대답하는 학생을 심리적으로 안정시키는데도 효과가 있다.

넷째, 즉흥극 이후 질문은 교사만 할 수 있는 것이 아니다. 오히려 학생 간의 수업 대화를 확대하는 좋은 기회로 활용할 수 있다. 관객인 학생이 직접 배우를 한 학생에게 질문하고 그 대답을 들을 수도 있다.

 제안

마지막으로 앞의 내용들을 종합하여 교육연극수업을 설계할 때 고민해 볼 사항을 몇 가지로 제안하려고 한다.

첫째, 많은 수업방식 중에서 왜 이 수업주제를 교육연극으로 하고 싶은지, 교육연극수업으로 학생들에게 기대하는 것은 무엇인지 고민하는 것으로 시작하자. 과도한 부담이나 막연한 기대보다는 수업자로서 수업의 방향을 먼저 사유하자는 것이다.

둘째, 수업의 방향을 잡을 때, 학생들에게 죄책감이나 부정적 시선을 주는 상황극이나 프리텍스트로 시작하지는 않는지 살펴보자. 문제상황을 극적으로 보여주기 위해서 동물학대 장면이 담긴 영상으로 수업을 시작할 때 학생들은 공포감과 두려움을 갖기 쉽다. 인권 수업도 편견을 당한 경험, 차별하는 상황과 같은 부정적인 관점에서 출발하면 학생들은 심리적 압박감을 느끼거나, 내 인권도 침해될 수 있다는 피해의식을 먼저 갖고 방어적인 입장이 되기 쉽다. 수업의 시작은 '새로운 문제상황' 또는 '같이 생각해 볼 만한 장면' 수준에서 제시되면 좋다.

셋째, 현실적으로 해결이 불가능한 문제들을 즉흥극 미션으로 제시하지 않는지 살펴보자. 예를 들면, '지구촌 갈등을 해결할 방법을 모둠별로 즉흥극으로 만들어 보라', '학교폭력을 해결하는 방안을 즉흥극으로 만들어 보라', '모두의 인권을 존중하는 실천 방안을 즉흥극으로 만들어 보라' 등의 미션이다. 이든 모두가 알고는 있지만 쉽게 해결하기 어려운 지구적 문제이다. 이런 과제들에 대해 학생들이 제시하는 해결책은 모범답안처럼 지극히 관념적이거나 뻔한 답변일 수밖에 없다.

넷째, 교육연극수업이 때로는 폭력성을 자극하거나 정당화하는 데 쓰이고 있지는 않은지 살펴보자. 무분별하게 자신의 감정을 거칠게 쏟아내고 표현하도록 하는 것이 과연 어린 학생들에게 교육적 의미가 있을 것인지 성찰하자는 것이다. 성인을 대상으로 한 드라마 치료에서처럼 화가 날 때 떠오르는 것을 모두 종이에 쓰게 하고, 하고 싶은 말을 다 해보게 하는 활동은 학교 수업으로 적절하지 못하다. 오히려 수업을 통제 불가능한 상황으로 만들거나 학생들로 하여금 폭력적인 언어들을 더 찾아 날 것으로 꺼내 놓는 빌미를 줄 수 있기 때문이다. 학생들의 거친 언어와 억압된 감정이 종이를 구겨서 버리는 퍼포먼스로 해결될 수는 없다. 학생들이 무엇을 자유롭게 상상하고 표현할 것인지 고민하는 것은 언제나 교사의 몫이다.

다섯째, 수업설계가 학생들의 재미를 위한 예능처럼 구성되고 있지 않은지 살펴보자. 수업 주제와 무관하거나 맥락이 부족한 퍼포먼스, 놀이, 게임, 경연 대회, 전시회 등의 활동은 자칫 수업을 이색적이고 화려하게 만들어 학생들을 즐겁게 할 수는 있으나, 수업 내용 면에서 불필요한 경우가 있어 주의가 필요하다. 이에 더해, 충분히 준비되지 않은 채 자극적인 설정으로 몰입지점을 만들려는 노력 또한 수업의 개연성을 떨어뜨릴 수 있다. 엄마의 가출, CCTV로 포착하기, 탐정 수사, 우주에서 온 방문객 등이 그런 예이다. 교육연극수업은 황당해서 재미있는 것이 아니라 새롭게 생각하고 상상할 수 있어서 경험이 풍성해지는 것이어야 한다.

실천: 교육연극을 내 수업안으로

chapter 04

실천: 교육연극을 내 수업안으로

3장에서 교육연극을 수업으로 설계하는 과정을 단계별로 구분하여 설명하였다. 교과와 연계하여 수업주제를 선정하는 방법과 극적체험이 경계해야 할 지점을 덧붙였으며, 교육연극이 수업으로 완성되기 위해서는 수업대화와 질문으로 날개를 달아야 한다는 점도 강조하였다. 여기 4장에서는 저자가 개별 또는 공동으로 교실에서 실행한 수업들을 공유하려고 한다.[65] 이 수업들은 주로 4~6학년을 대상으로 실행한 것으로, 애초 서적 출간을 목적으로 기획한 수업이 아니라, 평소 교육연극으로 적용해 보고 싶었던 주제들을 수업으로 시도한 것이다. 다양한 수업사례가 많을수록 교육연극을 실천하려는 이들에게 도움이 될 것이라는 판단에 2023~2024년에 실행한 수업들을 중심으로 소개한다.

수업안을 활용하는 독자들은 수업안을 보기 전에 각각의 수업이 어떤 의도에서 설계되었는지 '수업자의 의도'를 찬찬히 살펴보기를 권한다. 최근에는 교과마다 검인정 교과서가 도입되어 엇비슷한 교과서가 많지만, 교과 성취기준은 국가수준에서 동일하기 때문에 검인정의 의미는 그다지 크지 않다. 저자가 제시한 수업주제와 단원명, 관련 핵심개념을 보면 참고가 될 것이다. 독자들이 4장을 통해, 주제별로 수업의 전체 흐름을 파악하기를 바라며, 나아가 본인이 하고 싶은 교육연극수업 주제를 구상하고 실행해 본다면 더 의미가 있을 것이다.

---

1 공동으로 수업을 실행한 이들은 성남 탄천초 김동희, 이수연, 안미리, 김은지 선생님과 나수아 예술강사이다.

① 교육연극 수업사례에 대하여

같은 수업주제라도 수업자와 학생들에 따라 교육연극으로 펼쳐지는 모습은 다양하다. 심지어 동학년이 같은 수업안으로 실행해도 학생들의 반응에 따라 학급마다 만들어지는 수업의 빛깔이 다르다. 같은 수업안이지만 각기 다른 수업이 되는 것이 늘 신기하다. 그 안에서 미처 발견하지 못한 아이들의 색깔이 드러나기도 하고 영영 묻히기도 한다.

교육연극수업도 다른 수업들처럼 왕도가 없다. 그러나 모든 수업이 좋은 수업이 아니듯이 교육연극수업이라고 다 괜찮은 수업은 아니다. 수업의 흐름이 엉뚱한 방향으로 가기도 하고, 맥락 없는 활동으로 수업이 통제불능의 상태가 되기도 한다. 교육연극수업이라고 하면서 여전히 대본을 외워서 공연을 흉내 내기도 한다. 수업을 보는 안목이 없으면 이런 시행착오를 할 수밖에 없다. 이제는 교육연극에도 수업 안목이 필요하다.

교육연극수업을 잘 모르는 초기 단계에서는 관련 연수를 듣거나, 책을 보고 수업을 따라 해 보는 과정이 필요하다. 처음부터 멋진 교육연극수업을 할 욕심을 버리고, 정지 장면(타블로) 하나라도 만들어 보고, 학생들에게 이 장면에서 무엇을 질문할지 고민하는 것이 필수다. 연극을 모른다고 교육연극수업이 불가능한 것은 아니다. 비전공자로서 각자 할 수 있는 만큼 시도하고 도전해 보면 그 자체만으로도 수업혁신을 실천하는 이가 된다.

독자들이 이런 실천에 한 발을 더 내디딜 수 있도록 어떤 마중물 역할이 필요할지 고민한 끝에, 저자가 설계하고 여러 시행착오를 거쳤던 수업들을 소개하려고 한다. 수업안의 흐름을 살펴본 다음 동일하게 해 봐도 좋고, 독자들의 수업 취향에 맞게 재구성해서 실행해 봐도 좋다. 하나씩 따라 해 보다 보면 빗방울처럼 천천히 스며들 것이다. 편의상 4개의 대주제로 구분하여 모두 7개의 수업안을 제시한다.

자기이해를 위한 수업

오늘날 우리의 일상은 어른이나 아이 할 것 없이 각종 디지털 문화의 편리함과 탁월함에 젖어 있다. 컴퓨터 모니터나 휴대전화 액정 화면을 통한 소통에 익숙해진 탓인지, 갈수록 자신의 솔직한 감정을 직면하고, 표현하는 데 둔감해지고 있다. '본캐(본 캐릭터)'와 '부캐(부 캐릭터)'라는 용어가 유행할 정도로 정체성의 혼돈 자체도 정당화되는 문화에 살고 있다. 본래 학교는 학생들이 자신을 이해하고, 주체적인 한 인간으로 성장하도록 도움을 주어야 한다. 그런데 최근 고학년 수업에서 부쩍 학생들의 냉소적인 반응들이 많아지고 있다. 자신의 감정과 의견을 묻는 교사의 질문에 '그냥요', '이유는 없는데요', '모르겠는데요, 생각해 본 적 없는데요'와 같은 대답은 교사를 당황스럽게 만들 뿐 아니라, 수업 의욕마저 상실하게 만든다. 요즘 학생들 주변을 맴도는 신조어 '귀차니즘(lazism)'이라는 용어가 조속히 사라지기를 바라는 마음이다. 귀차니즘 대신에 자신과 타인의 감정에 관심을 갖고 들여다보는 기회가 필요하다.

수업 1: 감정 읽기 –"화가 날 때, 나는 어떤 행동을 하지?"

1) 수업자의 의도

코로나 팬데믹 이후 학교마다 학생들 간에 크고 작은 분쟁이 많아졌다. 아마도 3년 가까운 비대면 시기의 여파로 인해 자기의 감정을 표현하는 것과 다른 사람의 감정을 이해하고 배려하는 것에 서투르기 때문일 것이다. 이 수업은 학생들이 자신이 겪는 감정을 직면하고, 각각의 감정은 어떤 상황에서 발생하는지, 우리의 몸은 어떻게 반응하는지, 내 감정을 잘 표현하는 방법은 무엇인지 은유적으로 느껴보는 시간이다. 여러 감정 중에 가장 보편적으로 갈등을 촉발하는 감정은 '화'이다. 이런 이유로 수업의 초점은 화가 나는 다양한 상황에서 우리가 어떻게 행동하면 좋을지 찾아보는 데 두었다.

2) 관련 학년 및 교과

이 수업은 아래 단원들과 관련이 있으며 본 수업은 4학년 국어시간에 이루어졌다.

학년	교과	단원	핵심 개념
3-1	국어	4. 내 마음을 편지에 담아	감정, 성찰, 공감, 마음, 절제
4-1	국어	10. 인물의 마음을 알아봐요	
5	보건	2. 정서 · 정신건강– 감정	
6	도덕	1. 내 삶의 주인은 나 3. 나를 돌아보는 생활	

3) 핵심질문: "화가 날 때, 나는 어떤 행동을 하지?"

4) 수업의 흐름

활동주제	세부활동	극적체험 등
숨은 감 정 읽기	■ 〈4학년 친구 만나보기〉 : 지금 이 친구는 어떤 감정일까? – 이 친구의 감정은? 마인드맵으로 판서	프리텍스트
다양한 표정과 감정 읽기	 감정 1　　감정 2　　감정 3　　감정 4 ■ 〈그림책 속 사람들의 표정 읽기〉 – 어떤 감정일까? 예: 놀라움, 슬픔, 실망, 충격, 설레임 등 – 어떤 때 이런 감정이 생길까요? – (화날 때)/소리로 나타내면?/ 색깔로 나타내면?/ – 언제 이런 감정이 생길까요?	그림책 장면 감정1: 〈색깔손님〉 감정2: 〈알사탕〉 감정3: 〈욕심쟁이 딸기 아저씨〉 감정4: 〈소피가 화나면, 정말 정말 화나면〉 통합적(소리, 색깔, 움직임 등) 표현

화가 나 는 상황 과 화 다 스리기	■ 〈내가 화가 날 때〉 – 화가 나는 상황과 그때 하는 행동을 나타내기 　미션 1: 내가 친구와의 사이에서 화가 날 때 　미션 2: 내가 집에서 화가 날 때 　미션 3: 내가 학원에서 화가 날 때 　미션 4: 내가 운동장에서 화가 날 때 ■ **즉흥극 후 공통질문** 1) 이런 감정을 얼마나 자주 느끼는가? 2) 이런 감정 표현법을 선택한 이유는? 적당한가? 3) 관객의 목소리 듣기 〈이렇게 해 보면 어때?〉	즉흥극
내 감정 표현법	■ **내가 실천하고 싶은 감정 표현법** – 화가 날 때,＿＿＿＿＿＿ 이렇게 해 볼래요	

5) 수업의 성찰

가. 그림책 인물들의 표정으로 다른 사람 감정 읽기

다른 사람의 표정에 관심을 갖고, 살펴볼 수 있도록 그림책에서 4가지 표정을 가져왔다. 이 수업은 4학년을 대상으로 하였기 때문에 감정의 분류를 즐거움, 놀람, 슬픔, 화로 크게 구분하였다. 만약 고학년을 대상으로 한다면, 외로움, 우울, 성취감, 무기력 등도 다루어 볼 수 있다.

그림 4-1 그림책 장면을 보고 학생들이 상상한 감정들

학생들에게 그림책 장면을 보여주고, 이런 감정이 생기는 순간을 상상하고, 속마음을 말하게 하였더니 다음과 같은 표현들이 나왔다.

• 감정 1– 기쁨: "내일 소개팅에 어떤 사람이 나올지 기대가 되는걸. 오늘 맛사지를 좀 해야겠어"

- 감정 2- 놀람: 학교에서 돌아온 아이가 샤워하고 나오는 엄마의 뚱뚱한 배를 보고 놀람
- 감정 3- 실망: "큰일이네, 주식값이 계속 내려서"
- 감정 4- 화남: "내 편은 아무도 없어. 늘 동생 편만 든다니까"

아이들의 입에서 할머니의 소개팅이나 주식 폭락이 등장한 것은 일상에서 접한 익숙한 단어들이기 때문일 것이다. 학생들의 발표에는 그들이 속한 사회의 주요 이슈와 그 사회가 중시하는 가치가 묻어난다. 최근 학생들의 즉흥극에 아파트값 상승, 수능, 의대 입학, 투자 성공, 백수로 살기, 성공이 빈번하게 등장하는 것을 보면 우리 사회의 단면을 읽을 수 있다.

나. 화난 감정을 폭력적으로 해결하려는 학생들

화가 나는 감정을 해소하기 위해 신문지나 이면지를 잘게 찢어서 뿌리거나 종이를 뭉쳐서 던지는 퍼포먼스를 하면 학생들은 무척 좋아한다. 신이 나고, 속이 후련하다고도 한다. 그런데 개인적으로는 이런 일시적인 분출과 파괴적인 방식이 진짜 학생들의 화를 해결해 주었을지 의문이다. 화를 낼 때는 화가 나는 상황이 존재한다. 누구든 화가 나는 상황이 있기 마련이다.

학생들이 즉흥극에서 화를 해소하는 방법으로 보여준 장면은 인형을 때리거나, 베개를 던지거나, 소리를 지르는 방법 등이 많았다. 얼핏 아이들답다고 생각할 수도 있었지만, 무생물인 대상을 향해 폭력을 행사하는 것, 날것의 감정을 쏟아붓는 것이 화를 해소하는 적절한 방법인지는 생각해 볼 여지가 있었다. 여기서 교사는 학생들이 표현한 장면을 재료로 다양한 관점의 수업대화를 시도했다. 어떻게 화를 시원하게 해소할 것인가가 아니라 화가 나는 진짜 이유를 솔직하게 돌아보고, 자신의 감정과 직면할 수 있는 다양한 질문을 하였다. 질문 중의 하나를 예로 들면, "엄마가 컴퓨터 게임을 못 하게 했을 때 진짜 화가 난 이유는 무엇일까?", "게임을 계속 못 해서 화가 나는 걸까, 아니면 엄마의 잔소리 자체에 화가 나는 걸까?" 학생들은 우선 화가 나는 것은 게임을 못하게 되는 상황이고, 그다음은 자신의 행동에 늘 잔소리 하는 엄마 행동 자체에 화가 난다고 했다. 엄마의 잔소리에 주로 소리를 지르고 신경질을 내는 반응을 한다고도 했다.

그래서 수업 마지막에는 화를 표현하는 더 나은 방법에 대하여 이야기를 나누었

다. 심호흡하기, 화가 나는 이유를 상대방에게 말로 하기, 내 감정을 분명하게 밝히기, 운동하기, 아이스크림 먹기, 게임하기, 수다 떨기 등의 의견이 있었다. 어떤 방법이 최선일지는 사람마다 다르겠지만 모두가 알고 있는 '화'라는 감정에 대처하는 방법을 함께 찾아보았다는 것이 이 수업의 의의이기도 하다. 자신이 화가 나는 순간을 알고, 어떻게 화를 다스릴지 교육연극으로 표현해 보면 조금이라도 도움이 되지 않을까?

수업 2: 나의 편견 – "혹시 내 생각에도 편견이 있을까?"

1) 수업자의 의도

우리는 누구나 사회적 관계에서 습득된 편견들이 있다. 성 역할에서부터 인종차별까지 편견의 스펙트럼은 넓다. 학생들도 "여자는 귀엽고 예뻐야 해", "아빠는 요리를 못해도 되지만, 엄마는 잘해야 해" 등의 익숙한 생각들을 끄집어 내었다. 저자도 청소년기에 "여자는 얌전해야 하는데, 너는 왜 그 모양이냐?"라는 소리를 많이 듣고 자랐다. 이번 수업은 우리들의 생각 속에 숨어있는 편견들을 표면화하고, 그 편견을 어떻게 바꿀 수 있을지 고민하는 시간이다. 자신의 편견을 '다양한 생각'이라며 억지를 부리지 않도록, 그런 미성숙한 인격이 되지 않도록 우리들이 각자 지닌 편견을 어떻게 '건강한 생각'으로 바꿀지 궁리하는 것이 이 수업의 목표이다.

2) 관련 학년 및 교과

이 수업 주제는 아래 단원들과 관련이 있으며, 본 수업은 5학년 사회시간에 이루어졌다.

학년	교과	단원 및 주제	핵심개념
4-2	사회	2. 다양한 문화에 대한 이해와 존중-편견	
4	도덕	6. 함께 꿈꾸는 무지개 세상	
5	보건	2. 서로 다름이 모여 만드는 세상	공정, 성찰, 문화, 평등, 편견,
5-1	사회	2. 인권 존중과 정의로운 사회	
6	도덕	3. 나를 돌아보는 생활 4. 공정한 생활	

3) 핵심질문: "혹시 내 생각에도 편견이 있을까?"

4) 수업의 흐름

활동주제	세부활동	극적체험 등
상황극 -어느 카페 사장님	■ 〈노키즈존 카페 사장님 이야기〉 "나의 이 멋진 노키즈존 카페가 정말 좋아. 애들은 질색이야. 일단 애들은 시끄러워. 특히 그 초딩들 말이야. 요즘 초딩들 은 버르장머리가 없어. 게다가 욕도 많이 해. 그리고 인사도 제대로 안하고 예절이라고는 눈곱만큼도 없어. 카페에 어린 애들은 얼씬도 못 하게 해야 해!"	예술강사와 교사의 상황극
편견의 개념	■ 〈나도 의견 있어요!〉 – 두 팀으로 토론하기: '너희들이 뭘 알아' VS '사장님 너무 해요' ■ 사장님 생각에서 틀릴 수도 있는 부분 찾기 → '편견'의 개념: 공정하지 못하고 한쪽으로 치우친 생각	역할 토론
우리가 갖고 있는 편견	■ 우리가 가진 편견은 없을까? 마인드맵으로 판서 우리가 갖고 있는 편견들 예: 남자는 울면 안 돼, 남자는 씩씩해야 해 ■ 〈우리가 갖고 있는 편견은?〉 즉흥극 – 모둠별로 마인드맵의 사례를 골라 즉흥극으로 만들기	마인드맵 즉흥극
편견 바꾸기	■ 내가 가진 편견 바꾸기: before → after 예: 남자는 울면 안 돼→ 남자도 힘들면 울어도 돼	

5) 수업의 성찰

가. 사장님과 초등학생의 토론: '초등학생들은 문제야' VS '사장님 너무 해요'

상황극 이후에, 한 팀은 노키즈존을 만든 사장님, 다른 한 팀은 초등학생이 되어 자신의 의견을 말하는 토론극을 하였다. 시끄러운 초등학생들의 행동으로 노키즈존을 할 수밖에 없다는 사장님의 의견과 이런 사장님의 편견으로 억울하다는 초등학생의 의견이 이어졌다. 자신의 주장과 상대방의 입장을 각각의 역할이 되어 몰입하는 시간이었다.

그림 4-2 **사장님과 초등학생의 토론**

초등학생 팀 →   ← 사장님 팀

나. 우리들이 갖고 있는 편견들

학생들이 발표한 편견들은 참으로 다양했다. 저자가 미처 생각하지 못한 편견들도 있었다. 큰 영역으로 분류해 보니 다음과 같았다.

외모	성별	인종	기타
* 뚱뚱한 사람은 느려 * 이쁘고 잘생긴 사람들이 성격도 좋아	* 남자는 근육질이어야 해 * 여자는 요리를 잘해야 해 * 남자는 울면 안 돼 * 남자는 여자보다 운동을 잘 해	* 동남아 사람들은 가난해 * 산타는 백인이어야 해 * 동양인은 백인보다 못 해	* 형은 동생한테 양보해야 해 * 장애인은 할 수 없어 * 노인들은 힘이 없어 * 가난한 사람들은 게을러

편견은 공정하지 못한 치우친 생각들이다. 즉흥극 장면을 통해 이런 생각들을 들여다보고, 각자가 가진 편견을 바꾸어 보는 시간을 가졌다. 예를 들어,

- 뚱뚱한 사람은 느려 → 아니야, 뚱뚱해도 빠를 수 있어. 성격에 따라 빠른 사람도 있고 좀 느린 사람도 있어.
- 동양인은 백인보다 못 해 → 아니야, 동양인도 훌륭한 사람들이 많아. 한국 예술가, 일본인 노벨상 수상자들. 무조건 백인이라고 훌륭한 것은 아냐.
- 장애인은 할 수 없어 → 아니야, 장애인도 혼자서 살아갈 수 있어. 몸이 좀 불편할 뿐이야. 느릴 수는 있지만 아무것도 못 하는 사람들이 아니야.

③ 공동체성을 위한 수업

우리가 삶의 기준점으로 삼아야 할 최소한의 보편적 가치는 무엇일까? 이 세상을 함께 살아가는 구성원으로서 우리는 서로의 안전을 담보하기 위해 어떤 가치들을 공유해야 할까? 학생들이 학교에서 몸으로 익혀야 할 가치로 '공동체성'와 '공공성'을 꼽아보았다. 이 두 가지 가치는 한국 사회에서 급속하게 취약해지는 부분이기도 하다. 가치 선택의 기준이 오로지 각자의 이익과 편익으로 치닫고 있는 상황이 지속된다면, 궁극적으로 우리 삶의 생태계는 황폐해질 수밖에 없다. 함께 잘 살아야 결국 나도 잘 살 수 있는 길임을 한 번쯤 생각해 보는 수업이다. 지구촌의 아이들과 동물권을 중심으로 수업을 구성해 보았다.

수업 3: 지구촌 아이들(인권) – "지구촌 아이들은 어떻게 살고 있을까?"

1) 수업자의 의도

5학년 사회과에서 중심이 되는 내용은 인권(1학기)과 한국사(2학기)이다. 인권과 관련하여 교과서의 주요 내용은 인권의 개념, 옛사람들의 인권신장 노력, 인권 침해의 사례, 인권 보장을 위한 노력, 인권 보호 실천 등이고, 이와 연계하여 헌법과 법의 역할로 확장된다. 이런 인권 내용이 5학년 학생들의 마음에 와닿을까? 인권 교육의 또 다른 딜레마는 인권을 '내가 누려야 할 권리'에만 초점을 두어 자기중심적으로 해석하는 것이다. 이런 미성숙한 인권 의식은 다른 사람의 인권에 대해서는 가볍게 여기고, 모든 인권을 자신의 편리와 이익을 중심으로 생각하게 만든다.

본 수업은 나와 비슷한 또래의 지구촌 아이들은 어떻게 살아가고 있는지 극적 체험으로 상상해 보고, 그들도 누려야 할 인권이 있음을 알고 공감하게 하는 것이다. 인권과 지구촌 문제이므로 5학년과 6학년 모두에게 활용할 수 있다. 이 수업은 인권 프로젝트 수업의 한 회기로,[2] '앎의 문제'가 아닌 '삶의 문제'로 인권을 인식하도록 재구성하였다.

---

2 본 수업은 2024년 6월 28일에 탄천초 교사 안미리와 예술강사 나수아가 성남시 교사들을 대상으로 공개한 교육연극 협력수업이다.

2) 관련 학년 및 교과

이 수업 주제는 아래 단원들과 관련이 있으며, 본 수업은 5학년 사회시간에 이루어졌다.

학년	교과	단원 및 주제	핵심개념
5	사회	5-2. 인권 존중과 정의로운 사회	미래, 지구촌, 공정, 평화, 갈등
6	사회	6-2. 통일한국의 미래와 지구촌의 평화	
6	도덕	6. 함께 살아가는 지구촌	

3) 핵심질문: "지구촌 아이들은 어떻게 살고 있을까?"

4) 수업의 흐름

활동주제	세부활동	극적체험 등
상황극: 사진 속으로	■ **수연이 이모가 보낸 사진 속으로** – 수연이 이모가 공항에서 세계 여러 나라를 다니며 아이들을 모습을 찍은 사진을 전송함	상황극, 지구촌 아이들 사진
	■ **사진 속 장면 상상하기** – 여기는 어디일까? – 아이들은 어떤 기분일까?	프리텍스트: 사진 자료로 제시
알랏꿍의 사진	■ **수연이 이모가 남긴 〈알랏꿍의 사진 속으로〉** 아프리카 광산에서 일하는 알랏꿍의 모습 사진으로 질문하기 예〉 알랏꿍은 무엇을 하고 있나요? – 광산에서 일하는 알랏꿍의 마음을 정지동작으로	정지동작 알 랏꿍은 가상의 인물임
알랏꿍으로 살아보기	■ **〈알랏꿍의 하루〉 알라꿍으로 살아보기** – 나레이션 내용: 아래 참고 – 글을 듣고 몸짓으로 표현하기, 정지 동작으로 하고 속마음 듣기 등	나레이션 플레이 (전체 마임)
인권이 필요한 지구촌 아이들	■ **〈인권이 필요한 지구촌 아이들〉** 마인드맵으로 판서하기 예〉 인종차별을 받는 아이들 　　아파도 치료를 받지 못하는 아이들 　　교육받지 못하는 아이들 등	
	■ **〈우리도 인권이 필요해요!〉 모둠 즉흥극** – 미션: 사진자료에 어울리는 상황 만들기 – 즉흥극 후 공통질문: 이 아이들에게는 어떤 인권이 필요할까?	즉흥극, 사진자료
내가 생각 하는 인권 표현하기	■ **내가 생각하는 인권을 천의 움직임으로 표현하기** 인권이란 _____이다.	색깔천

5) 수업의 성찰

가. 자료 제시 어떻게 할까? 실물 사진 VS 화면

이 수업을 하기 전에 저자와 교사들은 학생들에게 사진 자료를 어떻게 제시할지 오랫동안 협의하였다. 각자 5학년 학생 입장이 되어 수업 상황을 상상해 보기도 했다. 그리고 최종 선택한 방법은 흔히 수업에서 제시하는 사진 파일 화면 대신 컬러로 출력한 커다란 사진을 학생들에게 직접 보여주자는 것이었다. 디지털 매체보다 번거롭고, 손이 많이 가지만, 학생들이 가까운 거리에서 집중해서 볼 수 있는 사진이 학습자료로서 훨씬 효과적이라는 결론을 내렸다. 모든 수업에서 이런 수고로움을 감수하기는 어렵지만, 적어도 교육연극수업에서는 선택해 볼만하다. 다행히 실물 사진으로 만든 자료는 동학년에서 함께 사용하여 자료의 활용도를 높였다. 확실히 학생들은 눈높이에서 보여지고 만질 수 있는 자료에 집중도가 높았다.

그림 4-3 실물사진으로 자료를 제시하는 모습

수업 중에 사용한 자료는 지구촌 아이들의 모습을 담은 장면들이다.[3] 첫 번째 사진을 제외하면 모두 인권이 필요한 지구촌 아이들의 모습이다. 이 사진을 보며 이곳은 어디인지, 사진 속 사람들은 어떤 대화를 나누고 있을지, 사진 속 아이들의 속마음은 어떨지 수업대화를 자세히 나누었다.

---

3   수업에 사용한 사진자료들은 google.com 이미지에서 검색한 자료이다.

수영장에서

물을 찾아서

카카오농장에서

수영장에서

물을 찾아서

나. 광산 속 체험하기: 나레이션 플레이(전체 마임)

도시 생활만 경험한 학생들의 입장에서 아프리카 광산에서의 노동을 상상하기란 쉽지 않다. 학생들의 상상을 돕기위해 예술강사의 섬세한 나레이션으로 극적 체험이 이어질 수 있도록 했다. 여기서 알랏꿍은 가상의 인물로이다.

〈알랏꿍의 하루〉 - 나레이션 플레이

알랏꿍은 아프리카에 살고 있는 12살 아이예요. 동생 4명과 엄마와 살고 있어요. 아침 7시에는 학교에 가는 것이 아니라 광산으로 일을 하러 가요. 걷고 또 걸어서 광산에 도착해요. 아침을 못 먹고 왔는데 바로 일을 해야 하니까 기운이 없어요. '나도 학교에 가고 싶은데, 나도 글을 쓰고 읽을 줄 알면 좋겠는데…'라고 생각하면서 광산 더 깊은 곳으로 걸어들어가요. 오늘은 어제보다 더 깊은 곳으로 들어와서 허리를 펼 수도 없어요. 숨이 '헉'하고 차요. 겨우 삽을 들고 또 다시 땅을 파고, 파고 또 파요. 정말 힘들지만 오늘 하루를 버티어야 동생들에게 저녁을 먹일 수가 있으니 알랏꿍은 이를 물고 참아요. (얼음/속마음듣기)

벨소리가 났어요. 드디어 점심시간이에요. 집에서 도시락을 싸 와야 하는데 오늘은 집에 빵이 없어서 물만 한 통 갖고 왔어요. 이 물 한 병도 아주 귀한 물이예요. 이 물 한 병이 오늘 나의 점심이예요. (얼음/속마음듣기)

그림 4-4 나레이션 플레이(전체 마임) 장면

이 활동의 목적은 학생들이 광산에서의 노동을 상상하여 짧은 순간이라도 몰입해서 몸으로 느껴 보는 데 있다. 수업을 협의하는 과정에서 상상을 돕기 위한 무대배경이나 조명의 사용이 논의되기도 했는데 실제 수업에서는 일체의 조명이나 연출을 사용하지 않는 것으로 했다. 그 이유는 이 활동이 공연을 목적으로 하는 것이 아니라 학생들에게 오롯한 경험을 제공해 주기 위한 것이기 때문이다. 학생들은 관객에게 보여주기 위한 배역을 연기하는 것이 아니라 직접 노동을 상상하고 몸으로 느껴보기 위해 활동한다. 앞에서 어설픈 소품이나 천의 사용은 오히려 상상을 방해하거나 수업을 산만하게 할 수 있어 주의해야 한다고 밝힌 바 있다. 바닥에 깔린 천이나 눈을 부시게 하는 조명에 시선을 빼앗기는 대신, 학생들은 오직 예술강사의 입에서 흘러나오는 이야기에만 기대어 상상하고 움직였다. 울퉁불퉁하고, 어둡고, 먼지나는 광산에서 괭이질을 하는 고단한 자신의 모습을 통해 어렴풋하게나마 아프리카 어느 광산에서 살아가는 알랏꿍의 삶을 느껴볼 수 있었다.

다. 지구촌 아이들의 마음 읽기

학생들이 막연하게 가난한 아이들을 동정하거나 '내가 저런 나라에 태어나지 않아서 다행'이라는 상대적 행복감에 도취될까 염려스러웠다. 그래서 학생들에게 보여줄 사진 자료를 세심하게 준비했고, 수업의 방향이 흐트러지지 않도록 교사의 질문 방향을 분명하게 다졌다. 아이들이 가난을 개인의 게으름과 개인의 불운으로 치부하지 않도록 강조하였다.

즉흥극은 처음 제시된 사진에 어울리는 상황 만들기로 진행되었다. 학생들이 만든 장면 중에는 물을 마시지 못해 우는 어린 동생의 눈물, 카카오농장에서 일하느라 글을 읽지 못하는 아이의 답답함, 배고픈 동생을 위해 애벌레를 잡아가는 형의 절실함, 광산에서 일을 해 가족을 먹여 살릴 수 있어 다행이라는 소년 가장의 안도감이 담겨있었다. 이 장면들은 모두 학생들이 마치 그 사진 속의 사람들이 된 것처럼 상상하고 공감했기 때문에 표현될 수 있는 것들이다. 교육연극수업은 이처럼 누군가의 아픔과 처지를 공감하고 내면화할 수 있는 활동이 가능하다는 장점을 지닌다.

수업 4: 반려동물(동물권) – "반려동물이 나에게 말을 한다면, 어떤 말을 할까?"

1) 수업자의 의도

최근 우리나라에도 반려동물을 키우는 인구가 급속히 많아지고 있다. 자연과 생명을 접하는 것이 쉽지 않은 요즘, 학생들이 동물과 교감할 기회가 많아진다는 것은 정서적으로도 매우 긍정적이다. 하지만 늘어나는 반려동물의 수만큼 유기 동물도 그만큼 증가하여 사회적 문제가 되고 있다. 반려동물을 장식품이나 소모품으로 여기지 않으려면 어떻게 해야 할까? 생명 존중까지는 아니더라도 내 주변에 있는 반려동물도 생명이 있는 존재임을 느끼고 생각할 기회가 필요하다. 인간에게 인권이 있듯 지구상의 다른 생명체와 자연에게도 생명이 있음을 인지하는 것은 우리가 지녀야 할 상식이기도 하다. 이런 맥락에서 수업을 설계하였다.

2) 관련 학년 및 교과

이 수업 주제는 아래 단원들과 관련이 있으며, 본문에 있는 수업은 교육연극 교사 워크숍을 위해 기획한 수업안을 다시 수정하여 5학년에 적용한 것이다.

학년	교과	단원 및 주제	핵심개념
3	과학	3. 동물의 한살이	동물, 생명, 반려동물, 학대, 올바른 삶, 정직, 성찰
3	도덕	6. 생명을 존중하는 우리	
4	도덕	1. 도덕 공부, 행복한 우리	
5-1	사회	2. 인권 존중과 정의로운 사회	
6	도덕	3. 나를 돌아보는 생활	

3) 핵심질문: "반려동물이 나에게 말을 한다면 어떤 말을 할까?"

4) 수업의 흐름

활동주제	세부활동	극적체험 등
신문 기사와 사진	**■ 개 사진과 신문기사** – 〈공원에 나타난 '무서운 개'...〉[4] – 여기는 어디일까? 왜 개는 혼자 이곳에 있을까? – 개의 표정은 어떤가? – 이렇게 버려진 개를 우리는 '유기견'이라 부름.	프리텍스트
반려동물과 우리	**■ 반려동물과 우리** 1) 내가 반려동물을 키우는 이유와 종류는? 2) 반려동물을 키우고 싶지만 키우지 못하는 이유는? 3) 반려동물을 키우고 싶지 않은 사람들과 그 이유는? 4) 내가 키우고 싶은 반려동물과 그 이유? **■ 그런데 왜 점점 유기되는 동물들이 많아지고 있을까?** – 토론하기	스펙트럼 토론
반려동물이 말을 한다면...	**■ 반려동물이 말을 한다면?** 각각의 장소에서 이들은 어떤 대화를 나눌까? 미션1. 애견카페에 모인 개들 미션2. 이빨이 뽑힌 반려 호랑이 미션3. 유기묘 보호센타에 있는 고양이들 미션4. 베란다에 사는 앵무새들 **■ 즉흥극 후 질문들** – 이 반려동물들은 왜 여기에 있을까? – 반려동물들은 행복할까?	즉흥극
공감	**■ 반려동물이 사람에게 말을 한다면 어떤 말을 할까?**	

5) 수업의 성찰

가. 왜 사람들은 반려동물을 키울까?

2023년 말, 반려동물용 유모차(일명 개모차)의 판매량이 유모차 판매량을 앞섰다는 뉴스가 있었다. 우리 사회에 반려동물 양육 가구가 급증한 것이다. 이런 사회변화와 사람들의 심리를 반영이라도 하듯 애완견을 동반할 수 있는 쇼핑몰과 카페가 늘어

4　윤수진(2024). 공원에 나타난 '무서운 개' 알고 보니 유기견,..."좋은 가정에 입양됐으면". 매일신문 기사 (2024. 7. 2.).

나고 반려동물 동반 비행기 탑승도 가능하게 되었다. 문제는 반려동물의 숫자가 많아진 만큼 유기견과 버려진 동물들이 많다는 사실이다. 사람들이 반려동물을 키우는 이유와 반려동물을 버리는 이유에 대해 학생들은 이렇게 말하였다.

반려동물을 키우려는 이유	반려동물을 버리는 이유
* 동물을 좋아하니까 * 반려동물 데리고 다니면 좀 있어 보여서 * 자랑하고 싶어서 * 혼자 살기 외로우니까 * 내 마음대로 할 수 있어서 * 스트레스를 동물한테 풀 수 있어서 (미용, 악세사리, 장난감 구입 등)	* 어릴 때는 작고 귀여웠는데, 점점 몸집이 커지고 집도 좁아져서 * 점점 돈이 많이 들어서 * 나이가 들수록 병도 들고 치료비도 많이 들어서 * 반려동물로 유튜브 방송을 해서 구독자 수를 높일 줄 알았는데 마음대로 안되어서 * 귀찮아져서 * 아파트에서 키우기 힘들어져서

교육연극수업이 아니었다면 학생들이 반려동물에 대해 갖고 있는 생각을 이렇게 다양하게 듣기는 힘들 것이다. 교과서나 일상의 대화에서 반려동물이란 단지 귀엽고 사랑스러운 존재로 머무르기 쉽다. 하지만 이 수업에서 학생들이 찾아낸 이야기들은 보다 현실적이고 쉽게 드러내지 못했던 사람들의 깊은 속마음을 표면화해서 보여준다.

나. 반려동물이 사람에게 말을 한다면

학생들은 반려동물들의 입장이 되었을 때 비로소 그들의 속상한 마음을 진심으로 느껴볼 수 있다. 학생들이 즉흥극에서 토로한 반려동물의 속마음은 다음과 같다.

"아파트에만 갇혀 살아서 너무 답답하다, 산책하고 싶다, 나에게 제발 옷을 입히지 마라, 미끄러운 쇼핑몰 바닥은 정말 싫어, 흙이 있는 곳에서 살고 싶어, 내가 더 이상 귀엽지 않더라도 나를 버리지 마라, 베란다는 갑갑해, 숲에서 살았으면, 친구들이 없어서 외로워, 나를 장식용으로 생각하지 마⋯⋯." 등이었다.

한 학생은 수업 소감으로 반려동물을 키울 때는 당장 귀엽다고 살 것이 아니라, 반려동물의 평생을 책임질 수 있어야 한다고 제법 단호하게 말했다. 저자도 14살 반려견이 있다. 점점 관절도 약해지고 시력도 약해지는 것이 보인다. 반려견이 생명을 다하는 날까지 지켜주고 보호하는 것이야말로 반려동물을 키우는 사람들의 모습이어야 함을 함께 공감하는 시간이었다.

5학년 2학기 사회 교과의 중심은 고조선부터 6.25 전쟁까지를 다루는 한국사이다. 6학년에서 다루어졌던 한국사가 5학년으로 더 내려온 것이다. 오천 년의 역사는 그 내용이 방대할 뿐만 아니라, 건국과 멸망, 주변국들의 침략사로 얽힌 복잡한 서사이다. 이는 초등학생이 습득하기에는 너무 장대한 과거의 일이다. 고조선, 고구려, 발해, 백제, 신라, 고려, 조선, 식민지, 해방과 근현대사로 이어지는 한국사를 학생들은 어떤 마음으로 배울까? 시험 문제로 접근하는 것이 아니라 내가 사는 이 나라의 이야기라고 생각하며 배울까? 요즘 역사 선생님들은 수업하기가 더 어려워졌다고 한다. 제도명(制度名)이나 관직명, 사건의 용어들이 모두 한자어이고 학생들은 그 용어의 뜻을 전혀 모르기 때문에 수업 시간의 대부분이 용어의 뜻을 설명하느라 지나간다고 했다. 저자는 역사 교과서의 구성이 달라져야 한다고 생각해 왔다. 왜 역사는 꼭 고대사부터 배우도록 교과서가 구성되었는지 의문이다. 12살 학생들이 현재 자신이 살고 있는 가장 가까운 과거인 현대사부터 배운다면 역사에 더 가까워지지 않을까? 또 수박 겉핥기식으로 많은 이야기를 다룰 것이 아니라 그 시대를 깊게 느끼고 생각해 보는 역사 수업이 필요하다.

역사가 과거의 죽은 사건들로 치부되지 않기 위해서는 '그 시대 안에서 생각하고 느껴볼 수 있는 시간'이 필요하다. 그래서 이번 주제는 인간의 삶이 타고난 신분으로 운명지어지던 조선 사회의 신분제와 한국 현대사의 상처인 독재와 민주 항쟁을 다룸으로써 잠시 역사 속으로 깊숙이 들어가 보려고 하였다.

수업 5: 조선시대 신분제 – "내가 조선시대 평민으로 태어난다면?"

1) 수업자의 의도

조선시대 신분제는 봉건사회와 근대사회를 가름하는 중요한 잣대이다. 유교 이데올로기에 관한 지식과 상상력이 필요하기에 학생들이 조선 사회를 이해하는 것은 쉽지 않다. 교과서에서는 신분제에 관한 객관적인 지식만을 기술하고 있어서 신분제가 의미하는 사회적 이데올로기와 인간의 삶에 미치는 절대적 영향력을 알기 힘들다.

신분제를 교육연극으로 수업하는 이유는 학생들이 그 시대를 살아가는 각각의 신분이 되어 신분제를 간접적으로 체험하는 기회를 가져 보게 하는 것이다. 태어나면서부터 삶의 형태를 운명적으로 규정짓는 사회제도가 그 신분으로 살아가는 사람들에게 어떤 영향을 미치는지 '살아보기'를 통해 느껴본다. 또 각 신분이 다른 신분을 바라보는 역지사지의 입장 체험과 더불어, 신분제가 갖고 있는 모순점을 '비판'적인 눈으로 보게 한다.

2) 관련 학년 및 교과

학년	교과	단원 및 주제	핵심개념
5-2	사회	1. 옛 사람들의 삶과 문화 – 조선	신분제, 조선사회, 역사, 인권, 유교

3) 핵심질문: "내가 조선시대 평민으로 태어난다면?"

4) 수업의 흐름

활동주제	세부활동	극적체험 등
시대상황 속으로	■ **더운 여름날 권대감네 집 〈전체 즉흥극〉** – 권대감, 돌쇠(머슴), 삼월이(몸종), 최화원, 김대감들 – 권대감의 고민: 평민과 연애하는 아들	전체 즉흥극 권대감역은 저자가 하고 나머지는 모두 학생이 함
신분제 속으로	■ **역할로 체험한 조선시대 각 신분의 역할 이해: 마인드맵** 　신분이 하는 일, 선택할 수 있는 직업, 어려움...	
	■ **권대감네 마을에 울려 퍼지는 흥겨운 음악소리** – 무슨 날일까? 상상하기 – 조선시대 이런 음악은 언제 들을 수 있을까? ■ **〈사또 나으리의 생신 잔칫날〉 즉흥극 만들기** – 네 가지 색깔 스티커로 신분 되어보기 – 미션: 사또 나으리의 생신날, 각 신분들은 어디에서, 누구와 어떤 대화를 나누며, 무엇을 했을까?	풍물패 소리 색깔 스티커로 신분 체험
정리: 내가 생각하는 신분제	■ **한 줄 정의 내리기**: 신분제는 _____이다. ■ **색깔천으로 각 신분의 마음 표현하기** – 어떤 마음이었을까? ■ 내가 그 신분이 되어보니: 소감 나누기	색깔천

5) 수업의 성찰

가. 조선시대 양반을 상징하는 권대감 이야기

저자가 권대감 역할을 하고, 나머지 역할은 즉석에서 학생들을 지목하여 참여하게 했다. 특별한 소품 없이 부채와 옛날 책 한 권으로 수업이 시작된다.

---

1. 여름날, 권대감이 날씨가 덥다고 부채질을 한다. 그러다 '내가 양반인데, 왜 이런 힘든 일을 하고 있지. 우리 집 돌쇠를 불러야겠다'
2. '돌쇠야, 돌쇠야!' (학생 한 명을 지명하여 부른다) 불려나온 돌쇠, 부채질을 열심히 한다.
3. 권대감은 책을 읽으며 중얼중얼한다.
4. 권대감, 목이 마르다고 삼월이를 부른다. (여학생 한명을 지명하여 부른다) '시원한 약수물을 떠오너라'
5. 삼월이 물을 떠서 바친다.
6. 권대감 ' 나의 이 젊은날의 모습을 초상화로 남겨야겠다' 동네 유명한 최화원을 불러 초상화를 그리게 한다. (학생 한명을 최화원으로 지목하여 부른다)
7. 권대감 '내가 요즘 아들 때문에 고민이야. 김대감들을 불러야겠다'
   (학생 전체가 김대감이 된다)
8. 권대감이 고민을 김대감들에게 하소연한다.
   '양반의 자제인 내 아들이 과거 볼 생각은 안 하고 평민의 딸하고 연애질을 하고 있소.'
9. 권대감 '김대감은 어찌 생각하는가? 좋은 대안을 주시오'
   (학생들은 김대감 입장이 되어 조언을 한다)
   – '과거에 합격하면 평민을 만나게 해 주겠다고 일단 공부를 하게 하시오'
   – '아예 외출을 못하게 집안에 감금을 시키시오'
   – '그 평민의 집에 가서 권대감 아들을 못 만나게 당부를 하시오' 등

전체 즉흥극을 통해 학생들은 즉석에서 돌쇠와 삼월이 같은 노비도 되고, 최화원 같은 중인 신분이 되기도 하고, 김대감 같은 양반 신분이 되기도 하였다. 조선시대 사람으로 '살아보기'를 통해 신분 간의 역학을 체험하였다. 교과서에 제시된 신분제의 개념과 종류만으로는 신분제가 가진 속박과 모순을 느끼기 힘들다. 예를 들면, 양반이라는 신분은 늘 좋거나 행복한 것으로 여기거나 태어날 때부터 정해지는 신분의 높고 낮음이 당연한 것처럼 느껴질 수도 있다. 그러나 수업에서 만난 권대감의 아들은 양반이기 때문에 자유롭게 연애할 수도 없고, 하기 싫은 공부도 억지로 해야 하는 어려움이 있었다. 학생들은 양반이라고 항상 행복하기만 한 것은 아니라는 사실을

알게 된다. 또한, 스티커로 정해진 운명처럼, 태어날 때부터 평민과 노예로 신분이 정해진 채 살아가는 것이 얼마나 부당하고 억울한 것인지도 생생하게 느끼게 된다.

나. 사또 나으리의 생신잔치에서

수업을 시작하기 전에 아무런 설명 없이 색깔 스티커 한 장씩을 골라 가슴에 붙이게 하였다. 이 색깔이 신분을 결정하는 운명이다. 신분제의 특징은 누구든지 선택할 수 없는 강제적인 운명이라는 점이다. 학생들은 스티커가 정한 운명이 되어 〈사또 나으리의 생신날〉을 맞이했다.

〈사또 나으리의 생신날〉은 상징적인 날이다. 조선시대 사또라는 직업은 지배계급을 대표하는 신분이고 그 사또의 생일은 지배계급에게 즐거운 축제의 날이다. 반면, 낮은 신분의 사람들에게는 그날이 노동과 착취가 일어나는 힘든 날이 된다. 이러한 신분 간의 대비를 극적 체험으로 경험할 수 있었다. 생일 잔치의 분위기를 통합예술적 방법으로 어떻게 암시할까 고민하다가 풍물놀이 음악을 활용하였다. 음악을 들려주고 이날이 무슨 날일지 상상하게 했을 때, 학생들은 경사스럽고 특별한 날이라고 짐작했다.

즉흥극의 미션은 사또의 생일날에 각 신분들의 역할은 무엇이었는지 그들이 나누는 대화는 어떤 내용인지 표현하는 것이었다. 학생들이 표현한 장면은 이러했다. 사또의 생일에 초대받은 양반들은 모두 선물을 바치고 함께 술잔을 기울이며 유쾌한 시간을 보낸다. 이때 중인계급은 양반들이 즐거워하는 모습을 그림으로 그리고 있다. 평민은 농사일을 멈추고 관아에 와서 잔칫상을 준비하거나 집에 있던 고기나 쌀을 바치기도 한다. 마지막으로 노비는 온갖 선물을 나르고 청소를 하고 음식을 만드는 등 바쁘게 움직인다.

수업의 마지막 활동은 각 신분이 느낀 마음을 천으로 표현하는 것이었다. 양반은 누리는 것이 많아 천을 높이 들고 흔들었다. 반면, 평민은 할 수 있는 일이 제한되고 늘 양반의 눈치를 보는 삶이 힘들고 답답하다는 뜻에서, 그림 4-5와 같이 천에 갇힌 모습으로 표현하였다.

역사 교과서와 역사 시험에는 제도와 사건과 형식적인 지식이 있을 뿐 '사람'이 보이지 않는다. 역사를 교육연극으로 배우는 과정은 그 시대로 직접 들어가 살아보는 기회가 된다. 이는 학습지나 영상으로는 얻기 힘든 생동감 있는 수업이 될 수 있다.[5]

---

5 이 수업을 일부 수정하여 청주교육대학교 주관의 청주교사교육포럼(2024년 1월 10일)에서 교육연극 워크숍으로 진행하였다.

그림 4-4 4가지 신분제를 나타내는 스티커

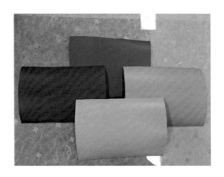

그림 4-5 구속된 평민의 답답함

수업 6. 독재와 민주항쟁 – "내가 당시의 시민이었다면, 무엇을 했을까?"

1) 수업자의 의도

한국 근·현대사는 수업하기 불편한 주제이다. 교과서 내용을 그대로 전달만 해야 할지, 교사의 개인적인 의견을 말해도 되는 건지, 혹시나 수업 중에 한 말이 빌미가 되어 민원이 발생하지는 않을지 수업자를 늘 소심하게 만든다. 교과서 내용은 당시의 정치적 상황과 역사적 사실을 객관적으로 서술하여 시대를 이해하는 데는 도움이 되지만, 그 시대가 현재 나의 삶과 어떤 연관이 있는지, 그 시대를 산다는 것에 어떤 '아픔'이 있었을지 공감하기는 어렵다. 한국의 민주화 운동은 수행평가를 위한 지식이 아니라 내가 발 딛고 사는 이 나라에서, 불과 얼마 전에 있었던 우리의 이야기이다. 따라서 수업의 중심 내용은 민주화 운동의 원인과 결과에 초점을 두지 않았다. 독재 시대를 살아가야 하는 인물이 되어 역사적 주체성을 고민하는 데 초점을 두었다.

2) 관련 학년, 교과 및 단원

이 수업주제는 아래 단원들과 연관이 있으며, 저자는 6학년 사회수업에서 실행하였다.

학년	교과	단원	핵심 개념
6	사회	1. 민주주의의 발전과 시민 참여	혁명, 선거, 독재, 민주주의, 항쟁
6	도덕	4. 공정한 생활	공정, 평화, 존중

3) 핵심질문: "내가 당시 시민이었다면, 무엇을 했을까?"

4) 수업의 흐름:

활동주제	세부활동	극적 체험 등
장면으로 상상하기	■ 영화 속의 한 장면 　서울의 봄(전두환 집권)	영화 장면
한국 현대사 속 지도자	■ 〈독재란 이런 거예요〉 표지 보며 내용 상상하기 – 내가 이 책의 저자라면 어떤 내용을 담을까? – 독재란? 獨裁의 의미/독재의 느낌을 색깔로 표현하면? ■ 독재자의 역사: 인물 사진으로 역사 읽기 : (일제강점기)–이승만–박정희–전두환 이승만　　　전두환　　　박정희 ■ **이들은 어떻게 독재자가 되었을까?** : 권력욕, 사회적 혼란, 부정선거, 복종하는 사람들 등	독재의 느낌을 색깔로 표현. 가운데 빨간색 독재자 의자를 두고, 거리 두기로 표현
독재자와 그 주변 사람들	■ 독재자와 함께 살아가는 사람들은 누구일까? 마인드맵 　가족, 부하, 군인, 시민, 대학생 등	

	■ 독재자 주변 사람들의 생각을 '마음의 거리 두기'로 표현 하기 - 원하는 역할로 들어가기, 몸으로 표현하기 가족이라면? 부하라면? 군인이라면? 대학생이라면? 시 민이라면? 왜 나는 여기 있는가? 이 몸동작이 의미하는 것은 무엇인가?	
내가 당시 시민이 었다면?	■ 내가 그 당시 ( )이었다면, 어떻게 했을까? 미션 내용: 사진 자료 배부(아래 참고) 1) 시대적 배경 2) 다양한 인물과 물건 등장 가능 3) 어떤 행동을 할지 나타낼 것 모둠 구성: 내가 군인이었다면/내가 대학생이었다면 　　　　　내가 독재자의 부하였다면/내가 시민이었다면 ■ 발표와 질문하기 왜 이런 선택을 하였는가? 이후에 어떤 일이 일어날까?	정지장면
내가 생각하는 독재란?	■ 내가 독재자를 만난다면, 어떤 말을 하고 싶은가? ■ "독재란 ＿＿＿＿＿＿이다." 모둠별로 정의 내리기	색깔 천

〈사진 자료〉[6]

| 군인 | 대학생 | 부하들 | 시민들 |

5) 수업의 성찰

가. 시대 속 인물이 되어 독재자와 '마음의 거리 두기'

학생들은 독재자의 시대에 그 가족이 되어, 군인이 되어, 시민이 되어, 대학생이 되어 독재자와의 '마음의 거리 두기'를 표현하였다. 양가적인 감정들이 많았다. 권력을 갖게 되어 좋다는 아들과 아버지가 독재자라서 싫다는 딸, 두렵지만 복종해야 한

_____
6 수업에 사용한 사진자료는 google.com 이미지에서 검색한 자료이다.

다는 군인, 반란을 꿈꾸는 최측근 부하, 엄마 몰래 시위하러 나온 대학생과 무서워서 집에 있는 대학생, 계엄군에 아들이 희생된 시민의 고통 등 독재를 둘러싼 사람들의 다양한 상황과 심정이 표출되었다.

그림 4-6 독재자와 군인들 사이 '마음의 거리'

위의 장면은 독재자의 명령으로 시민들을 제압하는 군인들의 속마음이다. 빨간 의자에 있는 독재자에게 근접한 위치에 있는 군인들은 독재자에게 충성을 다해 권력을 누려보겠다는 군인들이다. 반면 죄책감으로 독재자를 미워하는 군인들은 독재자로부터 멀리 떨어져 있다. 이런 심리적 마음 읽기는 교과서와 디지털 검색으로는 담아내기 힘들다. 13살, 6학년 학생이 그 시대의 아픔을 온전히 느끼기는 힘들지만, 그 시대에 살았던 사람들의 마음 한 자락이라도 느껴보는 것이 역사를 배우는 이유가 되어야 한다.

나. 우리는 이렇게 생각합니다. 독재란? _____이다.

수업 마지막에 학생들이 생각하는 독재를 한 단어로 나타내고, 색깔천으로 표현하게 하였다.

"독재란 흡연이다. 담배는 처음에는 심각하지 않지만 점차 중독이 되고, 주변 사람들에까지 나쁜 영향을 미치기 때문이다. 독재도 담배처럼 시간이 지날수록 점점 사람들에게 나쁜 영향을 미치게 된다"

"독재란 바이러스다. 사람들이 알지 못하는 사이에 점점 퍼져 나가서 사람들의 생명을 위협하고, 치명적인 위험을 가하는 것이다."

"독재란 무관심에서 자라나는 것이다. 독재에 저항하지 않으면 독재는 점점 더 큰 힘을 갖게 된다."

그림 4-7 '독재란 흡연이다'

    독재란 정치에만 있는 것이 아니다. 우리가 속한 공동체 어디서든 독재의 씨앗은 존재한다. 이 수업을 통해 비극적인 한국 근대사에서만 독재가 존재하는 것이 아니라 학급에서도 가정에서도 학교에서도 독재가 발현될 수 있다는 것을 함께 이야기 나누었다. 누군가 권력에 대한 욕망이 지나칠 때, 그것에 저항하거나 비판하지 않을 때, 바로 그곳에 독재가 자리한다. 역사적 주체성이란 과거의 이야기가 아니라, 지금 나의 이야기가 될 수 있어야 한다. 학생들이 자신의 주변에 대해 무관심하거나 방관하지 않기를 바라는 마음으로 수업을 마무리했다.

⑤ 지구인을 위한 수업

수업 7: 기후위기 – "내가 지구라면, 요즘 고민은 무엇일까?"

1) 수업자의 의도

    지구 생태계가 위협받고 있다는 뉴스가 빈번하게 들려온다. 자연재해에서 전쟁까지 그 심각성도 나날이 더해지고 있다. 그러나 고층 아파트에서 편리하고 풍족한 생활에 익숙한 우리 학생들이 지구 생태계의 위험을 절감하기는 어렵다. 전기와 물을 아껴 쓸 필요성은 가정에서도 사회에서도 느끼기 힘들다. 우리나라는 에너지를 아껴 써야 할 만큼 가난하지도 않고, 우리 집은 전기료를 걱정하지 않을 만큼 풍요롭다는 것이 보편적인 인식이다.

    이번 수업은 기후 위기에 대한 원론적인 접근이 아니다. 우리가 실천할 수도 없는 해결방법을 찾거나 상투적인 결과물을 만드는 캠페인이나 홍보 영상 만들기도 없다.

학생들 각자가 마음으로 '지구의 고민'에 공감하면서 일상에서 실천할 수 있는 작은 약속을 고민해 보는 것이 수업의 목표이다.

2) 관련 학년 및 교과

이 수업 주제는 아래의 단원들과 연관이 있으며, 저자는 6학년 과학수업에서 실행하였다.

학년	교과	단원 및 주제	핵심개념
4-2	과학	5. 물의 여행-물부족	지구환경, 기후변화, 과소비, 에너지 부족,
5-2	과학	1. 생물과 환경-날씨와 우리생활	
6-2	과학	5. 에너지와 생활	
6	도덕	6. 함께 살아가는 지구촌	

3) 핵심질문: "내가 지구라면, 요즘 고민은 무엇일까?"

4) 수업의 흐름

활동주제	세부활동	극적 체험 등
나는 누구?	■ **색깔의 이미지 살펴보기 :녹색 VS 빨강** – 각 색깔에서 연상되는 장소 찾기 　예: 공원, 바다, 숲, 찜질방, 사막... ■ **〈나는 누구일까?〉** – 내 몸이 점점 뜨거워져서 힘들어하는 나는 누구일까? – 녹색과 빨간색이 상징하는 것은?	녹색천, 빨강천
그린라이프를 위한 시민활동가	■ **〈그린 라이프 시민활동가 역할 안내〉** – 그린 라이프 시민활동의 목적은? ■ **지구를 빨간색으로 만드는 원인과 행동들** – 지구 온난화의 의미: 온실가스로 지구 기온이 상승 　마인드맵으로 판서 　　　　　온실가스 * 우리생활에서 이산화탄소 배출 사례 – 석유 생산품 : 의류, 생활용품 – 에너지 사용 : 자동차, 비행기, 전기, 물 등 – 플라스틱 생산 : 일회용품, 배달음식 * 육식 식습관: 동물사육으로 인한 메탄가스 배출	과학적 지식 필요

지구의 고민, 함께하기	■ 〈그린 라이프 시민활동가〉 3단계 즉흥극 만들기 1단계: 지구를 힘들게 하는 사람들의 행동 2단계: 그린라이프 시민활동가 〈정지〉외치기 3단계: 그 문제를 해결하는데 도움을 줄 수 있는 방안	즉흥극
고민 함께하기: 나의 약속	■ 〈지구의 고민을 함께하는 나의 작은 약속〉 – 빈의자를 지구라고 생각하고, 나의 약속 말해주기	빨간지구 포스트잇
지구 마음 느껴보기	■ 나의 약속을 들은 지구의 기분은 어떤 색일까?	

5) 수업의 성찰

가. 프리텍스트: '지구의 고민'

기후 위기에 관한 이야기를 나누는 재료로서 북극곰이나 녹고 있는 빙하, 가라앉는 섬의 사진이 주로 사용된다. 학생들 입장에서 이런 시작은 수업의 전개가 너무 쉽게 예상되어 궁금함이나 신선함이 부족하다. 저자는 실험적인 방법으로 학생들이 단서를 통해 수업의 주제를 짐작할 수 있도록 짧은 퍼포먼스를 시도했다. 빨강 천과 녹색 천의 움직임으로 건강한 지구가 점점 뜨거워지는 장면을 은유적으로 표현한 것이다. 저자의 의도와 달리 첫 번째 학급에서 수업했을 때는 학생들이 의미를 짐작하는데 오랜 시간이 걸렸다. 퍼포먼스에 몰입하기는 했지만, 단지 구경꾼의 입장에서 보았고, 천의 움직임을 '지구 온난화'로 연결 짓는데 여러 단계의 질문이 오고 가야 했다. 수업안을 수정하여 두번째로 실행한 학급에서는 퍼포먼스를 보여주기 이전에 녹색 천과 빨간 천에서 연상되는 장면과 장소 표현하기로 단계를 나누어 은유적 의미에 더 쉽게 도달할 수 있게 했다. 이런 식의 주제 소개는 학생들에게 많은 상상과 몰입을 자극하기 때문에, 이후 전개되는 수업에서 보다 적극적인 참여를 이끌어 낼 수 있다.

기후 위기와 관련된 수업은 온정적이고 감정적인 수업에 머무르는 경우가 많다. 기후 위기는 과학적 지식으로 접근해야 할 지구적 현상이다. 과학적 지식을 바탕으로 지구 온난화의 의미를 명확하게 제시하기 위해 마인드맵의 형식으로 정리해 나갔다. 그 단계는 다음과 같다. 온난화의 주된 이유는 온실가스이고, 온실가스는 이산화탄소의 배출로 생긴다는 점, 우리 생활에서 이산화탄소를 배출하는 구체적인 사례를 찾아보는 것으로 진행했다. 이렇게 찾은 사례를 중심으로 즉흥극을 만들었다.

즉흥극에 담긴 '지구를 힘들게 하는 사람들의 행동'에는 우리의 일상이 고스란히 담긴다. 그중 하나가 배달 음식을 주제로 한 것이다. 아빠의 생신을 축하하기 위해 집에서 생일 파티를 열고, 기분이 좋아 배달 음식을 많이 시킨다. 음식이 남아서 결국 음식물 쓰레기가 되고, 플라스틱 용기는 산더미가 되는 장면이다. 관객 학생들이 이 장면에 가장 깊게 공감을 한 이유는 모두에게 이것이 익숙한 경험이기 때문이었다. 우리 생활 속에 배달 음식은 일상으로 자리잡았고, 배달 음식으로 인해 발생하는 음식물 쓰레기와 플라스틱 용기에 한없이 무뎌져 있다. 이번 수업은 무뎌진 일상을 되돌아보는 기회가 되는 것으로도 의미가 충분하다.

그림 4-8 지구의 고민: 빨강과 녹색

그림 4-9 지구를 위한 나의 약속

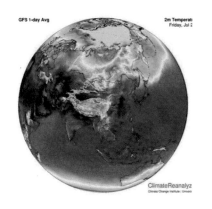
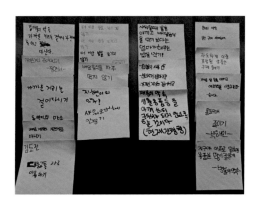

나. '내가 만약 지구라면' 지구의 마음 되어보기

이번 수업에서는 기후 위기의 문제를 나의 일상생활로 연결하는 것이 목표였다. 세계 정상회담이나 기후조약보다 더 중요한 것은 개개인이 실천하는 생태 감수성이다. 수업을 통해 뜨거워지는 지구를 위해 내가 실천할 수 있는 '작은 약속'을 찾아보았다. 약속은 실천이 전제 조건이다. 그래서인지 평소 도덕이나 과학 시간에 나올만한 화려한 실천 방안 대신 6학년 아이들로서 일상생활에서 실천할 법한 소박한 약속들이 많았다. 이것을 포스트잇에 적어 뜨거워지는 지구 옆에 붙여 놓았다. 이어서 나의 약속을 들은 지구는 어떤 마음일지도 상상해 보았다.

지구의 고민을 덜어주는 나의 작은 약속	내가 지구라면, 이런 사람들의 약속을 들으면 어떤 마음이 들까?
* 마트에서 충동구매 하지 않기 * 동네학원 갈 때 엄마 차 타지 않고 걸어가기 * 급식시간에 잔반 남기지 않기 * 샤워할 때 물 덜 사용하기 * 텀블러 갖고 가기 * 배달 음식 줄이고, 분리수거하기 * 할인매장에서 물건 적게 사기	* 고맙다. 지금이라도 나의 어려움을 알아줘서 * 서운하다. 진작에 좀 알아주지 * 화가 난다. 너무 늦었다. * 약속한 것은 꼭 지켜 * 다른 사람들에게도 좀 알려줬으면 좋겠어. * 너무 낭비가 심해

6 교육연극수업, 한 단계 성장하려면

교육연극을 수업으로 전개하는 데는 여러 도전이 있다. 운영상의 어려움과 함께 수업으로 적용할 때 생기는 근원적인 두려움도 있다. 공연이든 수업이든 다수의 참여자를 대상으로 극적 체험을 만들어 가는 과정 자체가 집중력과 창의성을 요구하기 때문이다. 교육연극수업이 질적으로 깊어지기 위해서는 다음과 같은 측면이 고려되어야 한다.

1) 교사 측면: 학생들의 반응을 사전에 예측할 수 없다.

학생들이 만드는 즉흥극이나 반응을 사전에 예측할 수 없다는 점이 교사에게는 큰 어려움이다. 일반 수업이 수업자의 의도대로 평이하고 정해진 방향대로 흘러가는 것이라면, 교육연극수업은 학생들의 반응에 따라 예측 불가능한 쌍방향성을 지니며, 그래서 더욱 흥미진진하기도 하다. 따라서 교사는 학생들의 활동을 집중해서 관찰하고 그 특성이나 한계를 빠르게 파악하고 질문할 수 있어야 한다. 또 주제나 미션의 의도와 동떨어진 방향으로 너무 멀리 가지 않도록 적절한 타이밍에 개입하는 단호함도 필요하다. 즉흥극 주제를 제시할 때는 학생들이 분명하게 이해할 수 있도록 명확히 제시해야 한다.

이 난제를 해결하는 방법은 연극기법이 아니라 수업에 대한 꼼꼼한 준비이다. 학생들이 즉흥극을 만드는 과정을 관심 있게 보고 이야기의 흐름을 사전에 파악하는 것도 하나의 전략이다. 교사가 학생들의 생각을 읽어내고, 그 생각들의 이유를 쪼개어 질문하는 힘이 중요하다. 교육연극수업에서 가장 중요한 것은 교사의 연기력이 아니라 '질문력'이라고 강조하는 이유가 여기에 있다.

2) 학생 측면: 평소의 학급문화가 수업으로.

교육연극수업에서 교사와 학생은 역할이 수시로 변한다. 교사도 특정 배역을 연기할 수 있고 학생도 배우가 되었다가 관객이 되는 등 역동적으로 역할이 바뀐다. 연극공연은 관객들에게 전하고자 하는 메시지를 대본으로 준비하고, 능숙한 배우의 훈련된 연기로 관객을 몰입시킨다. 사전에 준비하는 시간이 길고, 준비하는 과정도 치밀하다. 그러나 교육연극은 교사가 수업을 고민하고 설계하는 단계를 제외한다면, 실제 수업이 이루어지는 상황은 매우 즉흥적이다. 학생들은 교육연극 수업을 예습하거나 즉흥극을 사전에 의논할 수 없다. 수업이 진행되는 과정에서 모둠을 만들고 5~7분 내외에 즉흥극을 만들어 발표까지 한다. 전체적으로 보면 속도감이 빠르고 그 짧은 시간에 다양한 활동이 역동적으로 이루어진다. 학생들이 연기를 못했다고 해서 되돌려서 반복하게 할 수도 없다. 설사 누군가 실수를 하거나 수업을 방해하는 학생이 있어도 그 상태로 계속하는 경우가 많다.

교육연극수업을 진행하기 좋은 학급은 평소 모둠학습을 자주 하고, 학급의 분위기가 민주적인 교실이다. 수업에는 그 학급의 교실 문화가 담긴다. 학생들 간의 친밀도, 교우관계, 놀이 문화, 교사와의 상호 신뢰 등이 모두 교육연극수업에 담긴다. 이런 것들은 특정한 전략이나 단시간의 처방으로 갑자기 형성되기 어렵다. 교사의 수업 철학이 학급문화로 스며들었을 때 그것이 수업으로 연결되는 것이다.

3) 수업 내용 측면: 지적 오류와 몰가치성을 경계해야 한다.

교과와 연계하여 교육연극 수업을 할 때도 학생들이 분명하게 알아야 할 지식과 가치는 중요하게 다루어져야 한다. 학생들의 생각과 표현이면 '모두 옳다'거나 '무엇이든 괜찮다'라는 대전제가 잘못 인식되어 학생들이 몰가치성과 지식적 오류도 '나의 의견'인 것으로 착각하게 만들어서는 안 된다. 예를 들어, 난민을 주제로 한 수업에서, 6학년 학생들이 난민을 동정심으로 바라보고, 난민과 이민의 개념을 혼동하였다면 이것은 잘못된 수업이다. 학생들이 난민과 이민을 혼동하여 즉흥극을 만들었다면 교사는 이 둘의 개념이 다름을 분명하게 설명할 수 있어야 한다. 이것은 지적질이나 비난이 아니라 정확한 개념을 숙지하도록 안내하는 교사의 당연한 역할이다. 교육연극수업에서 잘못된 의견조차도 존중하여 수정하지 않는다면 학생들은 오개념을 익히게 된다. 개념에 대한 최소한의 정확한 이해 없이 막연한 상상력으로 장면을 만들고 이야기를 만들어 내는 것으로 마무리한다면 그것은 수업이라 하기 어렵다.

교육연극수업이라고 해서 40분 또는 80분 전체가 극적 체험이나 상상만으로 이루어져야 하는 것도 아니다. 즉흥극에 오개념이 있었다면, 즉흥극 이후 피드백 과정에서 교사는 반드시 오개념을 수정해 주어야 한다. 교육연극 수업 이전 차시에 개념을 설명하거나 교육연극 수업 중이더라도 불분명한 개념이나 오개념은 짚고 넘어가야 한다.

4) 예술성 측면: 연출, 감독, 배우가 따로 없다.

예술강사와 협력수업을 하는 경우가 아니라면, 교사가 혼자서 진행하는 일상적인 교육연극수업에서는 특별한 소품과 연출이 거의 사용되지 않는다. 일반 수업에 연극적 체험을 가미하는 경우는 더욱 그렇다. 별도로 무대배경이나 조명도 사용하지 않고, 음향효과나 연극 무대를 연상시키는 장치들도 없는 경우가 많다. 그래서 수업으로서는 담백하지만, 예술적 과감성과 창작성은 부족할 수밖에 없는 한계가 있다. 간혹 암막 천이나 조명을 이용하는 경우도 있지만 교사가 혼자서 진행하는 수업에서는 이런 장치를 활용하는 것이 쉽지 않다. 특히 학교 예산에서 별도로 이런 도구들을 갖추는 것도 현실적으로 쉽지 않다.

교사가 혼자 수업을 시도한다면 가급적 일상적이고 자연스러운 교실 환경에서 수업을 시작하는 것이 도움이 될 것이다. 만약 경험이 쌓이고, 예술강사와 협력수업을 하거나 팀티칭을 하는 경우라면 수업환경을 좀 더 다양하게 변화시킬 수 있을 것이다. 효과적인 극적 체험을 위해 오감을 고루 사용하는 움직임, 음향을 이용한 활동, 천으로 표현하기 등을 두루 사용하기도 한다.

5) 수업구성 측면: 교과서를 재구성하는 노력이 필요하다.

교과서는 전달해야 할 지식을 압축적으로 제시하고 있다. 그래서 동일한 주제라도 일반 수업이 아닌 교육연극으로 재구성할 때는 대체로 추가 시수가 더 필요하다. 사실을 전달만 하는 것이 아니라 그와 관련된 상황에 몰입하고, 상상하고, 극으로 표현하고, 발표를 하거나 토론과 성찰 시간을 가져야 하기에 더 많은 시수가 필요한 것이다. 예를 들어, 인권을 교과서 내용대로 한다면 10차시 정도로 가능하지만, 교육연극으로 재구성할 때는 추가 시수가 필요하게 된다. 그러므로 교육연극으로 수업하려면 수업 내용과 시수를 종합적으로 재구성하는 과정이 필요하다. 아쉬운 것은, 현재 교과서와 나이스의 운영 구조는 교과별로, 시수별로 잘게 분절되어 있어 교과를 통합하거나 시수를 변경할 때 수동으로 입력해야 하는 불편함이 있다. 그래도 시수 운영면에서 증가와 감소가 가능하기 때문에 현재 우리에게 주어진 자율권을 활용한다면 교육연극에 필요한 시수 정도는 충분히 확보할 수 있을 것이다

chapter

05

확장: 교육연극 지평 확장하기

chapter 05

확장: 교육연극 확장하기

4장에서는 교육연극을 수업으로 실행한 사례들을 구체적으로 제시하였다. 교육연극 수업은 보통의 평범한 학생들이 정규 교과 시간에 극적 경험을 할 수 있다는 점에서 영향력이 크다. 그러나 자칫 교육연극을 국어과 연극단원이나 교과수업으로만 제한한다면, 교육연극이 갖고 있는 무한한 확장성을 축소하거나 왜곡할 수 있다. 5장에서는 교육연극의 장을 어떻게 수업 이외의 장으로 확장시킬 것인가에 중점을 두었다. 나아가 학부모와 지역 단체까지도 교육연극으로 공동체를 형성할 수 있는 여러 유형과 사례를 통해 향후 담론 형성의 기반을 모색하려고 한다. 우선 학교 안에서의 확장 방법의 몇 가지 유형, 그리고 학교 밖 자원들과 연계하는 방법 유형, 그리고 사회로 확장하는 교육연극의 다양한 동향, 마지막으로 교육연극을 더 알고싶은 이들을 위한 정보 및 리소스를 제시하며 마무리하였다.

주의할 것은, 여기서 소개하는 각종 기관이나 단체, 활동의 예시는 특정 사업의 소개나 단체의 홍보와 무관하며, 다만 교육연극의 확장에 이런 다양한 유형의 방식과 예시가 있음을 안내하기 위한 차원임을 유념하길 바란다. 혹여 모를 오해나 왜곡을 피하고자, 세부적인 소개가 아닌 유형과 사례 중심으로 최대한 간략히 축약하여 소개함을 양해바란다. 아울러, 여기 미처 포함하지 못한 내용까지 다양한 정보 및 사례 소개에 도움을 주신 분들[1]에게 감사드린다.

---

1   이 장에 소개되는 여러 자료와 정보, 사례 공유에 도움을 주신 교사 강소영, 김미주, 김지훈, 남미선, 양혜선, 이명주, 이미숙, 이수연 님, 그리고 예술강사 김민나, 이인애 님께 감사드린다.

1 학교 안에서 교육연극 확장하기

유형 1. 2022 개정교육과정과 '놀이' 연계하기

2022개정교육과정은 1~2학년 통합교과 구성에 큰 변화를 주었다.[2] 지난 2015 개정교육과정에서는 1, 2학년 통합교과가 봄, 여름, 가을, 겨울 4권의 교과서로 구성되었고, 놀이 부분이 즐거운생활에서 별도로 구분되지는 않았다. 이에 비해 2022 개정교육과정에서는 이전의 교과서 체제는 완전히 사라지고, 학년당 탈학문적 단원 8개가 제시되었고, 단원별로 교과서가 1권씩 있다. 지금까지 교과서 구조와는 달라 처음에는 이해하기가 어려웠다. 학년당 통합교과 교과서는 8권이나 된다.

구분	1학기-교과서 단원 4개(교과서 각 1권)	2학기-교과서 단원 4개(교과서 각1권)
1학년	학교(3월), 사람들, 우리나라, 탐험	하루, 약속, 상상, 이야기(12월)
2학년	나, 자연, 마을, 세계	계절, 인물, 물건, 기억(12월)

이전의 봄, 여름, 가을, 겨울 교과서와는 완전히 다르게 편성된 교육과정이다. 위의 단원별 교과서는 크게 3개 영역 즉 주제, 놀이, 안전으로 구성되어 있다. 이 중에서 놀이수업은 저학년 학생들에게 필요한 신체의 움직임 요소를 여덟가지로 선정하였다. 신체의 기본 움직임 8가지는 기본동작/모이기, 몸풀기, 도구활용, 밀기/당기기/균형잡기, 매달리기, 걷기/달리기, 높이뛰기/멀리뛰기, 던지기/차기/치기이다.[3]

이런 놀이가 8권의 교과서마다 최소 8차시 이상 편성되었다. 2022 개정교육과정에서 놀이의 의미[4]를 규정하고 강조한 점과 각 단원마다 놀이 시수를 확보하여 교육과정 안에 편성하였으니 놀이가 아이들의 일상에 더 가까워질 것으로 기대된다. 5장에서 통합교과의 구성을 이렇게 살펴보는 이유는 학생들의 신체놀이를 체계적으로 교육과정에 반영하였기 때문이다. 신체놀이를 확장해 가면 연극놀이와 유사한 것도

---

2 교육부 고시 제 2022-33호(별책 15), 바른생활 즐기로운생활 교육과정 pp 3~43.

3 교육부(2024). 초등학교 교사용 지도서- 바른생활 · 슬기로운 생활 · 즐거운생활, p.27.

4 교육과정 해설서에 따르면, 놀이는 일정한 규칙이나 방법에 따라 노는 좁은 의미의 놀이 활동 뿐만 아니라 학생이 자발적으로 참여하고 몰입함으로써 자유로움과 즐거움을 느낄 수 있는 모든 활동을 의미한다(바른생활, 슬기로운 생활, 즐거운생활 교육과정, 40쪽).

있고, 교육연극과의 접점도 높여갈 수 있다.

물론 지금의 교과서 구성이나 내용이 완전히 만족할만한 수준은 아니지만, 학생들의 입장에서 이런 놀이수업 시간은 매우 중요하다. 놀이는 저학년에서는 학습의 중요한 형태이다. 신체의 움직임과 표현이라는 면에서 연극놀이와 놀이는 유사하다. 지금은 누구에게나 '놀이다운 놀이'가 필요한 시기이다. 어릴 때부터 놀지 못한 아이들은 소근육과 대근육이 발달할 기회를 갖지 못한다. 비단 신체의 근육만 자라지 못하는 것이 아니라, 마음 근육도 성장하지 못하고 있다. 대인관계와 협동심이 신체 근육보다 더 약한 아이들이 많다. 신체놀이, 연극놀이, 스포츠 활동, 예술 활동 등 우리 교육에서 절실한 부분이다. 새로 만든 통합교과서에는 아쉬움이 있지만, 아이들에게 '놀이' 경험을 더 많이 채워줄 수 있다는 것에 의의를 둔다.

유형 2. 연극놀이: 교실 공동체 놀이에서 수업활용까지

교사는 해마다 2월 말이 되면 새 학년 맞이로 몸과 마음이 바쁘다. 새학년 학급 경영을 걱정하는 교사들에게 2월 연극놀이 워크숍 연수를 제안한다.

새 학년 맞이는 교사뿐만 아니라 아이들에게도 두렵고 불안한 시간일 수 있다. 3월에 유난히 우는 아이들과 배가 아픈 아이들이 많은 것은 낯선 새 환경에 적응하기 힘든 아이들의 몸짓이다. 이런 아이들의 심리적 안정과 적응력을 위해서도 2월 교사 연극놀이 워크숍은 좋은 촉매가 될 수 있다. 연극놀이는 인성지도와 교실문화를 만드는 데도 기여를 하지만, 수업 중에 학습활동으로도 활용할 수 있다. 수업을 시작하거나 끝날 때 연극놀이로 마음을 열거나 학습으로 가는 과정에, 또는 배운 내용을 정리하는 역할을 할 수도 있다. 이때 주의할 점은 연극놀이가 수업내용과 별도로 즐거운 레크리에이션 활동처럼 되어서는 곤란하다. 연극놀이 자체만을 즐기는 시간이라면 창체 시간이나 동아리 시간으로 별도로 운영하는 것이 좋다. 수업상황에서 하는 연극놀이는 수업과 연관성이 있어야 하며, 산만한 연극놀이는 오히려 수업을 방해할 수 있기에 주의가 필요하다. 예를 들어, '거울 놀이'라는 연극놀이도 교사의 의도에 따라 방향성은 매우 다를 수 있다. 친구와 마음 맞추기를 목표로 할 수도 있고, 관찰력을 목표로 할 수도 있고, 움직임을 목표로 할 수도 있고, 인물의 마음 알기를 목표로 하는 등, 도덕, 국어, 사회, 체육 등 여러 교과와 연관지을 수 있다. 결국 연극놀이는 놀이 자체의 방법보다는 놀이의 존재와 가치성 즉, 교실 안에서 왜 필요한지,

아이들은 무엇을 표현하고, 무엇을 배울 수 있는지에 대한 교사의 고민이 관건인 것이다. 이 책에서는 연극놀이의 구체적인 방법을 설명하는데 지면을 사용하지 않으려 않다. 대신 연극놀이 단체 및 관심 있는 교사들의 좋은 책자들을 소개하는 것으로 대신하려고 한다.[5]

이런 연극놀이가 일상적으로 교육과정 안에서 이루어지면 좋다. 한 차시를 전부 연극놀이에 사용하지 않아도 된다. 수업을 시작하기 전이나 수업을 마무리하는 단계에서 5분이나 10분만 사용해도 좋다. 예를 들어, 국어수업에서 사물에 대해 설명문 쓰기를 하기 전에, 설명문을 쓰고자 하는 그 사물이 되어 동작하기, 속마음 말하기 등으로 생각열기를 한다면 쓰기 활동의 지루함을 덜어 줄 수 있다. 청소기를 설명할 때 청소기의 움직임을 동작으로 하기, 청소기에서 나는 소리, 청소기가 말을 한다면 등으로 청소기에 대한 접근을 통합적으로 넓힐 수 있다. 굳이 연극놀이 시간을 별도로 정하지 않더라도 수업 진행과정 중에 연극놀이는 살짝 묻어서 할 수 있다.

그림 5-1 **학교 안 연극놀이 장면들**

2월 교사 연극놀이 워크숍　　　　3월 교실공동체 놀이　　　　5월 교실 연극놀이

첫 번째 장면은 2월 교사 연극놀이 워크숍 장면이고, 두 번째 장면은 교사가 워크숍에서 배운 연극놀이를 3월 초 학급세우기 기간에 실제로 실행하는 모습이다. 세 번째 장면은 교육연극 프로젝트 수업을 하기 전에 연극놀이로 래포를 형성하는 장면이다. 연극놀이를 위해 교실에서 책상과 의자의 위치만 바꾸어도 학생들의 수업 참여가 달라질 수 있다.

5　박병주(2022). **깃털쌤의 이야기가 있는 교육연극수업**. 에듀니티.

　　이노경(2021). **교사를 위한 연극수업 길라잡이**. 교육과학사.

　　송칠섭(2020), **연극, 수업을 바꾸다**. 지식프레임.

　　교육연극연구회 놀이터(2021). **그림책이랑 놀자 연극놀이터**. 에듀니티.

　　유지훈, 이윤미, 이광용, 이현경(2024). **마음성장수업. 교육연극**. 미래엔.

유형 3. 동아리로 만나는 연극

초·중등학교에서 동아리의 존재감은 학교와 운영하는 교사에 따라 천차만별이다. 교육과정시수 안에서 형식적으로 운영하는 경우도 있지만, 중·고등학생들이 자율동아리를 조직하여 참여하는 경우, 교과 수업보다 더 심취하는 것이 동아리 활동이다. 중·고등학교에서 운영하는 연극반은 학생들의 끼와 잠재된 예술 욕구가 있으므로 공연으로 이어지기도 한다. 학생들이 스스로 대본을 작성하고, 연출과 배우, 감독을 경험하는 것은 공연의 완성도와 상관없이 청소년기의 진한 몰입을 이끌어낸다. 저자가 아는 청년 중에는 중·고등학교 때 경험한 동아리 활동이 자신의 재능과 진로를 결정하는데 중요한 나침반이 되었다고 말하는 이들도 있다. 감성과 상상력이 꿈틀거리는 청소년 시기에 어떤 동아리를 경험하느냐에 따라 재능이 발현될 수도 있고, 묻혀 버릴 수도 있다는 것을 생각하면, 학교에서 운영하는 모든 것들을 좀 더 밀도 있게 해야겠다는 책임감을 느낀다. 특히 농어촌 지역이나 문화 체험의 기회가 적은 지역은 학교에서 경험하는 동아리가 단비가 될 수도 있다. 특히 다문화 학생들이 증가하는 사회적 현상을 고려하면, 연극 동아리를 통해 학교생활에 대한 적응뿐만이 아니라 자신의 감정을 표현하고 다른 학생과 교류하는 장이 되기도 한다.

그러나 일반적인 동아리 부서와는 달리 연극 동아리의 경우에는 담당 교사의 역할이 특별하다. 형식적으로 조직만 하거나 업무처럼 동아리를 운영한다면 흐지부지 될 것이 뻔하다. 담당교사는 최소한 연극에 관심이 있거나 연극을 지도할 역량이 있어야 한다. 학생들에게 연극을 통해 무엇을 느끼게 하고 싶은지 동아리 운영에 철학이 있어야 한다. 예산이 가능하다면 외부 연극강사를 초빙하여 전문적인 연극을 경험하게 하는 것도 좋다. 동아리 수업의 전문성을 높이는 것도 학교가 안고 가야 하는 과제이다. 연극 동아리 활동의 교육적 효과를 위해 학교 밖 연극제에 참가하든, 학교 안 동아리 발표회를 하든, 어떤 형태든지 참여하는 학생들에게 성장의 기회가 된다. 이에 비해 초등학교에서 운영하는 자율동아리는 어쨌든 교사의 손길이 닿아야 한다. 연극 동아리라면 더욱 그러하다.

최근 나온 석사학위논문 중에 초등학교 연극 동아리를 심도있게 운영한 사례가 있어 공유하고자 한다.[6]

---

6 김미주(2024). 1년 간의 항해 이야기-어느 초등교사의 교육연극 자율동아리 운영 경험에 관한 자문화기술지. 석사학위논문, 서울교육대학교 교육전문대학원.

유형 4. 학부모를 교육연극 안으로

사례 #1. 교육연극을 활용한 학부모 공개수업

교사 입장에서 학교수업을 학부모와 공유하는 기회는 많지 않다. 학부모 공개수업이라는 연중행사가 있지만, 교사들에게는 참 부담스러운 시간이다. 이런 측면에서 교육연극으로 학부모 공개수업을 하며 학부모들을 수업안으로 참여시킨 교사들이 있어서 그 이야기를 담아 보았다. 물론 학부모만을 대상으로 독립적으로 수업을 한 것은 아니며, 교육연극으로 진행하는 학생 수업에 학부모가 참관하였고, 학부모도 관객-배우로서 수업에 참여한 경우이다. 여기서는 개별적으로 인터뷰한 답변 내용을 요약하였다.

질문 1 학부모에게 수업을 공개하는 것은 교사들에게 매우 부담스러운 것인데, 예측이 어려운 교육연극수업을 선택한 이유는 무엇인가요?

- 학교수업시간은 학부모들에게도 쉽게 경험할 수 있는 시간이 아니라서 학부모들도 참여할 수 있는 수업으로 만들어 보았다.
- 솔직히 교육연극은 사교육에서는 할 수 없는 수업이다. 학교에서 이런 다양한 수업을 한다는 것을 학부모들도 보고, 아이들의 다양한 생각들을 직면하기를 바랐다.

질문 2 교육연극은 학생들의 반응을 예측할 수 없는 수업인데, 실제 수업에서 당황스러운 일은 없었나요?

- 엄마가 있으니 과장된 행동을 하는 아이들이 있었다. 평소 같으면 자제를 시켰을 텐데 아쉬웠지만 차라리 학부모도 그 날것의 모습을 볼 수 있어서 다행이라는 생각도 들었다.
- 학생들이 만든 즉흥극 장면을 보고 질문을 해야 하는데, 학부모들이 있으니 당황을 해서 적절하게 질문을 하지 못한 적이 있었다.

질문 3 학부모님들의 반응은 어떠셨나요?

공통적인 반응은 학교에서 수업이 이렇게도 진행된다는 것에 학부모들이 놀란다. 학부모공개수업이라면 의례히 모든 아이들이 차례로 나와 발표를 하거나 모둠 활동을 하는 것이 중심이었는데, 연극이 수업활동으로 등장하는 것에 놀라워 했다.

할 수만 있으면 다음에도 교육연극으로 하고 싶다. 맨 처음에 시도할 때는 수업이 망할까 봐 두려웠는데 몇 번 해 보니 처음처럼 두렵지는 않다. 엉뚱한 답변을 하거나 즉흥극이 어설플 때도 있지만 그런 모습도 자연스러운 수업이라고 생각한다.

학부모를 수업 안으로 참여시키는 교사들은 매우 수업에 대한 열정이 높고 도전적인 의욕을 지닌 교육자들이다. 만약 학부모가 이렇게 학생들을 위한 수업에 자신이 직접 참여해 본다면, 그 선생님들에 대한 무한한 신뢰감과 수업에 대한 안정감이 생길 것이며 학생 지도와 교육관에 대한 이해와 공감이 커질 것이라 믿는다.

사례 #2. 학부모와 함께 하는 교육연극 프로젝트

교실 현장에서 학부모를 교육연극 수업에 잠깐이라도 참여시켜 보는 것 자체도 획기적인데, 한 걸음 더 나아가 최근에 학부모를 대상으로 교육연극의 한 갈래인 TIE(Theatre in Education)를 실천한 사례도 있다.

TIE는 교육연극의 대표적인 theatre 접근의 한 갈래로써 전문적으로 훈련되고 준비된 배우들이 배역을 수행하며 참여자들과 상호작용하는 상연형 연극 프로그램이다. 이들 전문 TIE 배우들은 배우로서 연극 속의 배역을 수행함과 동시에, 교사와 마찬가지로 문제의식과 사고를 자극하는 이중적 임무를 수행하기에 이들은 '배우-교사(actor-teacher)'라고 지칭된다. 시사적이고 현실적인 이슈를 중심으로 연극적 몰입도와 적극적 관객 참여를 통한 맞춤형 프로젝트인 TIE는 일반 공연 관람과는 차원이 다른 교육적 만족도와 임팩트가 높아서 많은 이들이 매력적으로 생각하는 프로젝트이다. 그러나 국내에는 TIE 전문 단체가 많지 않아 TIE에 대한 인지도가 낮고, 예산지원 및 수요 문제, 그리고 훈련된 '배우-교사'의 부족으로 이러한 프로젝트 섭외가 어렵고 교사나 연극강사가 이를 직접 추진하기는 더욱 어렵다는 약점이 있다. 그러나 최근 들어, 관심을 가진 교사들의 여러 시도가 생겨나고 있다. 특성화 고등학교 학생들의 진로교육 지도를 위한 TIE 프로그램을 구성 사례, COVID-19로 대면 수업이 불가한 상황에서 교내 동료 교사들을 활용하여 초등 고학년 대상 온라인 비대면 TIE 프로그램 구성 사례, 그리고 TIE 전문배우 대신 6학년 한 학급이 한 학기 동안 직접 자신들의 주제와 방식을 기획하고 구성하여 교내의 다른 학생들과 실행한 '학생 배우-교사 TIE' 프로젝트 사례 등이 그것이다.

여기서 나아가 학부모가 배우-교사가 되어 학교폭력예방 주제를 다룬 TIE 프로그램을 16회기(48시간)에 걸쳐 구성하고 실행한 사례는 교육연극을 적극적으로 확장하는 방향이 된다.[7]

학부모들과 교육연극으로 관계를 맺는 것은 수업 문화사적으로도 큰 의미가 있다. 공부의 방식이 학습지와 태블릿 검색으로 정답을 찾는 방식이 아니라, 새로운 상황을 상상하고 아이들이 함께 토의하여 즉석에서 즉흥극을 만들어 낼 수 있음을 직접 체험해 보게 한다. 또한, 교육연극 수업을 통해 경쟁만이 최고의 학습 방법이 아니라는 것과 내 자식이 다른 아이들과 어떻게 소통하고 협동하는지를 가장 사실적으로 목격할 수 있다. 물론 높은 내신 성적을 기대하는 일반 중·고등학교 학부모들에게는 쉽게 다가서기 어려울 수 있다는 것은 참으로 안타까운 현실이다. 그래도 최소한 초등학교나 보건, 상담, 동아리 수업 등에서는 이러한 학부모 공개수업이나 참여수업을 활용하여 교육연극으로 소통할 수 있기를 바란다.

유형 5: 학교 자체 사업으로 교육연극 만나기

학교마다 예산 규모와 사업명은 차이가 있겠지만, 기본적으로 학교 예산의 50% 이상은 교육활동비로 지출한다. 최근에는 학교 자율과제와 특색사업으로 문화예술교육을 강조하는 학교가 증가하는 추세이다. 가장 일반적으로는 학년마다 악기교육을 하는 이른바 1인 1악기 예능교육을 한다. 운 좋게 교육연극에 관심이 있는 교사가 있다면 학교 자체 예산으로 예술강사를 초빙하여 연극수업을 운영하기도 한다. 물론 이런 교육연극 수업은 예술강사와 교사의 협력수업이라기 보다는 예술강사 중심의 연극만들기를 주로 한다. 연극강사가 창작한 고유의 프로그램이나 학교 발표회를 위해 연극 공연을 요구하기도 한다.

물론 교육연극으로 하는 수업은 아니더라도 연극적 체험을 하는 것만 해도 학생들에게는 유익하다. 연극놀이를 하더라도 다른 교과 시간에 누릴 수 없는 신체 표현과 상상력을 펼칠 수 있으니 학생들에게는 단비 같은 시간이 될 것이다. 연극 만들기

---

7 이인애(2024), 학부모 배우-교사가 참여한 학교폭력예방 TIE 프로그램의 의미. 석사학위논문, 서울교육대학교 교육전문대학원.

를 한다면 좀 더 체계적인 공연 연출을 경험할 수 있을 것이다. 다만, 발표를 위해 학생들을 과도하게 '연습'시키지 않기를 바란다. 학교에서 하는 연극공연은 완성도 보다는 학생들에게 연극적 체험을 경험하게 하는 그 과정에 의의를 두어야 할 것이다. 연극 자체에 질리게 한다면 오히려 하지 않은 것만 못하다. 학창 시절의 작은 경험이 어떤 아이에게는 평생의 진로를 선택하는 갈림길이 될 수 있다는 사실을 우리는 무겁게 받아들여야 한다.

② 학교 밖 연계로 교육연극 확장하기

교육연극은 예술교육의 한 영역이므로 공교육 체제에서 학교 자체 역량만으로는 질과 양에서 한계가 있을 수밖에 없다. 2장에서 언급하였듯, 지금까지 예술 분야가 교사들의 수업에 깊게 맞닿아 있지는 못하였던 이유이다. 특히나 교사가 경험해 보지 못한 방식이나 생소한 영역을 곧바로 수업과 연계하여 접목하기는 절대 쉽지 않기에 교육연극 같은 예술교육 분야는 학교 밖의 전문가나 지원체계와 연계하여 시야를 확장하는 노력도 필요하다. 교사의 개인적인 노력으로 문화적 소양을 높이는 것도 하나의 방법이겠지만, 여기서는 정책 사업이나 제도적인 차원에서 학교 밖과 연계하여 교육연극 및 예술교육 수업의 다양성과 질적 심화를 추진할 수 있는 유형들의 사례를 정리해 보았다.

유형 1: 교육청(교육지원청)과 문화재단의 지역연계형

사례 #1. 성남형으로 시작하다: 성남형 교과연계 교육연극사업[8]

교육연극 사업을 목적으로 교육청과 문화재단이 공식적인 네트워크를 조성한 것은 2015년 성남에서 이루어진 교과연계 연계 교육연극사업이다. 저자가 성남교육지원청 장학사로 근무할 때 교육연극으로 수업을 바꾸기를 기대하며 시작한 사업이

---

8 권경희(2017). 교육과정연계 교육연극수업 실천사례연구:성남교육지원청 교육연극사업을 중심으로. 교육연극학 9(2), pp. 69-87.

2024년 현재까지 이어지고 있으니, 감회가 새롭다. 이 사업이 10년 넘게 존속되는 이유는 성남교육지원청과 성남문화재단 그리고 성남의 학교들이 각각 자기 역할을 명확하게 수행하기 때문이다. 교육청의 역할은 이 사업과 관련한 일체의 행정적 지원을 책임지며, 교사 연수 및 포상을 주관한다. 성남문화재단은 전문 예술강사인력 풀을 구성하고, 질높은 교육연극수업이 이루어지도록 멘토링단을 운영한다. 다만 업무구조상 교육지원청의 업무담당 장학사는 거의 1년마다 바뀌지만, 성남문화재단은 10년 동안 같은 담당자가 꾸준히 이 업무를 담당하는 것이 성공의 비결이다. 여기에 성남에서 오래 활동하고 있는 선배 예술강사들의 기여도도 크다.

성남형 사업은 다른 학교문화예술 사업과는 구별되는 특징이 몇 가지 있다. 첫째, 일반적인 학교예술강사 지원사업과는 달리 교사와 예술강사의 '협력수업(co-teaching)'을 엄격하게 고수하고 있는 점이다. 둘째, 학교의 부담을 최소화하였고, 교사들이 행정업무를 하지 않고 수업운영에만 집중하도록 하였다. 학교와 예술강사 매칭은 성남문화재단이 총괄하므로 학교는 별도로 예술강사를 채용하거나 인건비 지출을 신경쓰지 않아도 된다. 마지막으로, 운영 결과에 대한 평가 방식이다. 별도의 성과발표회나 보고회를 하지 않는다. 다만 매년 수업을 운영한 결과자료집을 밀도 있게 발간하고 있다. 『수업, 연극으로 피어나다』라는 제목의 자료집은 매년 학교별 수업사례와 학생들의 참여 소감을 꼼꼼하게 다루고 있다. 교육연극의 발전사를 담은 중요한 기록물이 될 것으로 기대된다.

그림 5-2 성남형 교육연극사업 결과집 및 수업나눔

사례 #2. 경기형으로 이어가다: 경기형 교과연계 교육연극사업

앞의 성남형 사업을 벤치마킹하여, 경기문화재단과 경기도교육청이 협력한 2020년 경기형 교과연계 교육연극 사업이 출범하였다. 2020년 경기도 7개 지역(고양, 광명, 성남, 시흥, 용인, 의정부, 평택) 93개 학급을 대상으로 시작하였으나, 출범 첫해에 맞닥뜨린 COVID-19로 교육연극수업을 줌으로 하거나 축소하여 시행상의 어려움을 직면하였다. 2021년에는 5개 지역(고양, 광명, 성남, 용인, 평택) 118학급을 대상으로 팬데믹 상황에서도 뜻있는 교사 및 연극강사를 중심으로 연수지원단을 조직하여 수업 컨설팅을 실시하였다. 2022년에는 5개 지역(성남, 용인, 광명, 구리, 평택) 119학급이 참여하였다.

당초의 야심찬 구상과 달리 예측 못 한 팬데믹으로 추진 동력을 얻지 못하고 결국 어렵게 구축한 사업이 결국 종료하여 아쉬움은 크지만, 경기형 교과연계 교육연극 사업이 가지는 의의는 분명히 있다. 경기도교육청과 경기문화재단이 협력적으로 추진하는 학교문화예술사업의 방식이 교사와 예술강사의 '진짜 협력수업'이라는 점은 이전 모든 예술교육 사업들과는 차별화되는 지점이다. 문화예술교육을 행사와 발표회가 아닌 '학급의 보통 학생들을 대상으로 하는 일반수업'이었다는 점 역시도 혁신적인 시도였다. 그 시도가 지속되지 못하고 3년 만에 좌초되었다는 것이 이 사업 구조가 지닌 이상적 방식 정착에 대한 어려움이자, 우리 교육 현장의 냉엄한 현실이기도 하다. 우리 저자들은 이 사업의 출범부터 사업 기획 및 자문, 그리고 가장 중요한 연수지원단으로 3년을 함께 참여하였고, 그 가치를 누구보다 생생하고 절실하게 인지하는 만큼 멀지 않은 시기에 이 사업이 다시 추진되기를 간절히 기대하고 있다.[9]

---

9 사업의 구체적 내용에 관련해서는 다음을 참고하라.

- 김병주, 권경희(2022). 교육연극 수업에서의 교육과정 재구성 사례연구: 경기형 교과연계 교육연극사업을 중심으로. **한국초등교육** 33(1), 151-168. 논문 참고.

해당 사업의 성과 및 과제, 시사점 등에 대한 분석과 논의는 다음을 참고하라.

- 김병주, 권경희(2023). 경기형 교과연계 교육연극사업 고찰: 3년간의 성과와 과제 그리고 시사점. **교육연극학** 15(1), 1-31.를 참고.

경기형 교과연계 교육연극 자료집

사례 #3. 충남으로 확장되다 : 충남형 교과연계 교육연극사업

충남 지역은 독특한 형태로 교육연극사업을 운영하고 있다. 충남교육청이 주최하는 학생연극축제가 2023년에 제25회를 맞이하였다.[10] 총 98개 팀이 참여했고, 우수 사례로 선정된 10여 개 팀은 초청공연도 하는 등, 연극을 인성교육과 학생문화의 중요한 구심점으로 인식하는 것으로 보인다. 최근에는 충남에서 충남형 교과연계 교육연극사업을 시작하였다. 2023년에 도내 8개 학교(152학급)에서 예술강사 4명이 교사와 교육연극 협력수업을 진행하였고, 2024년에도 진행 중에 있다. 이런 지역 교사들의 노력이 충남 학교문화예술교육의 커다란 자양분이 될 것으로 기대된다.

---

10 연영선(2023). 충남교육청 25회 충남 학생연극축제 개최, 2023.09.06. 시대일보 기사.

그림 5-4 충남형 2023년 교육연극사업보고서

유형 2. 학교 밖 예술교육가 지원사업과 연계하기

교육청 및 지역문화재단과의 컨소시엄 형태의 지원은 아무래도 기회가 많지 않고 복잡한 행정적 협력이 요구되므로, 개별 교사나 학급 단위에서는 수행하기가 쉽지 않다. 따라서 학교 내의 자원이나 전문성으로는 한계가 있다고 느끼는 교사들의 입장에서는 학교 밖의 자원에 눈을 돌릴 수 밖에 없다. 이 유형은 학교 밖의 예술교육 전문가와 연계하여 교육연극은 물론 다양한 예술교육 프로젝트를 학교 내에서 구현할 수 있는 방법들이다. 이는 기존의 예술강사 파견사업(무용, 국악, 연극 등)이 실제로는 교사와 예술강사 간의 소통과 협력이 없는 '무늬만 협력수업'으로 진행되면서 예술교육 수업의 질과 수요가 점차 저하된다는 여러 지적이 반영된 형태라 할 수 있다.

사례 #1. "예술로 탐구생활"(한국문화예술교육진흥원)

2021년에 처음 본격 실행된 이래 가장 흥미롭고 다양한 현장의 사례들을 만들어내고 있는 사업이다. 이 사업은 주제중심 학교문화예술교육 지원사업으로 흔히 '예술강사 파견사업'으로만 알고 있던 학교문화예술교육의 새로운 협력 프로젝트이다. 예술가와 교사가 한 팀이 되어 학교 수요와 학생들의 삶의 이슈에 기반을 둔 자율 주제(예: 공동체, 관계와 소통, 디지털 기술, 자아 성찰, 지역사회, 환경 등) 중심의 문화예술교육 프로젝트를 개발하고 학교 정규수업 내 프로젝트를 실행하는 구조이다.[11] 교사와 예술가가 합의하여 흥미롭거나 도전해보고자 하는 예술교육 프로젝트를 지원하고, 사업에 선정될 경우 학생들과 함께 기존의 교과수업이나 예술강사 파견 수업에서는 시도하기 어려운 다양하고 풍성한 수업이나 프로젝트를 수행할 수 있다는 장점을 지닌다. 학생들에게는 새롭고 흥미로운 예술교육 수업을, 그리고 교사와 예술가에게는 함께 기획, 협력하는 새로운 접근을 탐구할 수 있다.

실제로 그간 실행된 프로젝트 중에는 초등학교라는 공간을 새로운 시각으로 인식하고 상상하는 '장소특정적 연극놀이 프로그램(2021)', 세 명의 연극강사와 한 명의 교사가 협업하여 농촌 아이들이 귀농하는 아이러니한 상황 설정을 통해 '노동'이 아닌 농업과 예술의 이야기를 연결하는 '농업이 예술이 되는 방법(2023)', 그리고 환경 오염 및 기후 위기의 지구를 지키기 위해 '씨앗'을 보호하는 이야기를 교육연극과 AR기술을 활용하여 서로 다른 두 학교의 교사와 두 명의 연극강사가 서로 연계하여 실행하는 '시드볼트 프로젝트(2022)' 등 다각적인 프로젝트 사례들이 시도되고 있다. 다만, 2024년 현재 해당 사업을 수행 중인 교사 및 예술강사들에 따르면 수요에 비해 적은 사업 예산으로 인해 교육청을 통한 공문 발송이 되지 않다 보니, 이 사업을 알고 있는 교사나 관리자가 많지 않고 주로 친분이 있는 예술강사들을 통해 정보를 얻는 경우가 많다고 한다. 하지만 기회가 된다면 관심있는 교사들이 많이 참여할수록 학생들이 예술 전문가들로부터 양질의 문화예술교육을 체험할 수 있는 좋은 기회일 것이다.

'예술로 탐구생활'은 앞의 유형 1에서 논의했던 교과연계 교육연극사업의 협력수업 예시를 모델삼아, 교사와 예술강사 각자의 전문성이 협력하여 학교 안의 수업이나 프로젝트를 풍성하게 시도할 수 있는 방식이 점차 늘어나고 있다는 긍정적인 신호이다. 교사들의 관심과 열정이 예술강사들의 전문성과 연계하여 학교 밖의 전문성을 학교 안으로 끌어들여 실행할 수 있는 흥미로운 사례라 하겠다.

사례 #2. 예술로 교과를 배우는 〈우리들은 예술학년〉(춘천문화재단)

춘천문화재단에서 진행하고 있는 〈우리들은 예술학년〉은 학교 현장에서 진행되는 학교 안 예술교육 사업의 일환으로 초등학교 2~5학년 정규교과 과목인 국어, 사회, 과학을 예술 활동이 융합된 방식으로 진행되는 수업이다. 초등학생들이 새로운

---

11 한국문화예술교육진흥원 홈페이지: https://arte.or.kr/index.do
   '예술로 탐구생활' 사업 관련 세부 정보: https://www.yetam.school/intro

예술활동 형태의 학습을 경험하고 그 과정에서 표현력, 창의성, 주도력을 기르는 것을 목표로 하고 있다. 이는 과거 서울문화재단이 진행했던 〈예술로 플러스〉 사업과 유사한 형태로 진행되고 있는데, 두 명의 예술전문가/교육가가 학교를 방문하여 교과와 연계한 예술교육 프로그램을 실행하는 방식이다.

올해의 경우, 서로 다른 장르의 두 명의 예술교육가가 팀을 이루어 국어 교과와 연계한 예술교육프로그램을 개발하여 1, 2학기 춘천 지역 내 18개 초교 85개 학급 약 2천 명의 학생들과 만나고 있다(예: 무용/연극, 시각/연극 예술교육가 팀). 이를 통해 학생들은 일상에서 손쉽게 예술적 경험을 할 수 있으며 예술을 매개로 교과과정을 다양한 시각으로 경험할 수 있는 시간을 마련하게 된다. 또한, 수업에 함께 참여하는 교사는 학교 교육과정이 어떻게 예술교육 수업으로 재구성되어 실행될 수 있는가를 경험하고 이해하여 본인의 관심과 역량을 향상시킬 수 있는 기회이다. 이 사업의 경우는 교사가 직접 예술가와 함께 수업을 기획하는 방식은 아니어서 상대적으로 기획의 유연성이나 교사의 의지가 많이 개입되지는 않으나, 기존의 1인 예술강사 파견 사업과는 구분되는 서로 다른 장르의 예술교육가 팀이 개발하고 준비한 교과연계 예술교육 수업을 교실에서 실행하게 됨으로써 교사 입장에서는 부담이 적고 학생들의 호응은 높다는 장점이 있다.

이처럼 활발하게 다양한 예술교육을 시도하는 재단의 하나인 춘천문화재단이 진행했던 또 하나의 흥미로운 사업 중 하나는 상상이 실현되는 예술교육 〈예술로 상상실현〉이라는 사업이다. 이 사업은 어린이 및 청소년이 원하는 문화 예술 아이디어를 자유롭게 기획하고 운영하도록 예술가의 전문성을 지원하는 일종의 맞춤형 문화예술교육 프로젝트에 가깝다. 해외에서 종종 찾아볼 수 있는 방식으로, 예술가가 신청자의 소원을 들어주는 형식의 상상력과 자발성을 강조하는 방식이다. 전문적으로 훈련된 기획자가 딱딱하고 어려운 기획서를 작성하여 제출하는 방식이 아닌, 어린이나 청소년이 상상하는 프로젝트를 제안하면 예술가를 배정하거나 지원해 줌으로써 그 프로젝트를 구현하도록 하는 것이라고 하겠다. 즉, '나의 상상이 예술가 또는 예술교육가를 만났을 때 어떤 예술(일)이 펼쳐질까요?'라는 테마로 자유롭게 자신이 상상하고 소망하는 예술 프로젝트를 지원할 수 있다.

실제 2023년 해당 사업에 선정된 춘천 K초등학교 3학년 어린이의 사례를 보면, 마을 어린이들이 즐겨 놀던 냇가가 공사로 인해 시멘트로 막혀버리면서 하루아침에 자신들의 놀이 공간이 사라진 이야기를 친구들과 연극으로 만들어 학교발표회가 아닌

극장에서 공연하고 싶다는 소원을 신청했다. 재단은 연극 예술교육가를 지원하여 어린이들이 연극을 만드는 과정부터 극장에서 공연을 올리기까지의 상상의 실현을 제공하였다. 이 사업은 기존의 공모식 탑다운(top-down) 방식 대신 현장이 원하거나 요구하는 사업을 지원해주는 바텀업(bottom-up) 기획을 오랫동안 요구해 온 예술교육 현장에서 그 기조의 변화가 서서히 일어나고 있음을 보여주는 하나의 예시라 할 수 있다.

사례 #3. 협력예술종합활동 및 각종 예술교육 지원사업(서울시 교육청)

과거에는 문화부와 문화예술교육진흥원에서 분야별 예술강사를 학교로 파견하는 예술강사 파견 방식이 유일하다시피 하였다. 그러다가 2017년부터 서울특별시 교육청에서 모두를 위한 보편교육을 내세우며 학교예술교육의 일환으로 교육과정 내 '협력종합예술활동'을 운영하고 있다. 서울시 교육청을 필두로 각 지역 교육청마다 나름의 자체 사업을 운영하고 있거나 지원을 제공하는 경우가 늘어나고 있으니 관심 있는 교사와 예술가들은 이 점을 유념하여 찾아볼 필요가 있을 것이다. 서울시 교육청의 경우는 초등 '예술하나' 사업을 지원한다. 모든 초등학생에게 주 1회 1시간씩 예술 활동에 참여하는 기회를 제공함으로써, 평생 예술친구를 만들어가는 학교주도형 학교예술교육 지원이다. 정규수업시간 등을 활용한 주 1회 1시간 학생 참여형 예술교육을 운영하며, 공립초 1~6학년 모든 학년에서 학년별로 연간 25차시 내외에서 학교 예술교육 영역을 선택하여 운영할 수 있다.

가장 대표적인 협력종합예술활동의 경우는 초, 중등 모두 운영하고 있으며, 초등은 뮤지컬, 연극, 영화를, 중등은 뮤지컬, 연극, 영화, 밴드 등으로 운영되고 있다. 사업 운영 방식은 초등의 경우 '예술하나' 사업으로 운영하여 교육과정 연계 연간 17차시 이상 (최소 15차시 이상 권장) 편성 운영한다. 담임교사와 예술강사의 협력수업으로 운영되며 예술강사는 학교가 별도 계약하여 채용·운영한다.

중등의 경우는 중학교는 학교 기본운영비로 교당 4백만 원을 지원하고, 고교 및 특수학교는 학교자율 사업운영제로 3영역 선택 사업을 연계 지원한다. 이 사업에 참여하는 예술강사는 대략 500명 가까이 되며 학급당 15~16차시 정도를 지원하고, 학생중심 협력종합예술활동 결과 발표의 기회도 제공한다. 현재 예술강사 선발 및 파견은 위탁기관인 한국예술종합학교 산학협력단(교복입은 예술가 사무국)에서 지원 및 관리하고 있다.

이 사업은 기존의 예술강사 파견사업과 크게 변별력은 없으나, 예술교육 수요가 많은 서울 지역과 특히 중등에 많은 지원이 된다는 점에서 학생들에게 예술교육 체험의 기회를 제공하기를 희망하는 교사 및 예술교육가들의 참여가 많다. 다만 장르가 제한적이고, 기존 예술강사 수업과 유사한 강사 파견사업이라는 구조 특성상 방문하는 예술가에게 전적으로 의존하는 수업 진행 방식의 문제와 본질적 예술교육 구현보다는 획일적이고 기능적인 '예술 교육'의 한계와 제한성은 여전히 존재한다.

이 외에도 교원학습공동체 등을 통한 '교원 예술교육 연구 활동 지원'이 운영되고 있으며, 예술 관련 연구회나 동아리 활동을 하는 교사들을 지원하는 '교원 예술가를 위한 예술활동 지원(공연하자 프로젝트)' 등이 운영되므로, 관심 있는 교사들이라면 이런 활동을 통해 예술교육의 역량을 개발하는 기회로 삼을 수 있다. 그리고 교육취약학생에게 문화예술 체험 향유 기회 제공을 하기 위하여 서울시 교육청과 세종문화회관 등 문화예술기관과의 연계 및 협력을 통하여 추진하는 교육복지 특화 사업인 '새꿈 프로그램'도 제공되고 있다. 매달 교육청 공문을 통해 공연안내 및 신청을 받으므로 관심 있는 교사들이 조금만 부지런하면 취약학생들에게 다양한 공연관람 기회를 도모할 수 있다.

이처럼 문화부 산하 기관, 문화재단, 교육청 등을 통해 교육연극을 접하거나 예술교육을 체험할 수 있는 다양한 지원 경로 등이 있으며, 이제는 광역뿐만 아니라 지역이나 기초 단위의 문화재단에서도 규모는 작지만 다양하고 참신한 아이디어와 프로그램을 제공하는 곳도 많다.

다만, 앞에서도 강조하였듯, 여기 소개하는 예시들은 특정한 사업이나 프로그램을 알리고 홍보하기 위함이 아니라 이렇게 다양한 경로나 방식으로 교육연극을 체험하거나 예술교육 전문가를 지원받을 수 있다는 몇 가지 예시일 뿐임을 유념하길 바란다. 공공 지원의 특성과 우리 문화예술 지원의 냉혹한 현실에서 지원사업의 지속성을 꿈꾸기는 어렵다. 지금 이 순간에도 여기 소개한 사업이나 프로그램이 갑자기 취소되거나 예산이 삭감되었을 수 있기 때문이다. 따라서 교사도 예술가도 늘 다양한 정보를 교류하고 소통하며 자신이 꿈꾸거나 시도해보고자 하는 작업이나 프로젝트에 대한 상상의 나래를 놓지 않기를 바란다.

우리는 앞에서 교육연극을 단순히 수업이나 특별활동으로만 생각하는 관점을 넘어 교사 및 연극 예술가들이 보다 폭넓게 활용할 수 있는 여러 방안들의 유형을 살펴보았다. '교육연극'이라는 명칭의 특성상 우리나라에서도 주로 학교와 학생을 주요 대상으로 인식하는 경우가 그동안 많았다면 2000년대에 들어오면서 보다 다양한 대상과 목적을 지닌 연극 작업들이 늘어나고 있다. 여기에는 크게 세 가지 배경이 존재한다.

먼저, 전 세계적으로 꾸준히 '평생교육' 개념이 보편화되면서 우리나라에서도 기존의 어린이와 청소년만을 교육의 대상으로 상정하던 형태에서 성인, 직장인, 교사, 노인, 장애인, 소외 및 취약 계층을 대상으로 하는 교육의 다양한 수요와 필요성이 확산되었다. 다음으로, 2005년부터 본격 실행된 문화예술교육 정책이 어느덧 20년이 되면서 문화예술교육 향유 대상의 다각화와 목적의 다변화, 맥락의 다양화가 끊임없이 이루어진 영향이 축적되었다. 특히 문화예술교육의 정착 및 확산과정에서 교육연극은 연극 분야는 물론, 예술교육 전반에 걸쳐 가장 명확한 교육적/이론적 기반을 제공하면서도 예술교육 본질의 즐겁고 활동적인 실천이 가능하다는 점에서 다양한 확장과 접목이 용이한 핵심 영역으로 자리할 수 있었다. 마지막으로, 우리나라에 처음 소개될 때 우산용어와 같은 하나의 집합적 개념으로 알려진 교육연극은 2000년대를 넘어서면서 서구에서 본격화한 'applied theatre/drama'라는 개념으로 확장되며 해외에서는 다양한 사회적 대상 및 이슈들을 넘나드는 분야로 거듭나게 되었다. 다시 말하면, 우리나라에서 사용하는 교육연극이라는 우산용어처럼, applied theatre/drama가 해외에서는 다양한 대상과 다각적인 이슈를 탐색하는 참여적이고 상호적인 연극 작업을 총칭하는 우산용어로 부각된 것이다.

우리나라에서도 이 개념은 '시민연극' 혹은 '응용연극'이라고 칭해지면서 점차 관심이 늘어나고 있다. 갈수록 세상은 복잡하게 분화되고 경제, 정치, 종교, 문화 등 다양한 이해관계 및 갈등이 심화되고 있다. 이에 대응하듯 지역사회를 포함한 공동체, 즉 커뮤니티의 중요성이 높아지고 저마다의 목소리를 대변하고자 하는 움직임도 커지면서 연극을 매개로 하는 소통과 표현, 위안과 휴식에 대한 욕구도 갈수록 높아지고 있다. 기존의 대안적 연극 예술가 및 커뮤니티 활동가에 더하여, 교육연극의 철학과 다각적 실천에 기반한 교육연극 전문가들이 그 주축을 이루고 있다는 점에서 시민연극/응용연극은 '교육연극의 사회적 확장'[12]이라 할 수 있다. 학교라는 울타리를 넘어, 사회라는 더 넓고 복잡하며 다양한 구석들을 파고드는 촉매제가 되어가고 있는 것이다. 여기서는 특히 교육연극과 예술교육의 핵심 가치를 기반으로 널리 활용되는 대표적 유형 세 가지를 간략히 소개하고자 한다.

유형 1. 참여자 중심적 접근 – 유아, 청소년, 노인, 장애인 연극 등

2장에서 우리는 교육연극의 철학적, 이론적 기반이라 할 수 있는 학생/참여자 중심적 접근에 대하여 알아보았다. 이는 현대 예술교육의 중요한 철학적 기반이기도 한데, 단순히 향유 대상에 대한 이해 차원을 넘어, 참여자들이 대상이나 객체가 아니라 체험과 성찰의 주체가 되어야 한다는 교육연극/예술교육 패러다임의 변화를 상징하기 때문이다.[13] 그런 측면에서 다양한 대상별로 구체화하고 특화된 교육연극 프로젝트나 프로그램이 요구되는 것은 당연한 일이다. 최근의 문화예술교육 정책 역시 기존의 학교-사회 문화예술교육 대상으로 크게 양분되었던 구조에서 탈피하여 보편적 예술교육의 확대를 위해 '생애주기별 문화예술교육'으로 연령대별로 특화하려는 시도가 늘어나고 있다. 교육연극의 경우, 유아에서부터 어린이, 청소년, 성인, 노인에 이르기까지 다양한 연령대별로 그 특성과 수요를 파악하고 그들이 즐겁고 의미있게 느끼는 체험과 배움을 제공하는 시도들이 확산되고 있다.

먼저, 지난 10여 년간 여러 전문가 및 단체들이 관심을 가지고 시도하고 있는 영유아 대상 드라마 프로그램들이 있다. '베이비 드라마(Baby Drama)'라고 불리는 이 형태의 드라마/놀이 작업은 최저 10개월부터 3세 미만의 영유아들과 보호자가 함께 즐기는 참여형 작업으로 크리에이티브 드라마(Creative Drama) 혹은 연극놀이에 기반한 활동가들을 중심으로 진행되고 있다.

유치원에 해당하는 유아들을 대상으로 하는 연극놀이 프로그램들도 많이 확산되고 있으나, 여전히 유아교육 분야는 소위 '극놀이'와 동극 발표 등 기존의 놀이 방식과 발표 중심의 연극 만들기를 고수하는 편이다. 이런 와중에도 교육연극에 의지를

---

12 김병주(2019). 시민연극과 커뮤니티: 주체-객체 패러다임의 변화에 대한 소고. 공연문화연구. 38호, 5-31.

13 김병주(2019). 같은 논문.

가진 유아교사들을 중심으로 유아들의 참여와 상상을 강조하는 다양한 연극놀이 및 드라마 프로그램이 실행되고 있다. 최근에는 기존의 즐거운 놀이 표현이나 교훈으로 마무리하는 방식에서 한발 더 나아가 유아들의 눈높이에 맞는 '이슈 중심 드라마'를 적용하여 환경, 평화, 인권 등의 진지한 주제를 드라마로 구성하고 실행하여 유아교육 현장에서도 성공적인 활용 가능성을 제시하기도 하였다.[14]

어린이 및 청소년을 대상으로는 이미 다양한 학교 내/외의 연극수업 및 연극 활동이 진행되고 있는데, 교육연극적 접근이 강조되면서 과거와 같이 교사나 예술강사가 일방적으로 지도하는 방식에서 벗어나 참여자들이 자신의 이야기나 관심사를 스스로 구성하여 연극발표에까지 이르는 형태가 늘어나고 있다.

장애와 관련하여서는 최근 수년간 문화예술 현장에 장애 접근성 이슈가 주요 화두가 되면서 기존의 시각이나 음악 분야에서 활발하게 실행되었던 다양한 예술교육 프로그램들이 연극 분야에도 시도되고 있다. 장애인 대상 프로그램의 특성상 규모가 작고, 대중적 인지도나 홍보가 활발하지 않은데다, 프로그램 역시 작고 세심한 접근이 많다 보니 크게 부각되지 않을 뿐이다. 20년 넘게 장애 여성 권리 옹호의 일환으로 장애 연극팀을 운영하고 있기도 하고, 전문 연출가가 지속적으로 장애 배우들과 연극 작업을 이어가고 있기도 하다. 특히 근래에 점차 늘어나고 있는 소위 '경계선 지능' 혹은 학습 장애 참여자들과 함께 시도하는 놀이와 신체 표현, 드라마 작업들에 대한 관심을 지닌 예술가들이 늘어나고 있다는 점도 고무적이다.

생애주기별 문화예술교육에서 현재 가장 큰 관심이 모이고 있는 대상은 노년이다. 전례없는 급속한 초고령화 사회 진입과 베이비붐 세대의 은퇴, 길어진 기대수명과 질 높은 여가 생활에 대한 높은 관심 등 시대의 급격한 변화는 기존의 '노년 세대'에 대한 총체적인 재개념화가 필요한 상황에 이르렀다. 과거와 달리 특정 연령을 넘어서면 그냥 '노인'으로 뭉뚱그려 묶을 수가 없게 된 것이다. 신체적으로나 정신적으로 기존 노년 세대와 확연히 구분되는 새로운 노년 세대들의 건강하고 활기찬 여가 활동으로서 연극의 가치와 필요성에 대한 관심이 높아지고 있다. 이미 50대부터 60대 초반에 해당하는 소위 '신중년' 세대, 60대에서 70대 초반에 이르는 '초기 노년' 세대 등의 구분과 함께 생애 주기에 따른 이들의 특성과 요구를 고려한 다양한 예술교육 접근에 관한 관심도 뜨겁다. 특히 관심은 많지만 다른 예술 장르보다 진입 장

---

14 양혜선(2024). 유아 세계시민의식 함양을 위한 이슈중심 교육연극 드라마 프로그램 개발. 서울교육대학교 교육전문대학원. 석사학위논문.

벽이 높다고 느끼는 연극을 통해 자신들의 이야기를 표현하고 나누고자 하는 의욕이 높은 노년 세대를 위한 연극에 연극 예술가와 예술교육가들이 주목하고 있다. 이를 반영하듯, 노년을 대상으로 기존의 획일적인 연극공연 지도로 이루어졌던 노인연극이 아닌, 교육연극과 예술교육 접근을 핵심으로 하는 노년 연극 지원사업들이 생겨나고 있다. 신중년 이상 세대를 타겟으로 하는 꿈다락 문화예술교육 사업이 늘어나고 있고, 특히 초기노년 세대를 대상으로 하는 '새 어른의 연극'과 같은 지원사업이 신설[15]되는 등, 조만간 우리 인구 구성의 큰 비중을 차지하게 될 노년 세대를 위한 다양한 교육연극/예술교육이 더욱 활성화될 것으로 예상된다.

유형 2. 사회 참여적 연극

연극은 언제나 기존의 규범이나 전통적 가치에 대해 비판적 시각을 제시하는 특성을 견지해온 예술이다. 교육연극 역시도 그 출발은 당시의 전통적인 교육관에 대한 비판과 대안적 실천에서 기반하였다. 엄격한 교사 주도 수업, 위계화된 지식의 주입, 암기와 읽고 쓰기 중심의 학습 등에 대한 문제의식에서 출발하여, 그러한 교육의 패러다임을 바꾸고자 한 것이 학생중심교육이자 결과가 아닌 과정을 중시하는 접근이 되었던 것이다. 교사와 학생이 위압적인 상하관계가 아닌 서로 존중하는 상호적 관계가 되는 것, 그리고 일방향적 의견 전달이 아닌 활발한 상호작용을 통해 서로 배움을 얻어내는 것이 그러하다.

이러한 교육연극의 특성과 지향성은 오랫동안 권위에 기반한 지시와 순종으로 상징되던 학교라는 폐쇄적 공간이 상호 존중을 기반으로 대화와 배움을 지향하는 열린 공간으로 변화하는데 기여하였다. 현대 교육연극의 확장에 결정적인 기여를 한 것은 1980년대 들어 전 세계에 큰 반향을 일으킨 두 명의 공헌이 절대적이라 할 수 있다. 교육학자 파울로 프레이리(Paolo Friere)와 연극 연출가 아우구스또 보알(Augusto Boal)이다. 두 사람 모두 당시에 비교적 변방에 가까운 브라질 출신으로, 비슷한 시기에 활동하며 전통적인 서구의 교육사상과 연극의 틀을 넘어 군부 독재와 정치 탄압으로 시달리던 소위 제 3 세계의 관점에서 정치적이고 사회비판적인 교육과 연극의 역할을 새롭게 제시한 바 있다. 교육학자인 프레이리는 그는 대표 저서인 『억압받는

---

15 2023년 시범 사업을 거쳐, 한국문화예술교육진흥원 꿈다락문화예술교육 사업으로 2024년 신설됨.

이들의 페다고지(Pedagogy of the Oppressed)』(1970)를 통해 기존의 전통적 교육방식을 '은행저금식 교육'에 비유하며, 교사의 일방적인 주입이 아닌 학생이 주체가 되는 대화와 상호작용에 기반한 교사와 학생 간의 '상호협력적 관계'를 주장하였다. 실천과 성찰의 조화를 강조한 그의 교육철학은 서구는 물론 전 세계에 커다란 영향을 끼치며 '비판적 교육학(Critical Pedagogy)'이라는 학문 분야의 기반이 되었다.

브라질의 연극 연출가인 보알은 연극의 기원에서부터 연극의 주체는 원래 평범한 우리 모두였으며 그 연극을 일반 대중들의 손에 돌려주기 위한 이론과 실천적 방법을 집대성한 『억압받는 이들의 연극(Theatre of the Oppressed)』(1974)을 발표하였다. 두 책 모두 매우 유사한 제목과 정치적 관점을 견지한 것은 결코 우연은 아니었을 것이다. 이 서적들은 이후 영어로 번역되어 세계로 알려지면서 교육과 연극 각 분야에서 큰 충격과 신선한 변화를 만들어 내었고, 당시 여러 사정으로 답보 상태에 빠져있던 교육연극 분야는 이 두 사람의 이론과 실천을 기폭제로 교육과 연극의 접목과 확장에 본격적으로 매진하게 된다.

따라서 본래 교육연극과 직접적 관계는 없었던 교육학자 프레이리와 연출가 보알의 이론 및 실천은 20세기 후반 교육연극의 급성장은 물론, 현대 교육연극이 학교라는 울타리를 넘어 사회로 나오면서 시민연극/응용연극이라는 더욱 강력하고 신선한 소통의 매체로 인정받는 주춧돌이 되었다고 하겠다. 연극이 사회 곳곳에서 새로운 소통과 표현을 만들어내는 기제가 되는 것이다.

그 가장 대표적인 예는 바로 보알이 직접 고안하여 유명해진 '포럼연극(Forum Theatre)'이다. 그의 여러 가지 연극 접근 중 가장 대표적인 것으로서 국내에서는 '토론 연극'으로 불리기도 한다. 전문적으로 훈련된 연극팀이 특정 이슈를 중심으로 구성한 짧은 연극을 보고 관객들이 적극적으로 연극 속에 제시된 문제나 갈등 상황에 대한 의견을 직접 제시하거나 대안을 자신이 직접 무대로 올라가 실행해보며 다른 관객들과 저 마다의 해법에 대한 논의의 장을 벌이는 방식의 연극이다. 포럼연극은 보알의 이미지 연극과 더불어 다양한 방식의 변주가 가능한 'applied theatre'를 구축하는 핵심 방법론의 하나이다. 즉흥적이고 참여적인 연극의 특성상 대중적으로 널리 알려지지는 않았으나, 우리나라에서는 '억압받는 사람들의 연극공간 해'[16]와 '프락시스'[17] 같은 단체들이 대표적으로 오랫동안 관련된 연극 작업을 해오고 있다.

---

16 극단 해 블로그: https://blog.naver.com/theaterhae

17 프락시스 페이스북 홈페이지 https://www.facebook.com/praxis2005?mibextid=ZbWKwL

여기서 한발 더 나아가 비교적 특수한 상황의 대상들과의 연극 작업이 이루어지기도 한다. 해외에서는 다양한 교정시설의 재소자들과 함께 하는 '교도소 연극(prison theatre)' 프로젝트가 활발하며, 특히 교정 관련시설에 있는 청소년들과의 연극 작업이 많다. 국내에서도 소년원에 해당하는 교정시설 청소년들과의 연극작업을 통해 이들의 목소리에 귀 기울이며 건강한 자기 발견을 돕기도 하며, 다문화 이주민, 이주 노동자, 난민 등 사회적 소외 계층과의 프로젝트를 통해 그들의 이야기와 고민을 담아내는 연극 작업도 활발하다. 그 외에도 알코올 중독자들, 재활 대상, 노숙인과의 연극 작업을 통한 자발적인 노숙인 극단 설립을 돕기도 한다.

한편으로는 이러한 문제나 관심사를 공유하는 이들을 중심으로 공동체를 만들어 커뮤니티 연극 활동을 수행하기도 한다. 기존에는 커뮤니티 연극이 주로 특정 지역의 거주인 중심으로 이루어졌다면 최근에는 지역적 특성 못지않게 관심사 중심의 커뮤니티도 활발하다. 특히 팬데믹 이후로 비대면 소통 방식이 활발해지면서 이러한 소통들을 연극적으로 연계하려는 시도도 늘고 있다. 크고 작은 지역 및 관심 이슈 커뮤니티를 통해 서로의 결속과 공동체 의식은 물론, 저마다의 고민이나 의견들을 표현하고 공론화하는 매체로서 연극의 가치가 높아지고 있다고 하겠다.

유형 3. 위안과 휴식의 연극

연극의 사회적 확장에서 근래에 늘어나고 있는 유형은 연극을 활용하여 휴식이나 위안, 치유를 선호하는 경우이다. 이미 다양한 연극과 예술작품을 통해 현대 사회에서 인간의 황폐화 및 급속한 시대 변화에 따른 비인간화에 적응하지 못하는 이들의 문제가 다루어져 왔다. 그러나 21세기 들어서는 그러한 문제들을 예술작품 감상을 통해 이해하거나 위안받는 방식에서 더 나아가 직접적이고 적극적으로 휴식이나 위안을 얻고자 하는 경향성이 높아지고 있다. 그 대표적인 예가 음악치료, 미술치료, 연극치료 등 다양한 치유적 접근의 확산과 성장이라 하겠다.

먼저 연극치료(drama therapy)의 경우, 기존의 정신과 전문의를 중심으로 진행하는 사이코드라마와는 달리 대상과의 라포 형성 및 예술적이고 정서적 접근을 강조하는 방식을 지니고 있다. 흥미로운 점은 현재 연극치료의 성장에도 그 출발점에는 교육연극 전문가들이 있었다는 점이다. 연극치료의 양대산맥으로 영국과 미국이 있는데, 영국 최초의 드라마 치료사로서 오늘날의 연극치료 개념과 방식 정립에 중추적 역할을 한 피터 슬레이드(Peter Slade)는 원래 아동들의 자연스러운 발달단계가 놀이 및 드라마적 특성과 연계되어 있음을 밝힌 유명한 저서 『차일드 드라마(Child Drama)』 (1954)를 통해 영국에서 교육연극의 위상을 바꾸는 결정적인 역할을 한 인물이다. 또한 미국 연극치료의 대표적 인물인 로버트 랜디(Robert Landy) 역시 교육연극에서 출발하여 이후 뉴욕대학교에 최초로 연극치료(drama therapy) 학위과정을 설립하여 오늘에 이르게 하였다. 이처럼 교육연극의 철학과 실천에서 출발하여, 지속적인 연구와 실천을 거쳐 다양한 저마다의 영역으로 확장하는 사례가 적지 않다.

군이 직접적으로 '치료'나 '치유'라는 용어가 아니더라도 상담이나 갈등 해소의 방안으로 연극을 활용하는 사례 역시 늘어나고 있다. 대표적으로 부부나 가족, 직장인, 일반 시민들에 이르기까지 다양한 갈등과 이해관계의 충돌 등으로 힘겨워하는 이들과 나누는 다양한 방식의 갈등 해소 역할극이 실행되고 있다. 이러한 상담 및 집단 치료 프로젝트에 큰 영향과 영감이 된 것 역시 아우구스또 보알의 작업으로, 그가 유럽 망명 기간에 개발하여 발표한 '욕망의 무지개(Rainbow of Desire)'라는 접근법이 대표적이다. 그가 살던 브라질과 같은 남미 국가들에서 개발한 '억압받는 이들의 연극'이 보다 외부적이고 정치적이며 구조적인 억압을 다루었던 데 반해, 유럽에서는 다른 형태의 억압이 존재하고 있음을 관찰하였고, 이를 위해 현대 서구사회에 만연한 개인적이고 심리적인 억압을 연극적 활동을 통해 표현하고 확인해 내는 방식의 접근이다.

이러한 상담이나 치유적인 연극 활동과 유사해 보이면서도 관객의 위안과 휴식을 강조하는 공연형 연극작업인 '플레이백 연극(Playback Theatre)'에도 관심이 모이고 있다. 이 연극은 1970년대에 조나단 폭스(Jonathan Fox)에 의해 처음 소개된 것으로, 관객의 이야기에 대한 즉흥과 공감을 핵심으로 진행하는 방식이다. 즉, 일반적으로는 4~5명의 배우와 진행자, 그리고 다양한 악기를 다루는 악사가 등장하고, 관객 중의 한 명이 나와 자신의 이야기를 들려준다. 그리고 그 이야기를 듣고 배우와 악사들이 자신들의 해석한 표현을 즉흥으로 무대 위에 펼치는 방식이다. 플레이백 연극의 매력은 훈련된 배우들이 관객의 이야기를(당연히 모든 관객의 이야기를 다 들을 수는 없지만) 듣고 이를 즉흥으로 구현해 낸다는 점에서 평범한 관객의 이야기가 연극의 중심으로 반영된다는 점이다. 출발과 방식은 다르지만 교육연극/예술교육이 강조하는 참여자 중심의 개념이 여기에도 적용된다고 하겠다.

4 교육연극과 예술교육을 더 알고 싶다면

2장에서도 언급했듯, 교육연극이라는 분야는 1990년대에 국내에 처음 소개되어 비교적 빠르게 입소문을 타면서 관심을 끌었으나, 대체로 매우 완만하게 성장해 온 장르이다. 주로 교사들을 중심으로 하는 학교 현장의 관심과 연극을 전공한 예술가들이 합류하면서 성장하였기에 대중적 인지도의 상승이나 규모의 성장을 이루어내는 데에는 다소 약점을 지니고 있기도 하다. 그래도 이제는 학교 현장, 특히 초등의 경우는 교육연극이나 연극놀이라는 용어를 접해본 이도 많고 연수 등을 통해 기본 활동이나 기법 등을 배운 이들도 많다. 그럼에도 여전히 교육연극을 전문적으로 수행하는 교사나 예술가가 다른 분야에 비해 상대적으로 적은 이유의 하나는 교육연극의 이론이나 철학에 대한 깊은 고민이나 이해없이 단순히 수업이나 생활지도에 쓸만한 도구나 기법 정도로만 인식하는 이가 많기 때문이다. 또한 마땅히 전문적 훈련이나 연수를 받을 기회가 많지 않고 대학이나 대학원 등 정규 학위과정에서 배울 수 있는 기회가 적기 때문이다.

먼저 교사 및 예술강사들이 교육연극을 체험하고 배울 기회는 주로 교육청이나 기관 등의 연수를 통해서인데, 과거에 비해 최근에는 이러한 교육연극 관련 연수가 활발하게 개설되지 않고 있다. 연극의 특성상, 그리고 교육연극 활동의 맥락상, 일방적인 기법이나 지식 습득보다는 만나서 대면으로 몸을 맞대며 상호작용하는 체험이 매우 중요한데, 갈수록 대면 연수를 기피하는 경향이 두드러진다[18]. 특히 교사 연수의 경우는 대부분 무료이거나 부담이 낮게 제공되다보니, 정작 내용이나 의미를 찾기보다는 부담이 적고 가볍게 이수할 수 있는 내용의 비대면 온라인 연수에 대한 선호도가 높은 것이 현실이기도 하다. 이를 고려하여, 대면 연수만큼의 효과는 어렵지만 교육연극을 처음 접하거나 경험해보고자 하는 교사들을 위해 온라인으로도 교육연극을 알리고자 하는 연수들이 기획되고 있다.[19]

---

18 일례로, 서울교육대학교에서 거의 20여 년간 동계/하계로 진행되었던 교육연극 대면 연수는 이제는 신청자 미달로 개설되지 않고 있다. 또한, 15년간 운영되었던 〈교육연극 지도자 양성 과정〉(1년 과정) 역시 Covid-19 사태로 취소된 이후 더 이상 개설되지 않고 있다.

19 대표적으로 가장 최근에 개발된 교육연극 관련 연수로는 교육부 중앙교육연수원에 교사와 예술강사가 함께 기획한 〈연극놀이로 시작하는 예술교육 여행〉이라는 15차시 연수가 탑재되어 있다.

연수 관련해서는 예술강사들의 경우도 마찬가지여서 과거에는 각급 문화재단 및 한국문화예술교육진흥원에서 다양한 예술강사 연수 및 교사 대상 연수 프로그램을 운영하여 왔으나, 특히 올해 들어서는 예산 삭감 및 기조 변경 등의 문제로 연수가 많이 줄어들었다는 점이 아쉽다. 그렇지만 여전히 예술강사 및 예술교육에 관심을 지닌 교사들을 위한 아르떼 아카데미 연수들이 제공되고 있으니 참고하면 도움이 될 것이다.[20]

교육연극을 보다 다양하게 배우고 접할 수 있는 경로로는 한국교육연극학회 (KADE)[21]가 있다. 대체로 대학이나 관련 기관의 연구자 및 학자들이 중심이 되는 다른 학회와 달리, 한국교육연극학회는 다양한 배경과 현장에서 교육연극 관련 활동에 매진하고 있는 예술가, 교사, 활동가, 연구자, 대학원생 등이 모여 매우 활발하고 역동적이라는 장점을 지닌다. 매년 봄/가을의 정기 학술대회, 이론 연구와 현장 사례가 조화를 이루는 다양한 아카데미 워크샵도 연중 제공된다. 특히 방학 기간인 여름과 겨울에 연수를 개최하는데, 주로 한국아동청소년연극협회(ASSITEJ)와 연계하여 연수는 물론 다양한 공연 관람과 해외 마스터 클라스를 제공하기도 한다.

조금 긴 호흡으로 드라마와 연극놀이를 배우고 싶다면 '사다리 연극놀이연구소'의 양성 과정인 아카데미가 있다.[22] 1998년에 처음 설립한 이래 25년이 넘게 활동해 온 단체로서 주로 어린이와 연극놀이(creative drama)를 중심으로 연구하고 실천하고 있다. 초급(15시간) – 중급(74시간) – 고급(87시간)으로 구분되어 운영하고 있다.

마지막으로, 교육연극을 공부하는 정식 학위 과정은 아쉽게도 선택지가 많지는 않다. 학부 레벨에서는 전공은커녕 관련된 수업을 접하기도 쉽지 않으며, 특히 교육대학이나 사범대학에는 그나마도 개설된 경우가 드물다. 연극학과의 경우에도 기껏해야 문화예술교육사 수업의 일환으로 맛보기 하는 정도가 고작이다. 석사 학위과정으로는 교육대학원 내에 연극교육 관련 학과가 설치되어 중등 2급 자격증을 발급하는 대학들이 몇 곳 있기는 하나, 구체적으로 교육연극이나 예술교육 관련 커리큘럼이 제공되지는 않는다.

현재 교육연극과 관련하여 국내에서 석사 학위과정이 개설되어 있는 대학원은 크

---

20 일반 정보는 아르떼 홈페이지: https://www.arte.or.kr 에서, 그리고 연수 관련 정보는 아르떼 아카데미 홈페이지: https://hrd.arte.or.kr/a/goBizA0101.do 에서 정보를 찾을 수 있다.

21 관련 정보는 한국교육연극학회 홈페이지: http://kade.kr/ 참고.

22 자세한 정보는 사다리 연극놀이연구소: http://www.playsadari.com

게 두 군데를 들 수 있다. 서울교육대학교 교육전문대학원 교육연극전공(석사)[23], 그리고 한국예술종합학교 연극원 연기과의 아동청소년연극 전공(전문사)[24] 두 곳이 대표적이다. 서울교대의 경우 2008년에 국내 최초의 교육연극 석사학위과정으로 설치되었고, 현재 교사, 연극인, 예술가, 활동가 등 다양한 배경을 지닌 이들이 교육연극을 공부하고 있다. 연극원 아동청소년연극 전공은 연극원 연기과 내의 세부 전공으로서 연극놀이에 기반한 수업과 아동청소년연극 전문가를 양성한다. 연극원의 경우 3년 과정(전일제)으로 졸업프로젝트 + 논문이 요구되며, 서울교대의 경우는 5학기 과정(야간제)으로 역시 학위논문이 요구된다. 서울에 위치한 이 두 대학 외에, 지방에는 부산 경성대학교 교육대학원에 연극교육 전공[25], 그리고 전주교육대학교 교육대학원에 교육연극 전공(계절제)[26]이 개설되어 있다.

이상에서 보듯, 교육연극과 관련하여 더 배우고 더 알고 싶은 이들을 충족해 줄 다양하고 신뢰할 수 있는 학습자료 및 정보 리소스가 아직도 충분히 갖추어지지 않은 점은 매우 아쉽다. 또한 더 많은 연구자와 실천가를 양성해 내어야 할 대학이나 대학원 학위과정이 여전히 부족한 것 역시 앞으로 헤쳐가야 할 과제이기도 하다.

이 장을 마무리하며, 본인의 관심은 물론, 문화예술을 향유할 기회가 부족한 학생이나 청소년들을 위한 문화예술 정보를 찾는 이들에게 도움이 될 수 있을 몇 가지 공공 및 민간 후원 정보를 공유하고자 한다.

▸ 한국문화예술위원회 '신나는 예술여행'

문화시설로부터 먼 거리에 거주하거나, 비용 부담, 특수한 상황(군복무)에 의해 상대적으로 문화 예술을 즐기기 어려운 국민들에게 문화예술단체가 직접 찾아가 문화 예술 프로그램을 제공하는 향유 기회 확대 사업이다. 만약 학교에서 신

---

23 서울교대 교육연극전공 관련 교육과정 및 세부정보는 홈페이지 참조.
https://grad.snue.ac.kr/grad/cm/cntnts/cntntsView.do?mi=3185&cntntsId=3137

24 연극원 연기과 아동청소년연극 전공 관련 교육과정 및 세부 정보는 홈페이지 참조.
https://www.karts.ac.kr/main/index.do?menuId=030100000000

25 경성대 연극교육전공의 경우, 교육연극전문가와 연극 부전공의 두 갈래로 운영된다고 한다. 상세 내용은 https://kscms.ks.ac.kr/actgrad/CMS/Contents/Contents.do?mCode=MN041 참고.

26 전주교대 교육연극전공은 계절제로만 운영됨. https://www.jnue.kr/portal/gs/main/main.do

청하여 선정이 되면 학교로 직접 찾아와 다양한 예술 분야의 공연을 직접 관람할 수 있다. 무대제작과 설치 등 모든 것을 직접 하기에 학교에서는 부담이 전혀 없다는 장점이 있다.

▶ **국립극단 협력학교**

A. 국립극단 어린이청소년극연구소에서는 어린이청소년극 공연제작과 작품개발 과정에서의 주요 파트너로 협력하기 위한 청소년 파트너십 사업의 일환으로 협력학교를 운영하고 있다. 선정 시 활동은 어린이청소년극연구소 공연 연계 참여협력 프로그램 지원, 청소년 대상 프로그램 참여자 추천 및 홍보 포럼 등 참여, 학습, 동아리 단위 공연 관람 협의, 청소년극 관련 워크숍 및 간담회 진행, 공연 창작 과정 연계 리서치 참여 등이다. 참여 혜택은 어린이청소년극연구소 제작 공연 관람, 2024 국립극단 어린이청소년극연구소 발간물(출판자료) 제공, 활동에 따른 위촉장 수여(요청 시) 등이다.

B. 어린이청소년극연구소 청소년 17인
국립극단 어린이청소년극연구소의 청소년 파트너십 사업의 일환으로 '청소년 17인'을 운영하고 있다. 공연과 작품개발 사업 연계 활동, 청소년극 공연 관람 및 비평, 연극놀이 등 청소년극 관련 프로그램에 참여하여 활동한다. 청소년극 및 다양한 예술 경험에 관심이 있으며 활동에 성실히 참여할 13세~17세 청소년을 대상으로 한다.

C. 국립극단 연극인 회원
연극을 가르치는 교/강사를 위해 국립극단 연극인 회원 제도를 운영하고 있다. 연극인 회원에 가입하면 국립극단 제작 공연을 50% 할인된 가격으로 관람할 수 있으며, 공연/예매 정보를 전달받을 수 있다. 가입 대상은 연극수업, 연극동아리 등을 교육기관에서 가르치고 있는 교/강사가 해당한다.

▶ **국립극장**

A. 별별공연탐험대 (공연박물관)
국립극장 공연예술박물관에서는 공연예술의 이해와 경험을 증진하고자 공연예술관 전시 관람과 연계한 연령별 맞춤 해설 프로그램을 운영하고 있다. 대상은 청소년 단체 및 중고등학교 학급으로, 각 회차당 25명 내외이다. 신청은 국립극장 공연예술박물관 홈페이지에서 신청할 수 있다.

B. 국립극장 꿈나무 스테이지

청소년 대상으로 공연예술의 뒷모습을 엿볼 수 있는 일일 진로 체험 프로그램이다. 교육 내용은 무대 분장 강연 및 디자인 체험, 백스테이지 투어 등으로 이루어져 있다. 대상은 초등학교 5학년~고등학교 2학년으로 인원은 20~25명 이내이다.

▸ 온드림스쿨

민간 재단의 예시로서, 현대차 정몽구 재단의 지원으로 농산어촌 초등학생들의 교육 소외 현상을 해소하고자 창의, 예술 분야의 찾아가는 수업을 운영한다. 매년 약 100개 학교, 약 200개 교실을 운영하며, 창의력을 향상시키는 메이커, AI 교육을 배우고 문화예술 역량을 향상하는 연극, 체육 교육 등을 1년 단위로 운영하고 있다. 온드림스쿨 다빈치교실이라는 단기간(5일) 프로그램도 있다. 신청 기간은 매년 12월경에 모집하고 온드림스쿨 홈페이지에 온라인 신청 후 URL로 제출한다.

홈페이지: http://cmkfoundation-elementaryschool.org/main/index.jsp

▸ CJ나눔재단 CJ도너스캠프

CJ나눔재단에서는 문화꿈지기라는 타이틀로 아동, 청소년부터 젊은 창작가에 이르는 성장 단계별 프로그램을 운영하고 있다. 꿈키움 지원사업으로 초등대상(공부방) 지원프로그램과 청소년 문화동아리 프로그램인 중고등학생 동아리를 대상으로 하는 문화 창작, 체험활동을 지원하며 운영 기간은 1년이다. 청소년 문화동아리는 6개 부문(방송, 영화, 음악, 공연, 요리, 패션-뷰티)으로 어드밴스 과정과 익스플로러 과정으로 운영되며, 창작활동비-멘토링-특강-체험활동-쇼케이스를 지원한다.

chapter

06

비상: 교육연극의 도전과 과제

chapter 06

비상: 교육연극의 도전과 과제

지금까지 우리는 디지털 교육으로 대표되는 현재 미래교육에 대한 비판적 논의, 예술교육 및 교육연극 개념 및 필요성에 이어, 교육연극 수업의 구성 및 구체적인 수업 사례들을 제시하였고, 교육연극의 지평 확장을 위해 교사나 예술가에게 참고나 영감이 될 수 있을 다양한 유형 및 사례 등을 소개하였다. 이 책의 마지막 장은 향후 교육연극의 더 높은 비상을 위하여 해소되어야 할 과제 및 미래의 가능성에 대한 단상, 그리고 독자 및 관심 있는 분들에게 드리고자 하는 저자들의 간략한 당부 몇 가지로 마무리하고자 한다.

① 교육연극이 마주한 과제

이미 앞에서 살펴보았듯, 우리나라에서 교육연극은 이제 소개된 지 30년이 넘는, 더 이상 짧다고만 할 수 없는 시간을 견디며 나름대로 성장해왔다. 그리고 이제는 하나의 새로운 교육적 접근이자 예술교육의 핵심 갈래의 하나로, 그리고 독립된 학문의 영역으로 성장하고 있다. 1990년대의 도입기에 비한다면 괄목할 만한 변화이지만, 한편으로는 더 큰 도약을 위한 전기를 넘어서지 못하는 아쉬움도 적지 않다. 교육연극을 경험하고 그 가치를 인식한 이들은 하나같이 교육연극에 대한 높은 기대와 의욕이 넘치는 반면, 그러한 이해나 인식을 경험하지 못한 많은 이들에게 교육연극은 여전히 생소하고 불명확하며 소외된 '비주류' 분야로 머물러 있는 것도 사실이다. 그러다 보니 교육연극의 영향력, 확산, 심화를 향해 나아가는 여정에서 한계에 부딪히거나 고비를 맞게 되는 경우도 많다. 우리 교육연극과 예술교육 앞에 직면한 과제들은 무엇일까. 가장 대표적인 몇 가지를 꼽자면 다음과 같다.

첫째, 교육연극을 사랑하는 교사/예술가들이 지금처럼 더 열심히, 더 즐겁게, 더 많은 이들에게 알리고 공유하는 접근성의 확산이 필요하다. 이는 앞으로도 오랫동안 우리가 노력하고 매진해야 할 과제이다. 가장 어렵고 근본적인 교육과 연극에 대한 인식의 변화는 결국 접근성의 확대를 통해 천천히 이루어지기 때문이다. 우리가 지향하는 교육이 무엇인지를 지속적이고 구체적으로 고민하고 토론하며 주변을 설득하고 이해시켜야 한다. 그리고 그러한 교육 구현의 방향을 향해 끊임없이 새로운 시도와 도전을 묵묵히 계속해야 한다. 마찬가지로, '연극=공연'이라는 고정관념을 타파하기 위해서는 연극의 다양한 갈래와 가치를 경험하고 인지하게 하는 노력과 시간이 필요하다. 더 많은 사람들이 교육연극의 다양한 사례를 접하고 경험하게 하여 그 가능성과 가치를 우리처럼 느낄 수 있어야 한다. 교육연극을 사랑하고 그 가치를 소중히 생각하는 이들이 그동안 조용히 내 교실에서만, 내 학생들하고만 해왔던 작업이 다른 이들에게도 알려져야 변화가 시작된다.

둘째, 학교 현장의 지원체계 개선 및 교사들의 열정과 의지의 회복이 절실하다. 교육연극 활용에 있어 접근성과 파급효과가 가장 높은 학교 현장이 침체되고, 특히 최근 여러 이슈들을 겪으면서 지쳐버린 교사들이 무기력과 냉소주의, 개인주의로 돌아서는 경향이 커진 것은 참으로 안타까운 현실이다. 열정적으로 교육연극을 배우고 환호하던 많은 교사들이 더 이상 학생들과 수업에서 교육연극을 하지 않고 그저 '교육 공무원'으로 생활하거나, 개인의 취미활동으로만 연극을 하는 모습들은 참으로 씁쓸하다. 시대의 요구와 정책 변화가 아무리 거세더라도 결국 '좋은 교육'은 교사 한 사람의 열정과 의지에서 시작된다. 다른 무엇도 아닌, 오직 '즐거운 수업', '깊은 배움', '행복한 학교'를 만들고자 하는 교사들이 다시 힘을 내어 일어나야 한다. 혼자가 어려우면 가까운 동료 교사 한 명만이라도 함께 상의하고 지지하는 관계를 만들기를 바란다. 이를 위해서는 학교 관리자 및 지원체계가 그 교사들의 노력과 도전에 힘을 실어주어야 한다. 그리고 교사 한 사람, 한 사람이 지치고 상처받아 나가떨어지지 않도록 교사 공동체와 교육연극 커뮤니티가 함께 손을 잡고 버팀목이 되어 주어야 할 것이다.

셋째, 교육연극의 지속적 확산과 질적 심화를 위해서 절대적으로 중요한 **교육연극 전문인력 양성이 보다 체계적이고 다각화되어야** 한다. 생생하고 깊은 미적 체험을 이끌어낼 교사 및 실천가의 부족이 교육연극 확산의 커다란 장애물이며, 교육연극의 가치와 의미를 학술적으로 탐구하고 설득할 연구자의 부재는 교육연극의 질적 심화 및 학문적 정착의 한계가 될 수 있다. 예술교육과 마찬가지로, 교육연극 역시 이를 실행해야 할 교사 및 교육연극 실천가를 전문적으로 훈련하거나 양성하는 체계가 매우 부족한 현실이다. 시대와 정책은 새로운 융합적 역량을 강조하는데, 정작 교사를 양성하는 교육대학교나 사범대학교, 그리고 예술가를 양성하는 예술대학 모두 여전히 기존의 근대적 커리큘럼과 양성 시스템에 머물러 있기 때문이다. 예술교육의 변화된 패러다임과 교육연극의 융합적 역량에 기반한 전문기관 및 대학의 양성체계가 절실하다. 따라서 교육연극을 수행할 전문인력의 훈련과 연구, 양성을 위한 대학 및 대학원 전공학과의 증설은 교육연극의 도약을 위해 중요한 선결 과제가 아닐 수 없다.

넷째, **교육연극의 성과와 가능성을 정책적으로 그리고 때로는 정치적으로 설득할 수 있는 통로와 방안을 모색해야** 할 과제가 있다. 절대적으로 중앙정부 및 공공 지원에 의존할 수밖에 없는 우리 교육정책 및 문화예술 지원 정책의 지형도를 고려할 때, 예술교육과 마찬가지로 교육연극은 언제나 단기적인 효과나 가시적인 성과를 요구받게 된다. 그러는지 보니 실제 교육적 성과나 가치와는 무관한 숫자 및 수치를 통해 효과를 입증해야 하거나, 전시용 결과 발표회 등의 획일적이고 비효과적/비효율적인 결과물로 귀결되는 경우가 대부분이다. 이는 예술교육의 취지에도, 교육연극의 가치와 특성에도 전혀 부합하지 않는 방식이다. 물론 공적 지원의 특성상 지원 근거와 성과를 제시해야 할 책무성에는 공감하나, 그 결과나 성과를 소통하고 논의하는 인식과 공감대가 보다 성숙해지고 다각화되어야하며, 무엇보다도 긴 안목으로 구성되고 설계되어야 할 것이다. 백년대계까지는 아니더라도 최소 5년, 10년, 20년 앞을 내다보아야 하는 것이 '교육'이라는 점에서, 교육연극의 가치와 특성의 성과를 명확하고 풍성하게 설득하고 전파할 수 있는 통로와 방식에 대한 고민과 논의가 필요하다고 하겠다.

② 교육연극의 기대와 가능성

이처럼 여러 산적한 과제에도 불구하고, 우리는 여전히 교육연극의 미래를 긍정적으로 기대한다. 부정적인 현실 여건과 냉소적인 시선에도 불구하고 우리는 교육연극이 지닌 본질적 가치와 기능, 그리고 다각적인 사회와 환경 변화에 대응하는 확장성을 지니고 있다고 믿는다. 저자들이 그렇게 생각하는 이유는 다음의 몇 가지로 대변될 수 있을 것이다.

먼저, 교육연극은 일반적으로 인식되는 공연으로서의 연극과 구분되는 교수학습적 기능, 혹은 그러한 상호작용을 만들어 내는 기제를 지니고 있다. 이는 종합예술로서의 '연극'이라는 매체가 지닌 특성과 더불어 다양한 교과 지식 및 생활지도의 융합을 가능하게 하는 장점이다. 학교 현장의 언어로 설명한다면, 교육연극은 다양한 교과들을 재구성하여 접목하는 데 있어 매우 효과적이고 생생한 경험을 만들어 낼 수 있는 '유연한 그릇'이기 때문이다. 분절된 특정 지식이나 기술의 습득을 넘어 다양한 지식과 정보가 실질적인 체험과 맥락을 통해 학생들의 총체적 이해와 성찰을 가능하게 한다. 이것이 현재 교육과정의 방향성을 제시하는 핵심역량 향상의 의미이며, 이는 진정한 미래교육의 지향성에 부합하는 것이기 때문이다.

다음으로, 교육연극은 이 시대의 교육 및 문화예술 패러다임의 변화와 궤를 같이하고 있다. 현대의 예술교육과 교육연극이 공유하는 가장 큰 공통 분모는 바로 참여자 중심적이고 과정중심적인 철학이며, 이러한 인식과 경향성은 학교는 물론 사회 전반에 걸쳐 파급되고 있다. 과거의 거대 담론 기반의 문화예술이 아닌, 우리 일상에서 경험하고 감각하는 다양한 문화와 예술 향유의 경험이 우리의 성찰로 전이되며 그 성찰이 다시 새로운 표현과 소통으로 발현되고 있다. 고상하고 절대적인 가치를 지닌 예술에 대한 경외(敬畏)의 관점에서 벗어나, 예술과 우리의 일상을 연계하여 저마다의 해석과 의미를 찾아내는 관점이 대두되고 있는 것이다. 이는 작품주의, 엄숙주의, 권위주의와 같은 근대적 문화예술 관점으로부터의 해방이자 다각화이다. 한 마디로 '예술이 우리의 일상이 되고, 우리의 일상이 예술이 되는' 시대로의 패러다임 전환이 이루어지고 있으며, 교육연극은 가장 돋보이는 실천이자 철학으로서의 가치를 지닌다.

뿐만 아니라, 교육연극은 수많은 좌절이나 시련에도 넘어지지 않고 버텨내는 강한 생명력과 적응력을 지녔다. 이는 교육연극의 모체인 연극의 생명력에서 기인한다고 할 수 있다. 인류의 역사에서 상당 부분 예술은 늘 주류가 아닌 변방에서 성장해 왔으며,[27] 특히 연극은 다른 예술보다 오랜 핍박과 거센 억압을 견디며 잡초와 같은 생명력으로 오늘까지 살아 남아왔다. 영화의 등장 이후 모두가 시대착오적인 연극은 도태되리라 예측했지만 연극은 살아남았다. TV의 보급 이후에도 마찬가지였다. 시대의 변화 속도가 날로 빨라지고 파급력이 높아지면서 SNS와 OTT 등 끊임없이 디지털 기반의 새로운 유행과 조류가 등장하고 사라지지만, 여전히 아날로그적인 연극이 지닌 고유한 특성과 매력인 현장성과 동시성, 즉흥성을 대체하지는 못할 것이다. 앞에서도 언급하였듯, 현대 교육연극은 다양한 사회적 이슈와 대상, 맥락을 찾아 끊임없이 그 존재 이유와 필요성을 입증하고 있으며, 그 내용과 방법 역시 지속적으로 진화하며 우리 곁에 머물고 있다. 그리고 인류가 존재하는 한 미래에도 그러할 것이기 때문이다.

마지막으로, 이 책에서도 누차 언급하였듯, 연극이 지닌 본질적 힘의 근원은 바로 '사람'이다. 연극도 교육도 다 사람이 만나야 하는 것이고, 사람에 대한 고민을 풀어내는 것이며, 무엇이 사람답게 사는 것인가를 성찰하게 하는 것이기 때문이다. 그러한 본질은 미래를 준비하는 교육에서도 마찬가지로 중요하게 반영되어야 한다. 그렇기에 우리는 교육연극과 예술교육의 중요성을 역설하지 않을 수 없다. 이 혼란하고 불확실한 시대에, 오직 과학과 기술이 우리를 구원할 것이라며 윽박지르는 자본과 권력 앞에서, 끝 모를 불안과 우울이 우리를 잠식하지 않도록 최소한의 균형과 조화를 제공할 수 있는 것이 교육연극이고 예술교육이기 때문이다. 결국 '사람'에 대한 진심이 우리 삶의 자정능력을 배양하고, '인간다움'으로의 회복을 돕는 희망이다. 그리고 그것이야말로 미래를 준비하는 교육의 방향성이어야 할 것이다.

---

27 Taylor, P.(2012). 문화예술교육의 도약을 위한 평가-쟁점과 원리. 커뮤니케이션북스. p. 212.

③ 독자들에게 드리는 저자들의 당부

마지막으로, 이 책을 통해 교육연극과 예술교육에 애정이나 관심을 지닌 독자들, 그리고 관계자분들께 저자들이 드리는 부탁이자 당부 몇 가지를 간략하게 전하고자 한다.

- 교육연극을 수업에 적용하고 싶지만 경험도 자신감도 없어서 망설이는 교사가 있다면, 단순하고 부족한 수업이라도 일단 무조건 해 보시길 권합니다. 말 그대로 Just do it! 처음에는 구성이나 맥락이 어색하고 부족하다고 느낄 수 있습니다. 마치 운동하고 똑같아서 자꾸 해봐야 자신감도 생기고, 요령도 파악되고, 즐거움도 느끼게 됩니다. 완성된 수업을 하겠다는 마음으로 지도안만 계속해서 수정하는 것보다는 부족하더라도 일단 해 보면서 감을 잡고 학생들의 반응을 읽는 연습을 해 보는 게 더 중요합니다.

- 한 차시의 수업을 전부 교육연극으로 하는 것이 부담스럽다면, 수업의 5분이나 10분 정도만 할애하여 교육연극에 도전해 보시기 바랍니다. 예를 들어, 동시를 읽고 제목이나 느낌을 몸으로 표현한다면, 아이들은 앉아만 있는 수업과는 다른 에너지를 만들어 낼 것입니다. 이것을 모둠활동으로 한다면 어떨까요? 아마 학생들은 훨씬 더 많은 대화와 움직임을 만들어 의논하겠지요. 이것은 소란이 아니라 생동감입니다.

- 교육연극을 하고 싶지만, 아이들이 너무 시끄러워져서 통제가 안 될까봐, 혹은 옆 반 눈치가 보여서 주저하는 분이 있나요? 그러면 먼저 아이들이 어떻게 시끄러운지를 관찰하세요. 연극 수업이 재미있고 신이 나서 목소리가 커진 건지, 아니면 수업에 집중 안하고 딴짓하느라 시끄러운지. 전자라면, 그것이 오히려 우리가 잘하고 있다는 신호 아닐까요? 만약 무질서한 고성으로 수업이 시끄러운 것이라면, 목소리의 강약을 조절할 줄 아는 예절과 이유를 연극 수업에서 자연스레 짚어주고 배울 수 있습니다.

- 학교에서 교육연극 수업을 혼자 하는 것은 외롭고 부담스러운 일입니다. 동학년, 같은 학교, 혹은 다른 학교 교사들도 좋으니 같이 이야기하고 논의하는 작은 커뮤니티를 만드세요. 교육연극을 시도하고 피드백을 얻거나 하소연을 나누고 지지를 받을 수 있는 매우 중요한 협력 공동체입니다.

- 늘 의자에 앉아서 앞만 바라보는 수업시간이라면, 학생들은 따분하지 않을까요? 책상의 방향을 조금만 바꾸어도, 바라보는 위치를 조금만 달리해도 아이들의 눈빛과 마음가짐은 달라질 수 있습니다. **교육연극으로 교실의 물리적 공간 변화를 만들어 보세요.** 교실 뒤로 책상을 밀거나 복도로 책상을 옮기는 경우도 있고, 그게 어렵다면 그냥 둥근 대형으로 의자에 앉거나 바닥에 앉기만 해도 변화가 느껴집니다. 서로 마주보는 시간이 필요합니다.

- 다른 교사들과 자주 만나서 수업 재구성이나 실행에 관한 대화를 많이 나누시길 권합니다. 예술강사들도 마찬가지입니다. 동료 예술강사들과 수업에 대한 진지하고 솔직한 이야기를 나눌 수 있어야 성장합니다. **가장 권하고 싶은 것은 교사들과 예술강사가 자주 만나고 교육연극 수업에 관한 대화를 많이 나누어야 합니다.** 그래야 서로를 이해하고 서로에게서 배우며, 진짜 제대로 된 협력수업을 시도할 수 있게 됩니다.

- 학생들을 성급하게 가르치려 하지 말고, **교육연극으로 느끼고 생각하는 여유를 갖게 하세요.** 교육연극을 하는 수업 주제는 바로 그 학년, 그 학급에서 가장 필요한 것이 주제가 됩니다. 교육연극 수업 주제는 아이들이 생활하는 눈높이에, 가장 가까운 곳에 있습니다. 감정 표현이 서툴러서 서로에게 상처를 준다면 감정 표현의 방법을, 공동체성이 부족하다면 배려와 협력을 주제로 하면 됩니다.

- 학생들이 수업의 중심이 될 수 있도록 **일시적으로 디지털기기와 거리 두기가 필요**합니다. 교육연극은 학생들끼리의 마주함과 부딪힘으로 이어가는 수업입니다. '사람'이 중심이 되는 아날로그 수업의 진수를 음미할 수 있을 것입니다.

저자 대담 #2 교육연극의 방향

참가자 권경희, 김병주, 이명주(사회)

지난 30년, 교육연극은 성장했는가?

사회자: 우리나라의 교육연극이 1990년대에 처음 도입되고 벌써 30여 년이 되어갑니다. 어떠신가요, 그동안 교육연극은 질적으로 심화되었다고 보시나요?

김병주: 당연히 30년이란 세월이 흘렀으니까 질적으로 양적으로 발전된 부분이 분명히 있다고 생각합니다만, 아쉬움이 있지요. 사실은 30년간 서울교대에 이 전공이 생긴 것 하나 외에는 양성 기관 측면에서는 달라진 게 거의 없는 게 제일 아쉽구요. 그리고 실천가들은 많은데 연구자가 적은 것도 같은 맥락이지 않나 싶습니다.

권경희: 저는 교육연극을 알게 된지 15년 정도 되는데, 이 기간동안 교육연극은 성장을 했다고 봐요. 일단 서울교대 대학원에 전공이 생긴 것이나 현장 예술가들이 많아진 것도 성장의 한 모습이 아닌가 싶어요. 연구자가 충분하지 않다는 교수님의 지적도 예술 분야가 갖는 딜레마라고 봅니다. 예술가 중에는 제도교육과는 거리가 먼 분들이 계시잖아요? 예술과 연구를 동시에 잘하려면 양손에 토끼를 잡는 것과 같이 느껴집니다.

사회자: 그렇다면 우리는 어떻게 역량을 강화해서 교육연극을 질적으로 심화될 수 있을까요?

권경희: 그러니까 교수님이 잘 가르쳐서 좋은 논문과 예술교육가들이 많이 양산되어야 하는 거 아닌가요? (웃음)

김병주: 근데 이게 굉장히 복잡한 것 같아요. 그러니까 말씀처럼 대학원에서 교수가 잘 가르치고 학생이 잘 배우면 된다는 차원도 있지만, 주로 교육연극 전공자는 교사와 예술가가 대표적인 양대 직업군이지요. 근데 교사와 예술강사 모두 연구하고 공부하는 쪽으로 역량을 키워야 한다고 생각하지는 않는 것 같아요. 본인이 스스로 연구하고 고민하고 노력하는 역량 강화에 대한 의지가 없이 '이쯤이면 됐다'라고 생각하는 경우가 많은 것 같아요.

권경희: 제가 하는 성남지역 교육연극사업을 같이 하는 예술강사 중에도 그런 말을 하는 사람이 있어요. 본인이 공연을 할 때는 엄청나게 많은 열정을 쏟아서 밤잠을 안 자면서 했는데, 예술강사 10년을 하다 보니 긴장도는 낮아지고 이전에 개발한 프로그램을 계속 반복하고 있더라는 거예요. 교사든 예술강사이든 그 자리에 안주하는 것이 문제이지 않을까요?

김병주: 그렇죠. 결국은 예술적인 측면과 교육적인 측면을 잘 조화시키는 게 교육연극이 해야 하는 일의 매력이자, 동시에 딜레마이기도 하거든요. 근데 어느 한쪽에만 치우치거나 관성적으로만 가게 되는 지점이 누구나 발생합니다. 그랬을 때 그걸 누가 제일 잘 알아야 하느냐 하면 본인이거든요. 그래서 자기가 성찰해야 하고, 다른 사람들과 대화나 피드백을 주고받을 커뮤니티가 되게 중요한 것이고, 그래서 함께 성장해 나가는 역할을 해야 하는데 점차 개별 강사화되어가고 있다는 게 가장 아쉬운 점이죠.

사회자: 저는 이게 수업이기 때문에 특히 질적으로 나아지고 있는지 아닌지 스스로 판단하기가 어려웠을 것 같아요. 좋은 수업이라는 게 무엇인가, 또는 내가 지금 질적으로 내가 좋은 수업을 한 것인가 하는 질문에 예술 강사들은 답답했을 수도 있을 것 같아요. 만약에 이게 작품을 보여주거나 다른 사람들과 공유되는 어떤 작업이라면 달랐을 텐데.

권경희: 그렇죠. 공연을 하면 피드백이 있고 관중의 반응이 있는데 수업은 혼자서 준비하고 혼자서 하고 끝나면 그냥 없어져 버리는 것이니까.

사회자: 그러니까 수업의 질적인 부분에 대한 피드백을 주고받는 문화가 없다는 것도 원인이 될 것 같아요.

김병주: 그래서 제가 말씀을 드리는 거예요. 그건 교사도 교수도 마찬가지예요. 교사건 예술 강사건 자기 수업을 누가 와서 보고 피드백을 주는 것을 극도로 싫어해요. 그렇다면 이런 상황에서 어떤 조언이나 자극이 가능한가에 대한 부분들을 우리가 같이 고민해 봐야 하는 거죠.

권경희: 우리가 기본적으로 오픈된 마인드를 못 갖고 있다는 것을 반증하는 거지요. 오히려 사회 전반적인 문화가 더 폐쇄적으로 강화됐다고 생각돼요. 내 일이니 간섭하지 말고, 내 일이니 당신이 와서 볼 필요도 없고...불편하다는 거지요. 우리가 서로의 역량을 강화하기 위해서는 서로 오픈되어야 하는데 단절의 문화가 그걸 막는다고 생각해요. 저는 최근에 한 교육연극수업에 예술강

사를 불러서 수업을 코멘트해 달라고 했어요. 사람들은 누가 감히 교장선생님 수업을 코칭하겠냐고 하지만 그건 잘못된 생각이라고 봐요. 상황에 따라서는 예술강사가 저보다 뛰어난 부분이 있다고 인정하거든요. 그래서 저는 이 책을 공저로 한 것도 서로에게서 피드백을 받고 오픈한다는 면에서 의미가 있는 것 같아요.

교육연극의 질적 성장은 어떻게 가능한가?

사회자: 교육연극의 질적 성장과 관련해서 교사나 예술 강사들이 교육연극을 학교 내 수업으로만 한정해서 바라보는 것에서 나아가 좀 더 확장해서 접근할 수 있는 방안에 대해서는 어떤 생각을 갖고 계신가요?

김병주: 우리나라에서는 교육연극에 학교가 가장 많이 관심을 보였고 교사들이나 예술 강사들도 학교로 가서 작업을 하게 되다보니까 자꾸 '수업'이란 단어에 꽂혀있는 것 같아요. 근데 이게 사회로 나가게 되면 그 수업이란 말은 범위가 너무 협소하거든요. 교육연극은 수업만 있는 게 아니라 교육연극 '작업'이라는 게 분명히 있습니다. 수업을 프로그램이라고 정의를 한다면 작업은 프로젝트가 되는 거죠.

권경희: 저는 교육연극을 '수업에서라도' 해보자는 입장입니다. 제가 수업에서의 적용을 강조하는 이유는 가장 일반적인 학생이 많이 접할 수 있기 때문인거죠. 그런 생각에서 교육연극을 수업에서라도 해보자고 주장하는 것입니다. 그런데 최근의 예술강사 지원사업을 보면 수업마저도 예술강사가 와서 해주는 것으로 인식하고 의존하는 병폐가 생긴 것 같네요.

김병주: 저는 이걸 작업이라는 개념으로 접근하게 되면 예술가도 또 교사도 훨씬 다양한 가능성들과 다양한 대상들에 도전할 수 있는 기회가 된다고 보거든요. 자꾸 이렇게 수업이라는 패러다임에 갇혀 있는 게 약점이라는 점에 대해서 말하고 싶습니다.

사회자: 저는 이것이 오랫동안 두 분이 갖고 있었던 미묘하지만 아주 다른 지점이 아닐까 생각이 듭니다. 결론적으로 교수님은 수업 안에 갇히지 말자. 반면에 교장 선생님은 수업에서라도 해보자의 차이였던 것이네요. 오늘 그 의견을 직접 들을 수 있어 기쁩니다.

김병주: 그것이 서로의 다름에 대한 저의 견해입니다. 저는 남들이 다 하고 있는 것

외에 또 무엇이 취약하고 필요할까를 생각해서 작업을 선택하는 것 같아요. 교육연극 필드에서도 마찬가지고 이 책에서도 마찬가지인거죠. 저의 역할은 그래서 박쥐같은 거예요. 교장 선생님이 수업에 그렇게 방점을 두고 있는 걸 알고 있기 때문에, 그렇다면 나는 또 '너무 수업에 갇히면 안 되지 않을까요' 하는 부분들을 찾아 문제 제기하는 게 저의 역할이 아닌가 생각합니다.

권경희: 저는 그런 측면에서 이번 책의 장 구성이 우리가 고민을 많이 한 결과로 만들어 내지 않았는가 하는 생각이 들거든요. 미래교육에서 시작해서 예술교육을 논하고, 학교 안에서 가장 많은 아이들이 교육연극을 경험할 수 있는 수업을 다루었고 그다음 5장에서는 이것을 어떻게 학교 안에서 또 밖에서 사회적으로 확장시켜 갈 수 있는가 하는 큰 흐름의 이야기를 구성한 것이죠.

결국, 돌고 돌아 사람이다

사회자: 네, 이해가 됩니다. 학교 안과 학교 밖, 수업 안과 수업 바깥이 서로 어떻게 균형을 맞춰야 되는지 두 분 말씀을 통해서 정리가 됐습니다. 그렇다면 교육연극이 지금 우리 교육 현장에서 안착하기 위해서 가장 시급한 조건은 무엇이라고 생각하시는지요?

권경희: 어떤 사업을 시작할 때 교사의 자발성이 중요하다고 하는데 모두가 자발적으로 자기 성장을 꿈꾸고 자발적으로 새로운 것에 도전한다면 얼마나 좋겠어요. 그런데 현실이 그렇지 못하니 조금은 조직적인 차원에서 앞의 기회를 줘야 된다고 생각합니다. 예를 들면 성남처럼 교육청과 문화재단이 주축이 되어 선생님들에게 해볼 수 있는 기회를 주는 이런 시스템이 필요하다고 봅니다.

사회자: 사실 제가 대학원 다닐 때만 해도 교육연극 연수가 많았는데 지금은 어떻게 된 일인지 그런 연수 기회들이 많이 사라졌어요.

김병주: 왜냐하면 연수에 참여를 안 하니까 없어지는 것도 이유지요.

권경희: 우리 학교에서만 봐도 방학 중에 연수를 받는 교사가 거의 없어요. 연수 참여도 문제지만 교육청에서 기획하는 연수도 거의 없다는 것이 문제이지요.

김병주: 사실 이게 딜레마이긴 한데, 우리 서울교대에서도 한 20년간 여름과 겨울에 해왔던 '교육연극의 이해'라는 연수가 없어졌어요. 왜냐하면 지원자 미달로. 그다음에는 저희 교육연극 지도자 양성 1년 과정도 없어졌어요. 한국문화예술교육진흥원에서 했던 연수들도 예전에 비해서 적어졌어요. 일단 기본적

으로 문화예술교육 예산들이 대폭 삭감되면서 그렇기도 합니다만, 교사들을 위한 연수에 참여가 매우 침체되어 있기는 합니다.

사회자: 자발성을 가졌든 갖지 못했든 '교육연극 재미있네요, 저 교육연극에 관심이 생겼어요, 한번 해볼까봐요'라고 말하는 교사들에게는 어떤 조언을 하고 싶으신가요?

권경희: 그 정도 호기심과 관심을 가진다면 저는 대환영이에요. 제가 직접 개인적으로 컨설팅을 해 줄 수도 있을 것 같아요. 작게는 교육연극연구회 같은 곳을 소개해 줄 수도 있구요.

김병주: 그게 가장 좋을 것 같아요. 어떤 판이라도 벌여주는 역할을 해야 하지 않을까 생각합니다.

권경희: 그게 어떻게 보면 시작이자 끝인 것 같아요. 현실적인 교사 문화만 보면 좀 비관적일 수 있지만, 그래도 소수의 교사들은 도전적으로 수업을 대하고 있어요. 만약 '정말 학교에서 교육연극은 희망이 없어'라고 생각되면 이렇게까지 영혼을 갈아서 책을 쓸 이유는 없을 것 같아요.

사회자: 예전보다는 지금이 오히려 예술교육이나 교육연극의 중요성이 절실해졌다는 이야기도 앞에서 나누었어요. 이 책이 그런 설득을 이끌어 낼 수 있길 바란다고도 하셨습니다. 이 어려운 시기에, 어려운 주제를 가지고 이 책을 쓰셨는데, 이 책에서 가장 말하고 싶은 메시지는 무엇인가요?

권경희: 좀 거시적으로 얘기하자면 저는 여전히 학교가 사회변화의 중요한 지점이라고 생각해요. 그럼 학교 안에서 하는 무엇으로 학교를 변화시킬 것인가, 무엇으로 학생들에게 삶의 의미 있는 것들을 제공할까 고민해보면 저는 아이들이 일상적으로 해나가는 수업이 해답이라고 봐요. 수업 속에서 아이들에게 의미 있는 삶의 경험들을 어떻게 만들어 줄까 고민할 때 거기에 교육연극이 한 자락 빛을 줄 수 있다고 생각해요.

사회자: 교수님은 이 책이 누구에게, 어떻게 잘 쓰였으면 좋겠다고 생각하실까요?

김병주: 음… 글쎄요. 디지털도 중요하고 기기도 중요하고 우리가 그것을 안 배우고 살 것도 아니에요. 근데 그 얘기만 계속하고 아무도 사람에 대한 얘기를 하지 않는 것이 문제고, 우리 아이들에게는 누구보다도 교사가 영향력이 큰데 그런 역할에 대한 고민을 충분히 하지 않는 것 같아서 그런 현실의 문제들을 다루고 싶었습니다. 저는 교육연극이나 예술교육이 아이들 각자의 특이

한 점, 개성, 자기만의 색깔들을 발견하거나 개발하도록 할 수 있다고 믿습니다. 저는 그런 것들이 정말 미래를 풍성하게 만드는 힘이라고 생각합니다.

사회자: 오늘 이야기는 교육연극에 더 큰 역할을 기대하고, 예술교육으로서 그 큰 파급력을 가질 때까지 약진하자는 것으로 이야기를 마무리할까 합니다.

권경희

김병주

참고문헌

정책 자료

교육부(2024). 2024년 주요정책 추진계획(2024.1.14.).

교육부(2024). 초등학교 교사용 지도서- 바른생활 · 슬기로운 생활 · 즐거운생활.

교육부(2023). 에듀테크 진흥방안, 보도자료(2023.9.18.).

자료집

경기문화재단(2020, 2021, 2022). **경기형 교과연계 교육연극사업 결과자료집**

김병주(2017). 문화예술교육 질적 제고의 의미와 방향. **함께 만들어나가는 문화예술교육 정책 토론회 3차: 문화예술교육 질적 성장 자료집.** 한국문화예술교육진흥원. 3-23.

성남문화재단(2015~2023). **수업, 연극으로 피어나다.** 성남교육과정연계 교육연극 결과자료집.

정원철(2017). 생생한 예술의 힘에 빠져보라! - 다시 기꺼이 눈멀기. **2017 아르떼 아카데미 자료집.** 한국문화예술교육진흥원. 8-15.

Schultz, A.(2024). Why and how schools must change to stay relevant in the post-industrial era,-The case of professional development, 2023 청주교사교육 국제포럼 (2024.1.11.).

단행본 - 국내 저서

교육연극연구회 놀이터(2021). 그림책이랑 놀자 연극놀이터. 에듀니티.

권경희(2021). **수업의 모든 것, 수업을 탐하다.** 행복한 미래.

박병주(2022). **깃털쌤의 이야기가 있는 교육연극수업.** 에듀니티.

송칠섭(2020). **연극, 수업을 바꾸다.** 지식프레임.

신승환(2008). **문화예술교육의 철학적 지평.** 한길아트.

유지훈, 이윤미, 이광용, 이현경(2024). **마음성장수업, 교육연극.** 미래엔.

이노경(2021). **교사를 위한 연극수업 길라잡이.** 교육과학사.

이진우(2024). 에듀테크의 시대. 다산스마트에듀.

장연주(2019). 교사를 위한 교육연극의 이론과 실천. 박영스토리.

단행본 - 번역서

데이빗 삭스(2017). 아날로그의 반격 (박상현, 이승연 옮김). 어크로스. (원서 출판 2016).

린다 달링 해먼드, 프랭크 애덤슨, 비에른 오스트랜드 엮음(2017). 세계교육개혁 민영화 우
선인가 공적 투자 강화인가? (심성보 외 옮김). 살림터. (원서 출판 2016).

사토 마나부(2022). 제4차 산업혁명과 교육의 미래(손우정 옮김). 교육과 실천. (원서 출판
2021). 세실리 오닐. 드라마 세계(송혜숙, 조경향 옮김), 연극과 인간. (원서 출판 1995).

제시카 호프만 데이비스(2013). 왜 학교는 예술이 필요한가(백경미 옮김). 열린 책들. (원서
출판 2007).

조너선 하이트(2024). 불안 세대 - 디지털 세계는 우리 아이들을 어떻게 병들게 하는가(이충호
옮김). 웅진지식하우스. (원서 출판 2024).

캐서린 도슨 & 대니얼 켈린(2017). 성찰하는 티칭아티스트(김병주 옮김). 한울아카데미. (원
서 출판 2014).

필립 테일러(2012). 문화예술교육의 도약을 위한 평가-쟁점과 원리(백령, 홍영주, 성진희, 김병주
옮김). 커뮤니케이션북스. (원서 출판 2006).

허버트 리드(2006). 예술의 의미(임 산 옮김). 에코리브르. (원서 출판 1931).

해외 단행본

Courtney, R. (1968). *Play, Drama, and Thought*. London: Cassel & Company.

Greene, M.(2001). *Variations on a Blue Guitar*. New York: Teachers College Press.

Hesiod. (2005). *The works of Hesiod and the Homeric hymms*. (Hine, D. trans.)
Chicago: The University of Chicago Press.

Pratt, L.H. (2007). Aletheia and Poetry. in Bloom, H.(Ed.), *Bloom's modern critical
views: Homer* (updated edition). New York: Chelsea House.

학위 논문

김미주(2024). 1년 간의 향해 이야기-어느 초등교사의 교육연극 자율동아리 운영 경험에
관한 자문화기술지. 석사학위논문, 서울교육대학교 교육전문대학원.

양혜선(2024). 유아 세계시민의식 함양을 위한 이슈중심 교육연극 드라마 프로그램 개발.

서울교육대학교 교육전문대학원. 석사학위논문.

이인애(2024). 학부모 배우-교사가 참여한 학교폭력예방 TIE 프로그램의 의미. 석사학위논문, 서울교육대학교 교육전문대학원.

학술지 논문

권경희(2017). 교육과정연계 교육연극수업 실천사례연구:성남교육지원청 교육연극사업을 중심으로, **교육연극학**, 9(2), 69-87.

김병주(2024). 교육연극학, 16(3). 미래교육에서 예술교육의 위치에 관한 소고. **교육연극학**, 16(3), 1-24.

_____(2021). 성찰적 커뮤니티를 위한 예술교육 전문인력 연수. **교육연극학**, 13(1), 1-28.

_____(2020). 문화예술교육에서 대학의 역할 고찰 - 꿈다락 주말예술캠퍼스 사례를 중심으로. **한국초등교육**, 31(1), 311-327.

_____(2019). 시민연극과 커뮤니티: 주체-객체 패러다임의 변화에 대한 소고. **공연문화연구**, 38호, 5-31.

_____(2018). 연극과 교육의 접목 - 초등국어교과의 연극단원 구성에 관한 소고. **교육연극학**, 10(1), 95-112.

_____(2017). 이슈중심 교육연극 드라마의 가능성 고찰 - 유아교육과의 연계성을 중심으로. **교육연극학**, 9(1), 57-76.

_____(2007). 교육연극의 복합성과 교육의 지향점. **교육연극학**, 2집, 1-17.

김병주, 권경희(2022). 교육연극 수업에서의 교육과정 재구성 사례연구: 경기형 교과연계 교육연극사업을 중심으로, **한국초등교육**, 33(1), 151~168.

김병주, 권경희(2023). 〈경기형 교과연계 교육연극사업 고찰: 3년간의 성과와 과제, 그리고 시사점, **교육연극학**, 15(1), 1-31.

박남희(2018). 21세기 문화예술기관과 전문인력양성 교육-국립아시아문화전당 전시 테크니션 교육 프로그램을 중심으로. **현대미술사연구**, 43, 195-224.

전지영 (2017). 문화예술교육의 오해들. **한국예술연구**, 16호, 265-279.

최보연(2019). 문화예술교육 지원정책의 정체성 혼란에 관한 비판적 소고. **교육연극학**, 11(1), 41-68.

Egan, K.(1992). The Roles of Schools: The Place of Education. *Teachers College Record*. 93(4), pp.641-655.

교육연극으로 길을 여는 미래교육

초판발행	2025년 1월 3일
지은이	권경희·김병주
펴낸이	노 현
편 집	조영은
기획/마케팅	조정빈
표지디자인	BEN STORY
제 작	고철민·김원표
펴낸곳	㈜피와이메이트
	서울특별시 금천구 가산디지털2로 53, 210호(가산동, 한라시그마밸리)
	등록 2014.2.12. 제2018-000080호
전 화	02)733-6771
f a x	02)736-4818
e-mail	pys@pybook.co.kr
homepage	www.pybook.co.kr
ISBN	979-11-7279-047-9 93370

copyright©권경희·김병주, 2025, Printed in Korea

정 가   20,000원

박영스토리는 박영사와 함께하는 브랜드입니다.